汽车电路
原理·识读·检测·维修

顾惠烽 主编

化学工业出版社
·北京·

内容简介

本书介绍了汽车电路的基本原理，汽车电路图的识读方法、步骤、技巧、要领，汽车电路的基本检测方法及维修操作方法。涵盖汽车电路的基础知识、汽车电路关键元器件、汽车电路图识读方法与技巧，汽车电气系统基本原理以及汽车电路常见故障检修等，并列举了欧洲车系、日韩车系、美国车系、国产车系电路图的识读实例。

本书图文表并茂，语言文字通俗易懂，较复杂的知识点配备了高清视频讲解，由专业团队精心制作而成，扫描书内相应章节的二维码即可观看。

本书适合汽车维修技术人员和职业技术院校师生使用，也可供汽车维修相关企业培训机构教学参考。

图书在版编目（CIP）数据

汽车电路原理·识读·检测·维修/顾惠烽主编. —北京：化学工业出版社，2021.4
ISBN 978-7-122-38383-9

Ⅰ.①汽… Ⅱ.①顾… Ⅲ.①汽车-电气设备-检修 Ⅳ.①U472.41

中国版本图书馆CIP数据核字（2021）第017179号

责任编辑：黄 滢　　　　　　　　　　　文字编辑：陈小滔　张　宇
责任校对：张雨彤　　　　　　　　　　　装帧设计：王晓宇

出版发行：化学工业出版社（北京市东城区青年湖南街13号　邮政编码100011）
印　　装：三河市延风印装有限公司
787mm×1092mm　1/16　印张19½　字数420千字　2021年5月北京第1版第1次印刷

购书咨询：010-64518888　　　　　售后服务：010-64518899
网　　址：http://www.cip.com.cn
凡购买本书，如有缺损质量问题，本社销售中心负责调换。

定　　价：99.00元　　　　　　　　　　　　　　　　　　　版权所有　违者必究

前 言

随着汽车制造业的快速发展和技术进步的加快,现代汽车的构造也越来越复杂,原因之一就是汽车电路在汽车上所占的比重越来越大。汽车维修技术工人检测、诊断和排除故障等,都离不开汽车电路,都要围绕和结合实际的汽车电路进行。汽车维修最重要的内容就是熟悉原理、结构,会检测有问题的元器件,学会拆卸和装配等。因此,汽车电路知识是每位汽车维修工作者都必须掌握的重要内容。为了帮助广大汽修工作者,尤其是汽车维修技术入门者,快速适应汽车维修工作岗位的需求,在化学工业出版社的组织下,我们编写了本书。

本书内容主要介绍汽车电路的基本原理,汽车电路图的识读方法、步骤、技巧、要领,汽车电路的基本检测方法及维修操作方法等。涵盖汽车电路的基础知识、汽车电路关键元器件、汽车电路图识读方法与技巧、汽车电气系统基本原理以及汽车电路常见故障检修,并列举了欧洲车系、日韩车系、美国车系、国产车系电路图的识读实例。

全书图文表并茂,讲解循序渐进,语言文字通俗易懂。书中对于难度较大的复杂知识点,还专门配备了讲解视频。视频以二维码的形式呈现,读者学习时可通过手机扫描书中的二维码,同步、实时地浏览对应知识点的数字媒体教学资源。数字媒体资源与图书的图文资源相互衔接、互为补充,更加直观易懂,且可充分调动学习者的主观能动性,确保学习者在短时间内获得最佳的学习效果。

本书由顾惠烽主编,罗永志、彭川、陈浩、黎文武参编。在编写过程中参考了相关文献资料及原车维修手册,在此一并表示感谢!

限于笔者水平,书中疏漏及不妥之处在所难免,恳请广大读者批评指正。

编 者

目录

第 1 章 汽车电路基础

1.1 电路基本理论 / 1

1.1.1 什么是电？ / 1
1.1.2 通过哪些方式可以获取电？ / 2
1.1.3 什么是电压？ / 3
1.1.4 什么是电流？ / 5
1.1.5 什么是电阻？ / 7
1.1.6 欧姆定律 / 10
1.1.7 电功率 / 11
1.1.8 并联电路 / 11
1.1.9 串联电路 / 11
1.1.10 混联电路 / 12

1.2 汽车电路的组成与特点 / 13

1.2.1 汽车基本电路组成 / 13
1.2.2 汽车整车电路组成 / 17
1.2.3 汽车电路的特点 / 21

1.3 汽车电路的符号及常用检测方法 / 21

1.3.1 电路符号 / 21
1.3.2 电气元件代号 / 23
1.3.3 基本检测方法 / 23

1.4 汽车电路接线规律 / 24

- 1.4.1 接线的一般规律 / 24
- 1.4.2 电源系统接线规律 / 31
- 1.4.3 启动系统接线规律 / 31
- 1.4.4 点火系统接线规律 / 36
- 1.4.5 照明系统接线规律 / 37
- 1.4.6 仪表报警系统接线规律 / 38
- 1.4.7 信号系统接线规律 / 39
- 1.4.8 电子控制系统接线规律 / 41

1.5 汽车控制电路的分类 / 41

第 2 章 汽车电路关键元器件

2.1 蓄电池 / 48

2.2 发电机 / 50

- 2.2.1 交流发电机组成 / 50
- 2.2.2 交流发电机工作原理 / 51
- 2.2.3 交流发电机整流原理 / 52
- 2.2.4 发电机就车检查项目 / 53

2.3 电容 / 55

- 2.3.1 什么叫电容? / 55
- 2.3.2 电容的单位之间如何进行转换? / 56
- 2.3.3 电容的计算公式 / 56

2.3.4 电容的作用 / 56
2.3.5 电容的检测 / 57

2.4 导线 / 58

2.4.1 导线的作用与分类 / 58
2.4.2 影响导线电阻的因素 / 59
2.4.3 导线的检查 / 59
2.4.4 导线的检修与安装 / 59
2.4.5 网线 / 60
2.4.6 CAN 总线的维修 / 61

2.5 插接器 / 61

2.5.1 插接器的定义及作用 / 61
2.5.2 插接器的结构 / 62
2.5.3 插接器的分类 / 62
2.5.4 插接器的故障模式 / 62
2.5.5 插接器的检修 / 63

2.6 开关 / 65

2.6.1 点火开关 / 65
2.6.2 灯光组合开关 / 68
2.6.3 灯光控制开关 / 69
2.6.4 刮水器及洗涤器开关 / 69

2.7 继电器 / 70

2.7.1 继电器的基本构造及主要功能 / 70
2.7.2 继电器的控制原理及分类 / 72
2.7.3 继电器的检修要领 / 73
2.7.4 继电器的代用技巧 / 74
2.7.5 继电器的检测 / 75

2.8 控制单元 / 76

2.8.1 发动机控制单元（ECU） / 76
2.8.2 车身控制器（BCM） / 77
2.8.3 检查发动机控制单元电源电路 / 79

2.9 保险丝 / 80

2.9.1 保险丝的分类 / 81
2.9.2 如何查看汽车保险丝损坏 / 82
2.9.3 汽车保险丝更换的技巧和使用注意事项 / 83

2.10 电阻 / 84

2.10.1 电阻的作用 / 84
2.10.2 什么是导体的电阻？ / 84
2.10.3 什么是作为元件使用的电阻？ / 84
2.10.4 什么是机械可变电阻？ / 86
2.10.5 什么是 NTC 热敏电阻器？ / 86
2.10.6 什么是 PTC 热敏电阻器？ / 87
2.10.7 什么是 LDR 光敏电阻器？ / 88
2.10.8 电阻的测量 / 88

2.11 指示灯 / 88

2.12 电动机 / 89

第 3 章
汽车电路图识读方法与技巧

3.1 汽车电路图的类型 / 90

3.1.1 汽车电路图的类型 / 90
3.1.2 电路原理图的特点 / 94

3.2 汽车电路图识读的技巧与方法 / 96

3.2.1 汽车电路图识读的技巧 / 96
3.2.2 汽车电路图识读的方法 / 97
3.2.3 汽车线束图的识读要点 / 98
3.2.4 汽车零件位置图的识读要点 / 100

第 4 章 欧洲车系电路图识读指南

4.1 大众、奥迪、斯柯达、宾利汽车电路识读指南 / 102

4.2 宝马 MINI 汽车电路识读指南 / 114

4.3 奔驰汽车电路识读指南 / 122

4.4 雪铁龙汽车电路识读指南 / 131

4.5 路虎汽车电路识读指南 / 143

第 5 章 日韩车系电路图识读指南

5.1 丰田（雷克萨斯）汽车电路识读指南 / 154

5.2　本田（讴歌）汽车电路识读指南　/160

5.3　日产（英菲尼迪）汽车电路识读指南　/163

5.4　马自达汽车电路识读指南　/167

5.5　三菱汽车电路识读指南　/178

5.6　斯巴鲁汽车电路识读指南　/182

5.7　现代汽车电路识读指南　/190

第 6 章
美国车系电路图识读指南

6.1　通用汽车电路识读指南　/206

6.2　福特汽车电路识读指南　/217

6.3　克莱斯勒汽车电路识读指南　/223

第 7 章
国产车系电路图识读指南

7.1　荣威汽车电路识读指南　/228

7.2　名爵汽车电路识读指南　/233

7.3　传祺汽车电路识读指南　/238

7.4　吉利汽车电路识读指南　/245

7.5　北京汽车电路识读指南　/251

7.6　陆风汽车电路识读指南　/253

第 8 章
汽车电气系统原理

8.1　充电系统　/261

8.2　启动系统　/262

8.3　点火系统　/265

8.4　照明及信号系统　/266

　　8.4.1　近光灯电路　/266
　　8.4.2　远光灯电路　/266
　　8.4.3　指示灯电路　/272

8.5　安全系统　/276

　　8.5.1　安全带　/276
　　8.5.2　安全气囊系统　/278
　　8.5.3　防抱死制动系统　/282
　　8.5.4　防盗系统　/283

第 9 章
汽车电路故障检修

9.1 常用汽车电路检测设备 / 286

9.2 汽车电路故障检修常识 / 288

    9.2.1 根据电路图检修电路 / 288
    9.2.2 汽车电路故障常用排除方法和维修方法 / 290

9.3 断路故障查找 / 290

9.4 短路故障查找 / 292

9.5 寄生泄漏查找 / 294

9.6 车辆漏电故障查找 / 296

参考文献

本书配套视频资源索引

序号	视频内容	二维码所在页码
1	检查鼓风机	8
2	节气门拆装与清洗	41
3	什么是蓄电池	48
4	更换蓄电池	49
5	什么是发电机	50
6	更换发电机	53
7	测量数据总线（正常波形）	59
8	测量数据总线（高线短路）	60
9	测量数据总线（低线短路）	61
10	组合大灯及开关检查	69
11	刮水器概述	70
12	继电器的介绍	71-1
13	检查继电器	71-2
14	车身电气系统介绍	79
15	保险丝的作用	81
16	大众、奥迪、斯柯达、宾利汽车电路识读指南	111
17	宝马 MINI 汽车电路识读指南	120
18	雪铁龙汽车电路识读指南	135
19	丰田、雷克萨斯汽车电路识读指南	157
20	本田（讴歌）汽车电路识读指南	161
21	日产（英菲尼迪）汽车电路识读指南	167
22	三菱汽车电路识读指南	179
23	现代汽车电路识读指南	205
24	通用汽车电路识读指南	214
25	福特汽车电路识读指南	222
26	荣威汽车电路识读指南	233
27	名爵汽车电路识读指南	237
28	传祺汽车电路识读指南	239
29	吉利汽车电路识读指南	248
30	北京汽车电路识读指南	253
31	陆风汽车电路识读指南	260
32	什么是起动机	263-1
33	更换起动机	263-2
34	起动机常见故障	263-3
35	检查气缸压力	264
36	检查火花塞	265
37	检查点火线路	266
38	认识照明系统以及信号装置	275
39	拆装安全气囊	278
40	更换车门锁	284

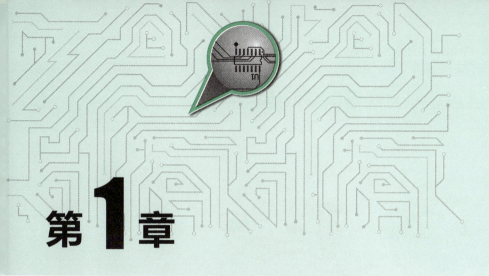

第 1 章

汽车电路基础

1.1 电路基本理论

1.1.1 什么是电？

电是一种能量形式。除了电之外，其他的能量形式还有热、光、机械能、化学能等。

（1）电的优点　可长距离传输大量的能量；电能可便捷地转化为其他形式的能量；由电能转化为其他形式的能量是最环保的方式。

（2）电的定义　电是电子从一个原子到另一个原子的运动（图 1-1-1）。

（3）电的三要素：电压、电流、电阻。

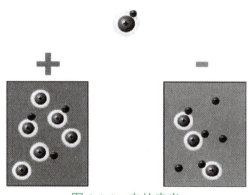

图 1-1-1　电的定义

1.1.2 通过哪些方式可以获取电？

获取电的方式如图 1-1-2 所示。

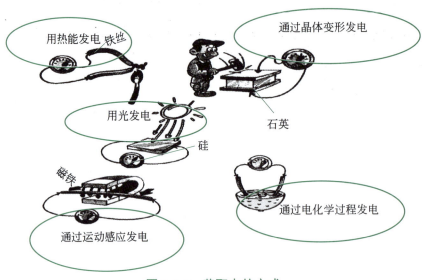

图 1-1-2　获取电的方式

（1）通过运动感应产生电压　导体回路在磁场中来回运动以及永磁铁在线圈中来回运动都会产生交流电压，这种过程称为运动感应（图 1-1-3）。如发电机、转速传感器。

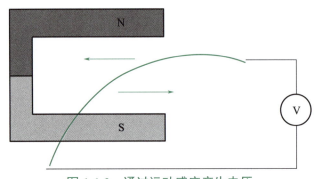

图 1-1-3　通过运动感应产生电压

（2）通过电化学过程产生电压

❶ 原电池。如果将两种金属浸入到电解质（酸、碱或盐溶液）中，就会产生一个原电池。两个电极之间存在直流电压，其强度取决于电极的材料。电子由负极流向正极，电解质分解，负极金属溶解或发生化学转化。

❷ 蓄电池。对于蓄电池，可以通过输入电流的方式使电化学转换过程反向进行（即充电）（图 1-1-4）。

（3）通过光电元件产生电压（通过光产生电压）　如图 1-1-5 所示，在金属基板上涂一层半导体涂层（例如硒），半导体涂层与触环相连。光线射入时，触环和基板之间就会产生直流电压。如电子控制中的测量值传感器。

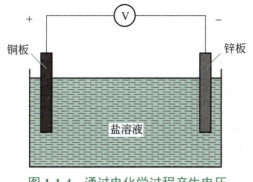

图 1-1-4　通过电化学过程产生电压

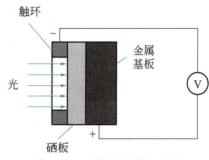

图 1-1-5　通过光产生电压

（4）通过压电元件的晶体形变产生电压（图 1-1-6）　压电元件由压敏晶体（例如电气石）和导电的薄膜组成，在晶体上施加压力，就会产生电压。如爆震传感器和压电喷嘴。

柴油发动机上的压电喷嘴应用了反向作用。多块晶体上下层叠在一起，在晶体上加载电压，利用晶体的膨胀就可以使喷油嘴开启。

（5）通过热电元件吸收热量产生电压（图 1-1-7）　将两种金属互相连接，并加热连接部位，就会产生直流电压，电压的大小与金属配对和温度有关。如温度测量元件、测量值传感器。

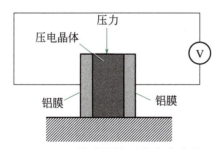

图 1-1-6　通过晶体形变产生电压

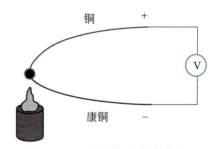

图 1-1-7　通过热量产生电压

1.1.3　什么是电压?

电压是电的压力，由它引起电子在电路中移动。电压工作原理如图 1-1-8 所示。

电压的表示符号是 U，单位是伏特（V）。1V 表示通过 1Ω 电阻移动 1A 电流所需的压力。

单位换算：1mV=0.001V；1kV=1000V；1MV=10^6V。

电压数值的大小可以通过伏特表测量。如图 1-1-9 所示，使用万用表选择电压挡，黑表笔连接负极，红表笔连接正极，测得的电压即是电路中的电压。

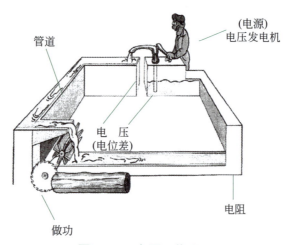

图 1-1-8 电压工作原理

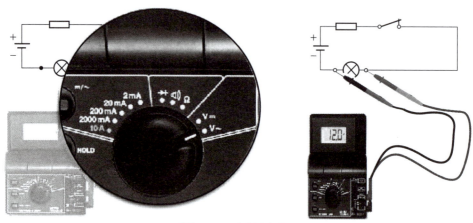

图 1-1-9 测量电压

（1）直流电压 又称直流电或"DC 直流电"。直流电压是指电子持续以相同的强度沿着同一方向运动产生的电压（图 1-1-10）。

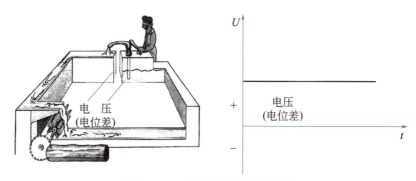

图 1-1-10 直流电压工作原理

（2）交流电压 又称交流电或"AC 交流电"。交流电压是指在一定的时间内，电子多次改变其方向和电流强度（图 1-1-11）。

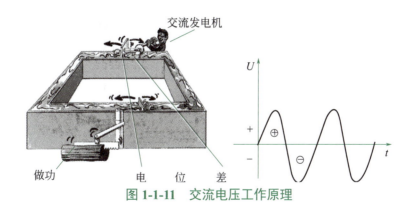

图 1-1-11　交流电压工作原理

电压波形具有正弦波特征,如图 1-1-12 所示。常见波形如图 1-1-13 所示。

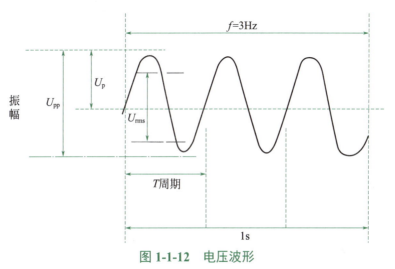

图 1-1-12　电压波形

f—频率,Hz;T—周期,s;U_p—电压峰值;
U_{pp}—从一个峰值到另一个峰值的电压;U_{rms}—有效电压

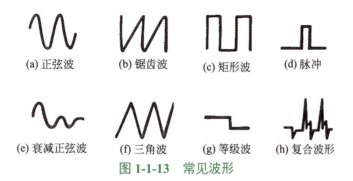

(a) 正弦波　　(b) 锯齿波　　(c) 矩形波　　(d) 脉冲

(e) 衰减正弦波　(f) 三角波　(g) 等级波　(h) 复合波形

图 1-1-13　常见波形

1.1.4　什么是电流?

电流表示电子流动的速率,如图 1-1-14 所示。

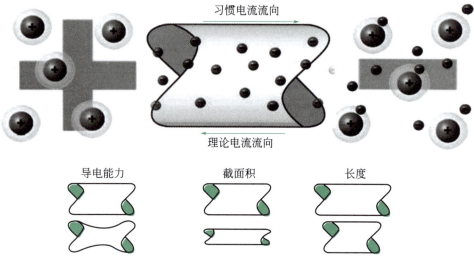

图 1-1-14 电流流动方向

电流是自由电子的定向运动（图 1-1-15）。形成电流的原因是电压。电流只能在闭合的电路中流动。电路的组成如图 1-1-16 所示。

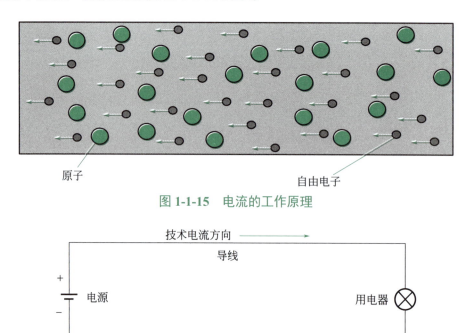

图 1-1-15 电流的工作原理

图 1-1-16 电路的组成

电流表示符号为 I，单位是安培（A）。1A 表示 1s 内有 6.25×10^{18} 个电子流过导体上的一点。单位换算：1mA=0.001A。

电流的测量方法如图 1-1-17 所示。使用万用表选择电流挡，红、黑表笔分别连接线路的两端，测得线路中的电流。

第1章 汽车电路基础

图 1-1-17　测量电流

1.1.5　什么是电阻?

电阻为导体反对电子流动的能力,是电流在导体中受到的阻碍(瓶颈)电阻的表示符号是 R,单位是欧姆(Ω)。1Ω 表示 1A 电流流过导体时在其两端产生 1V 电压降。单位换算:$1k\Omega=1000\Omega$;$1M\Omega=10^6\Omega$。影响电阻的因素有导线的长度、导线的截面积、导线的材料、温度等。

"电阻"这个概念在电气技术中有两种含义。

❶ 材料的物理性质。导电材料,例如铜、银等;电阻材料,例如康铜等;绝缘材料,例如陶瓷等。

❷ 电气或电子设备中的部件(图 1-1-18)。

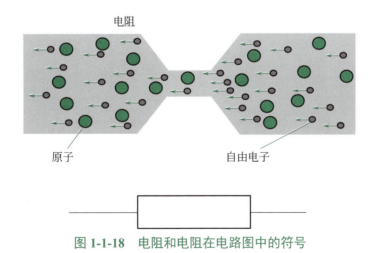

图 1-1-18　电阻和电阻在电路图中的符号

电阻是被动部件,它用来将电流限制在一个电流回路中并构成分压器,以便在特定的点位使电压可保持恒定的数值。电阻的作用如图 1-1-19 所示。

(1) 串联电阻　串联时,总电阻都比单个电阻大。总电阻(R_{ges})等于 R_1 和 R_2 之和（图1-1-20）。即：

$$R_{ges}=R_1+R_2$$

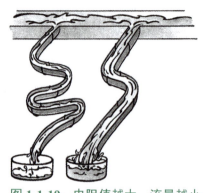

图1-1-19 电阻值越大，流量越小

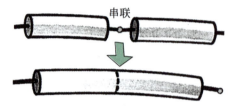

图1-1-20 串联电阻

串联电阻在鼓风机电路图中的应用如图1-1-21所示。通过串联电阻可实现由新鲜空气控制鼓风机的速度。

扫码看视频

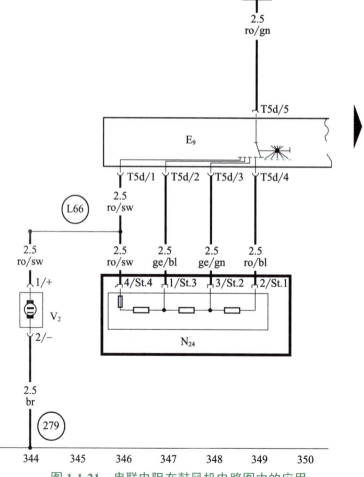

图1-1-21 串联电阻在鼓风机电路图中的应用

（2）并联电阻　总电阻小于最小的分电阻 R_1 或 R_2 等（图 1-1-22）。

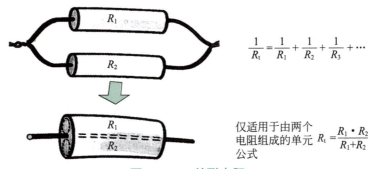

$$\frac{1}{R_t} = \frac{1}{R_1} + \frac{1}{R_2} + \frac{1}{R_3} + \cdots$$

仅适用于由两个电阻组成的单元公式　$R_t = \dfrac{R_1 \cdot R_2}{R_1 + R_2}$

图 1-1-22　并联电阻

并联电阻的应用如图 1-1-23 所示，为可加热的风挡清洗喷水嘴的电路。

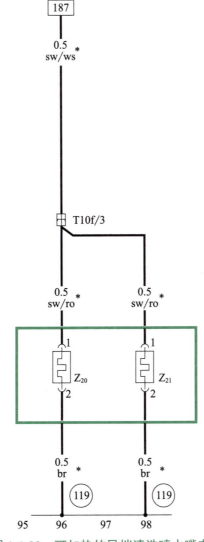

图 1-1-23　可加热的风挡清洗喷水嘴电路

不同电阻的应用如图 1-1-24 所示。

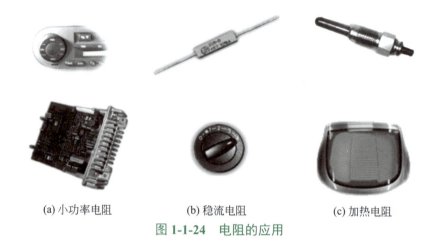

(a) 小功率电阻　　(b) 稳流电阻　　(c) 加热电阻

图 1-1-24　电阻的应用

电阻测量方法：使用万用表电阻挡测量，将万用表红、黑表笔分别连接测量对象两端，测得数据为该测量对象的电阻（图 1-1-25）。

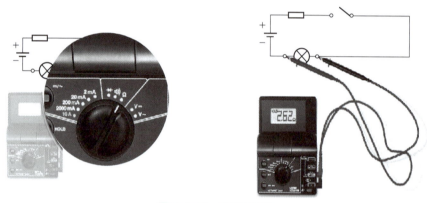

图 1-1-25　测量电阻

1.1.6　欧姆定律

欧姆定律计算公式如图 1-1-26 所示。计量单位符号如下：电压 U（V）；电流强度 I（A）；电阻 R（Ω）。

　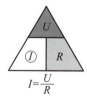　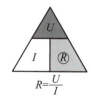

$U=IR$　　　$I=\dfrac{U}{R}$　　　$R=\dfrac{U}{I}$

图 1-1-26　欧姆定律计算公式

1.1.7 电功率

电功率计算公式如图 1-1-27 所示。计量单位符号如下：功率（W）；电压（V）；电流强度（A）。

图 1-1-27　电功率计算公式

1.1.8 并联电路

在并联电路中适用下列定律（图 1-1-28）：

❶ 所有的电阻（用电器）承载相同的电压。
$$U=U_1=U_2=\cdots$$

❷ 总电流等于所有分电流之和。
$$I=I_1+I_2+\cdots$$

❸ 总电阻的倒数等于所有分电阻的倒数之和。
$$\frac{1}{R}=\frac{1}{R_1}+\frac{1}{R_2}+\cdots$$

❹ 总电阻总是小于最小的分电阻。

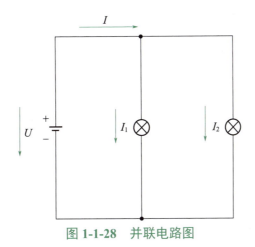

图 1-1-28　并联电路图

1.1.9 串联电路

在串联电路中适用下列定律（图 1-1-29）：

❶ 流经所有电阻（用电器）的电流相等。

$$I=I_1=I_2=\cdots$$

❷ 总电压等于分电压之和。

$$U=U_1+U_2+\cdots$$

❸ 总电阻等于分电阻之和。

$$R=R_1+R_2+\cdots$$

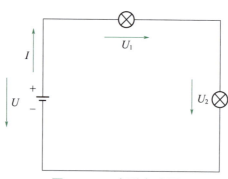

图 1-1-29 串联电路图

1.1.10 混联电路

如果要确定混联电路中的电路等效电阻或总电阻，建议分多个步骤进行计算。如图 1-1-30 所示，计算并联电阻 R_2（20Ω）、R_3（20Ω）、R_4（30Ω）、R_5（30Ω）的等效电阻 R_p 的方法如下。

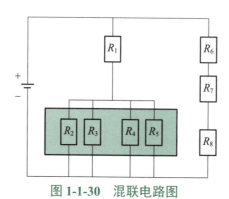

图 1-1-30 混联电路图

适用以下公式：

$$\frac{1}{R_p}=\frac{1}{R_2}+\frac{1}{R_3}+\frac{1}{R_4}+\frac{1}{R_5}$$

代入数值，得

$$\frac{1}{R_p}=\frac{1}{20Ω}+\frac{1}{20Ω}+\frac{1}{30Ω}+\frac{1}{30Ω}$$

即

$$\frac{1}{R_p}=\frac{1}{6Ω}$$

故

$$R_p=6Ω$$

1.2 汽车电路的组成与特点

1.2.1 汽车基本电路组成

汽车电路一般由电源、电路保险装置、控制装置、用电设备和连接导线等组成。

（1）电源

❶ 蓄电池：在发动机未启动时，向有关用电设备供电（图 1-2-1）。

❷ 发电机：发动机启动后小负荷下由发电机供电，大负荷下由蓄电池和发电机联合供电（图 1-2-2）。

图 1-2-1 汽车蓄电池

图 1-2-2 汽车发电机

（2）导线 汽车导线是用来连接汽车上各用电设备和控制部件，传递电流和信号，以构成完整的汽车电气控制系统。汽车导线有低压导线和高压导线两种。

❶ 低压导线。汽车上低压导线，简称低压线，其截面一般采用铜质多芯软线，导线截面积主要根据用电设备的工作电流选择。为保证应具有一定的机械强度，汽车电器中导线截面不得小于 0.5mm²（表 1-2-1）。

表 1-2-1 低压导线的截面积与允许电流值

导线标称截面积 /mm²	1.0	1.5	2.5	3.0	4.0	6.0	10	13
允许电流值 /A	11	14	20	22	25	35	50	60

12V 电系主要电路导线标称截面值的推荐值见表 1-2-2。

表 1-2-2 12V 电系主要电路导线推荐标称截面积值

标称截面积 /mm²	用途
0.5	尾灯、顶灯、指示灯、仪表灯、牌照灯、刮水器、时钟、燃油表、水温表、油压表等电路
0.8	转向灯、制动灯、停车灯、断电器等电路

续表

标称截面积 /mm²	用途
1.0	前照灯、电喇叭 (3A 以下) 电路
1.5	前照灯、电喇叭 (3A 以上) 电路
1.5~4.0	其他 5A 以上电路
4~6	柴油车电热塞电路
6~25	电源电路
16~95	启动电路

低压导线颜色又有单色和双色之分。单色导线是指绝缘表面为一种颜色的导线，如图 1-2-3（a）所示。双色导线是指绝缘表面为两种颜色的导线，双色导线中面积比例大的颜色称为主色，面积比例小的颜色称为辅助色，如图 1-2-3（b）~（d）所示。

表 1-2-3　导线颜色中文与英文简写对照表

B—黑	BL—蓝	R—红	BR—棕	LG—浅绿	V—紫
G—绿	O—橙	W—白	GR—灰	P—粉红	Y—黄

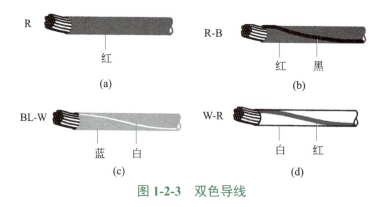

图 1-2-3　双色导线

导线的截面积标注在颜色代码（见表 1-2-3）前面，单位为毫米时不标注。如：1.25R 表示导线截面积为 1.25mm² 的红色导线；1.0G-Y 表示导线截面积为 1.0mm² 的双色导线，主色为绿色，辅助色为黄色。

❷ 高压导线。汽车点火线圈至火花塞之间的电路使用高压点火线，简称高压线。汽车高压导线的线芯截面积小（约为 1.5mm²），绝缘包层厚，耐压数值高，一般应在 15kV 以上（图 1-2-4）。

❸ 汽车线束。为了使全车线路规整、安装方便，保

图 1-2-4　高压线

护导线的绝缘，汽车上的全车线路除高压线、蓄电池和起动机的电缆外，一般都将同区域的不同规格的导线用棉纱或薄聚氯乙烯带缠绕包扎成束，称为线束，如图1-2-5所示。

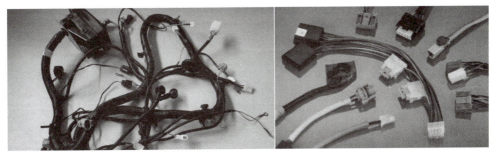

图 1-2-5　汽车线束

（3）开关　开关装置的功能是接通和切断电源与用电设备的连接电路。

❶ 点火开关。点火开关是汽车电路中最重要的开关，是各条电路分支的控制枢纽（图1-2-6）。点火开关挡位如图1-2-7所示。

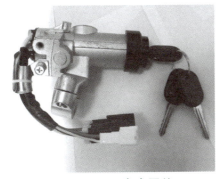

图 1-2-6　点火开关

图 1-2-7　点火开关挡位

"LOCK"挡：全车电路处于断开状态，所有用电设备均不工作；同时点火钥匙仅能在"LOCK"挡位插入或拔出。

"ACC"挡：附属设备用电挡。当点火钥匙旋至"ACC"挡时，车内附属电气设备电路接通，可使用车内的收音机、室内灯等用电设备，不可以使用空调。

"ON"挡：全车电路接通挡。当点火钥匙旋至"ON"挡位时，车内附属电气设备电路、点火电路、各灯光照明装置电路均接通，发动机的点火装置处于预热状态，发动机处于待启动状态。

"START"挡：发动机的启动挡。当点火钥匙旋至"START"挡时，启动电路接通，起动机旋转，并带动发动机转动。发动机启动后，应立即松开点火钥匙，使钥匙自动回到"ON"挡位，以免损坏起动机，同时也有利于发动机正常工作。

❷ 组合开关。组合开关将灯光开关（前照灯开关、变光开关）、转向灯开关、紧急报警灯开关、刮水器/清洗器开关等组合一体，是个多功能开关，安装在便于驾驶员操纵的转向柱上（图1-2-8）。

图 1-2-8　组合开关

（4）保险装置　常见的保险装置有熔断丝、易熔线和断电器等。

❶ 熔断丝。熔断丝是最普通的电路保护装置，集中在熔断丝盒内，与用电设备串联（图 1-2-9、图 1-2-10）。

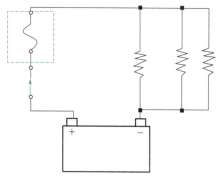

图 1-2-9　一个熔断丝控制全部支路

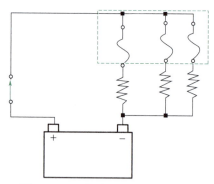

图 1-2-10　每个支路一个熔断丝

熔断丝引起电路断路的主要原因是熔断（图 1-2-11）和接触不良。

判断熔断丝好坏的方法：通过视觉观察是否熔断；通过万用表检测通断（图 1-2-12）。

图 1-2-11　熔断丝熔断

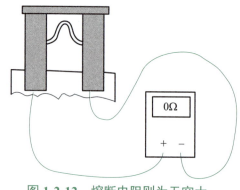

图 1-2-12　熔断电阻则为无穷大

❷ 易熔线。易熔线是用来保护汽车电路和用电设备的容量较大的线状熔断丝。其通常连接在电源线路和通过电流较大的线路上（图 1-2-13）。

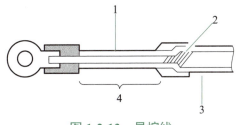

图 1-2-13 易熔线

1—细导线；2—接合片；3—电路导体；4—当出现过大电流时，这部分易熔线将熔断

❸ 断电器。断电器用于正常工作时容易过载的电路中，是利用双金属片受热变形的原理制成的。其按作用形式可分为两种：非循环式和循环式。

非循环式断电器是当电路发生过载时，双金属片受热向上弯曲变形，使触点分离，自动切断电路，保护线路及用电设备；排除故障后，需用手按下按钮，使双金属片复位（图 1-2-14）。

循环式断电器（图 1-2-15）是当电路发生过载时，双金属片受热变形弯曲，触点打开，电路自动切断；当双金属片冷却后，自动复位，触点闭合，电路自动接通；双金属片再次受热变形时，触点再次打开。如此，断路器触点周期地打开和闭合，直至电路不过载为止。

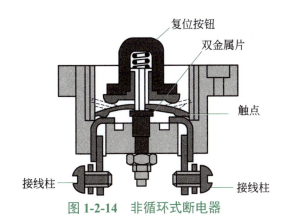

图 1-2-14 非循环式断电器

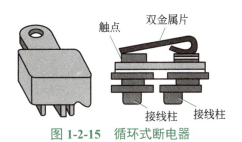

图 1-2-15 循环式断电器

1.2.2 汽车整车电路组成

汽车整车电路通常包括电源电路、启动电路、点火电路、照明与灯光信号装置电路、仪表信息系统电路、辅助装置电路和电子控制系统电路等。

（1）电源电路 也称充电电路，是由蓄电池、发电机、调节器及充电指示装置等组成的电路，电能分配（配电）及电路保护器件也可归入这一电路（图 1-2-16）。

（2）启动电路 是由起动机、启动继电器、启动开关及启动保护电路组成的电路。也可将低温条件下启动预热的装置及其控制电路列入这一电路内（图 1-2-17）。

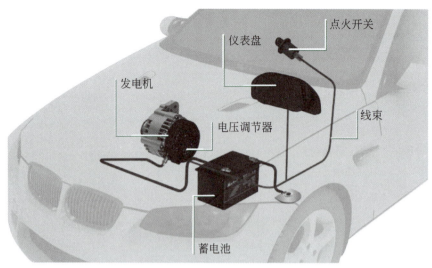

图 1-2-16　电源系统

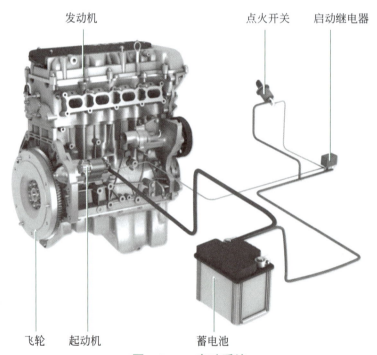

图 1-2-17　启动系统

（3）点火电路　是汽油发动机汽车特有的电路。它由点火线圈、控制单元、火花塞及点火开关组成。微机控制的电子点火控制系统一般列入发动机电子控制系统中（图 1-2-18）。

（4）照明与灯光信号装置电路　是由前照灯、雾灯、示廓灯、转向灯、制动灯、倒车灯、车内照明灯及有关控制继电器和开关组成的电路（图 1-2-19）。

（5）仪表信息系统电路　是由仪表及其传感器、各种报警指示灯及控制器组成的电路（图 1-2-20）。

第1章 汽车电路基础

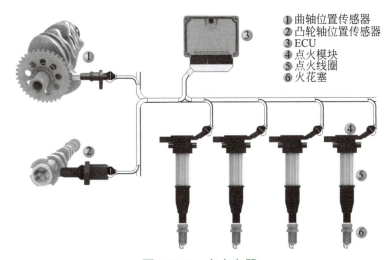

① 曲轴位置传感器
② 凸轮轴位置传感器
③ ECU
④ 点火模块
⑤ 点火线圈
⑥ 火花塞

图 1-2-18　点火电器

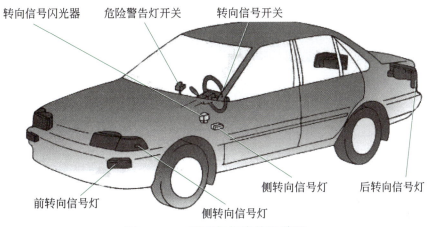

图 1-2-19　照明与灯光信号装置

图 1-2-20　仪表总成

1—转速表；2—车速表；3—温度表；4—燃油表；5—转向信号指示灯/危险警告灯；6—ABS（防抱死制动系统）；7—保持模式指示灯；8—开门警告灯；9—安全带指示灯；10—充电系统警告灯；11—制动系统警告灯；12—里程表；13—挡位指示灯（如装备）；14—里程表模式选择键；15—低燃油量警告灯；16—故障指示灯；17—机油压力警告灯；18—气囊警告灯；19—前雾灯指示灯；20—远光灯指示灯；21—后雾灯指示灯；22—巡航系统指示灯（如装备）；23—后备厢盖警告灯

19

（6）辅助装置电路　是由为提高车辆安全性、舒适性等而设置的各种电器装置组成的电路（图1-2-21）。辅助电器装置的种类随车型不同而有所差异，汽车档次越高，辅助电器装置越完善。一般包括风窗刮水及清洗装置、风窗除霜（防雾）装置、空调装置、音响装置等。较高级车型上还装有车窗电动举升装置、电控门锁、电动座椅调节装置和电动遥控后视镜等。电子控制安全气囊归入电子控制系统。

图1-2-21　辅助装置

（7）电子控制系统电路　主要由发动机控制系统（包括燃油喷射、点火、排放等控制）、自动变速器及恒速行驶控制系统、制动防抱死系统、安全气囊控制系统等电路组成（图1-2-22）。

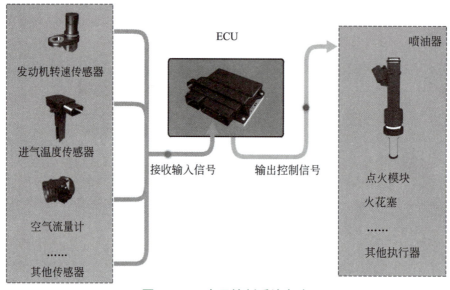

图1-2-22　电子控制系统电路

1.2.3　汽车电路的特点

（1）单线制　从电源到用电设备只用一根导线相连，用汽车底盘、发动机等金属机体作为另一公用导线。

（2）负极搭铁　采用单线制时，将蓄电池的一个电极用导线连接到发动机或底盘等金属车体上。

（3）两个电源　蓄电池和发电机两个供电电源。

（4）用电设备并联　汽车上的各种用电设备都采用并联方式与电源连接，每个用电设备都由各自串联在其支路中的专用开关控制，互不产生干扰。

（5）低压直流供电　柴油车、纯天然气车大多采用 24V 直流供电，汽油车/两用燃料汽车大都采用 12V 直流电压供电。

1.3　汽车电路的符号及常用检测方法

1.3.1　电路符号

❶ 电气元件及其符号如图 1-3-1 所示。

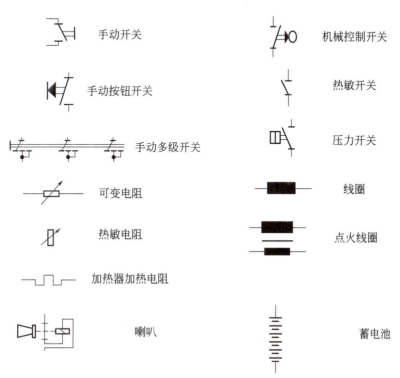

图 1-3-1

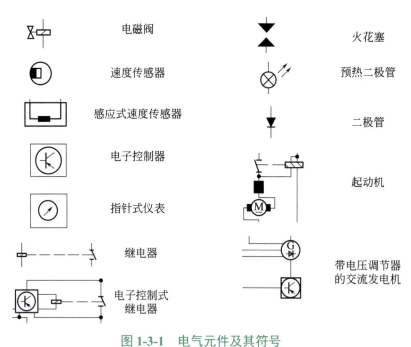

图 1-3-1　电气元件及其符号

❷ 导线接点与连接符号如图 1-3-2 和图 1-3-3 所示。

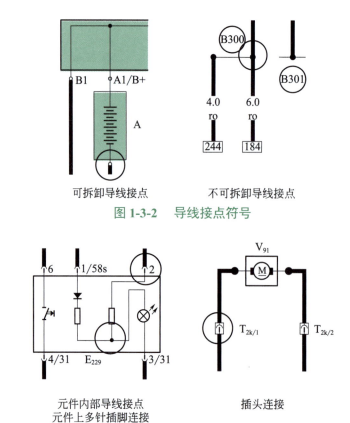

图 1-3-2　导线接点符号

图 1-3-3　元件内部导线与插头连接符号

1.3.2　电气元件代号

电气元件代号如表 1-3-1 所示。

表 1-3-1　电气元件代号

A	蓄电池	J	继电器	T	线束插头
B	起动机	K	警报灯	U	点烟器/插座
C	发电机	L	照明灯	V	电机/泵体
D	点火开关	M	照明灯	W	照明灯
D_2	防盗线圈	N	阀体/触发器	X	牌照灯
E	电器开关	O	—	Y_6	变速杆位置
F	触点开关	P	火花塞插头	Y_7	防眩后视镜
G	传感器	Q	火花塞	Y_8	时钟
H	蜂鸣器	R	扬声器/天线	Z	加热器
I	—	S	保险丝	λ	氧传感器

1.3.3　基本检测方法

❶ 用电器电压检测，如图 1-3-4 所示。
❷ 测量正极的电压降检测，如图 1-3-5 所示。注意：电路必须闭合。

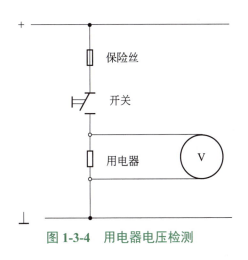

图 1-3-4　用电器电压检测

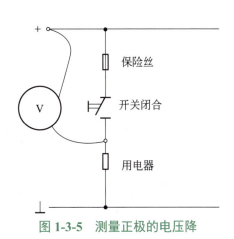

图 1-3-5　测量正极的电压降

❸ 用接地端的电压降检测，如图 1-3-6 所示。注意：电路必须闭合。

❹ 用电器电流检测，如图 1-3-7 所示。注意：将电流表串联到电路中，电路必须闭合。

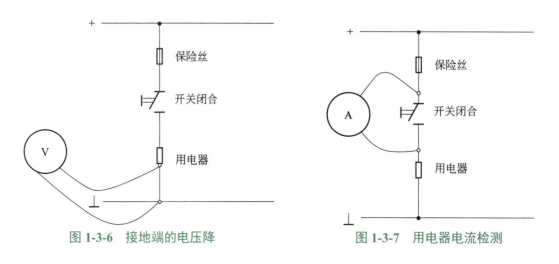

图 1-3-6　接地端的电压降　　　　　图 1-3-7　用电器电流检测

❺ 用电器电阻检测，如图 1-3-8 所示。注意：将欧姆表与用电器并联，电路必须断开。

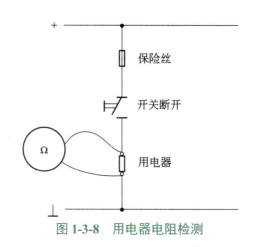

图 1-3-8　用电器电阻检测

1.4　汽车电路接线规律

1.4.1　接线的一般规律

汽车线路接线的特点和一般规律是：一般采用单线制；用电设备并联，负极搭铁；线路用颜色不同的线和编号加以区分，并以点火开关为中心分成几条主干线。

（1）蓄电池正极线　从蓄电池引出直通熔断丝盒，也有的从蓄电池正极线直接引到起动机正极接线柱上，再从接线柱引出较细的正极线到其他电路（图1-4-1）。

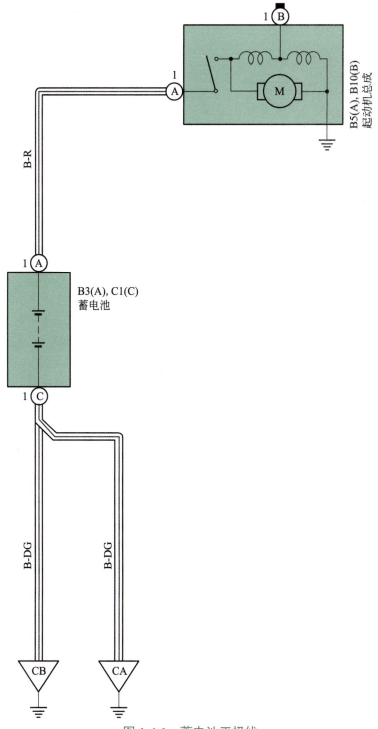

图1-4-1　蓄电池正极线

（2）点火、仪表、指示灯线　必须经过汽车钥匙才能接通电路（图1-4-2）。

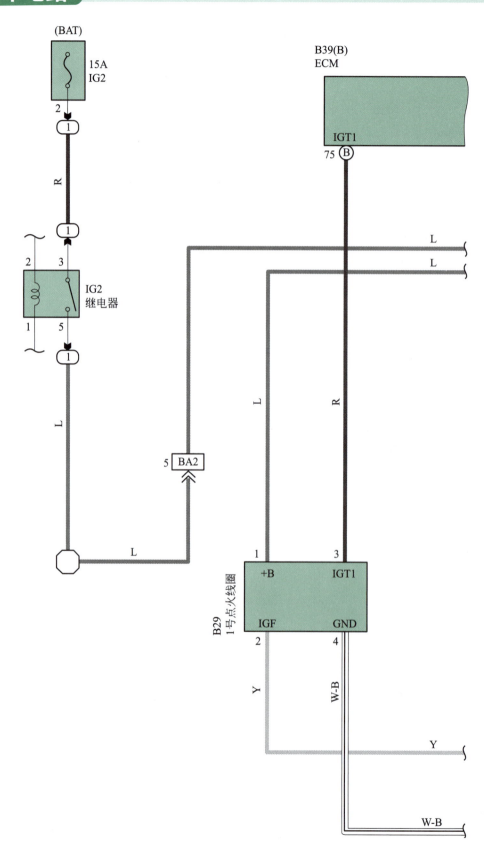

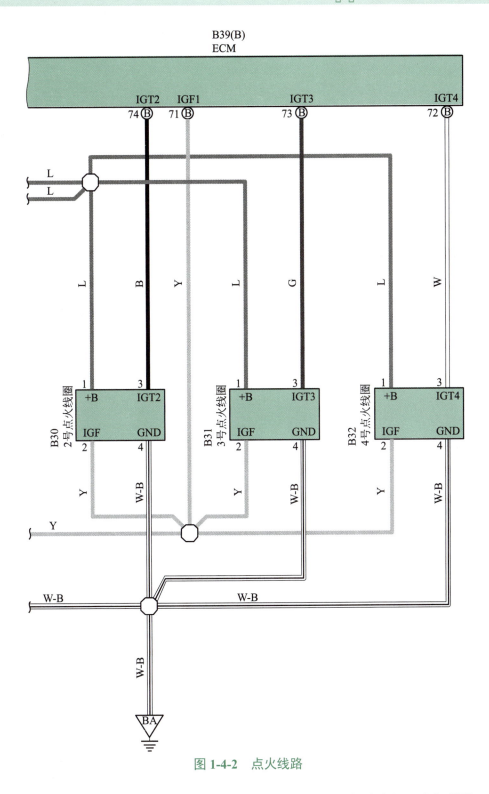

图 1-4-2　点火线路

（3）专用线　不管发动机是否工作都需要接入的电器，如收音机、点烟器等，由点火开关单独设置一挡予以供电（图 1-4-3）。

图 1-4-3　点烟器电路

（4）启动控制线　起动机主电路的控制开关（触盘）常采用磁力开关来控制通断。其接线方式有三种形式：小功率起动机磁力开关的吸引保持线圈由点火开关的启动挡控制；大功率起动机的吸引保持线圈则由起动机继电器控制（如东风解放及三菱重型车）；装有自动变速器的轿车，为了保证空档启动，常将启动控制线串接在空挡开关上（图 1-4-4）。

第1章 汽车电路基础

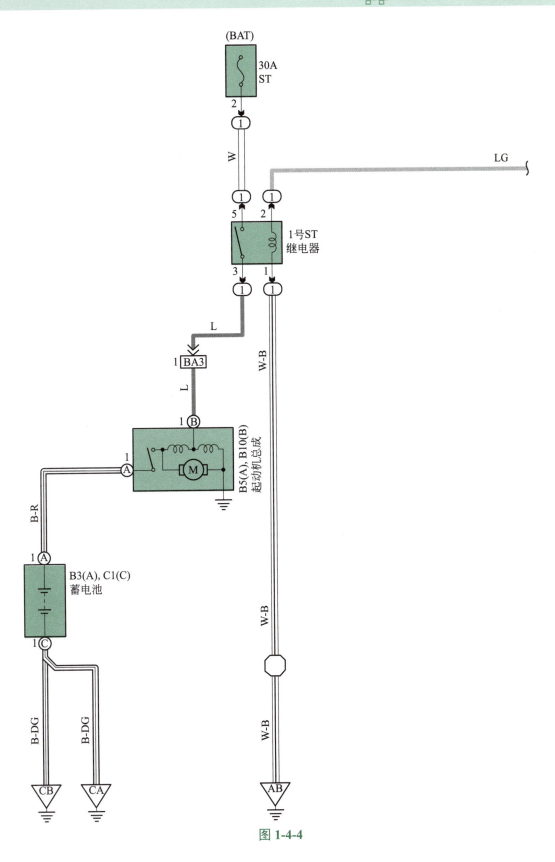

图 1-4-4

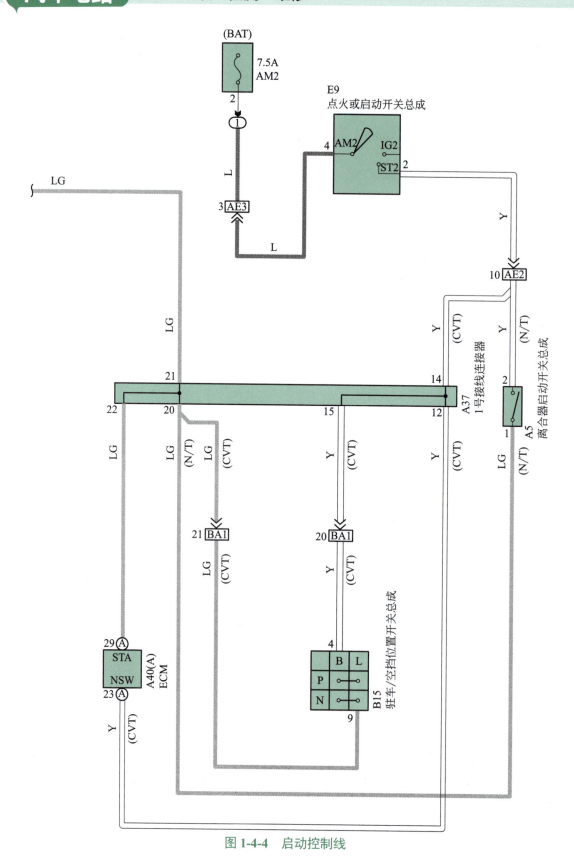

图 1-4-4　启动控制线

（5）搭铁线　搭铁点分布在汽车全身，与不同金属相接（如铁、铜、铝）形成电极电位差，有些搭铁部位容易沾染泥水油污或生锈，有些搭铁部位是很薄的钣金片，都可能引起搭铁不良，如灯不亮、仪表不起作用、喇叭不响等。所以，有的汽车采用双搭铁线（图1-4-5）。

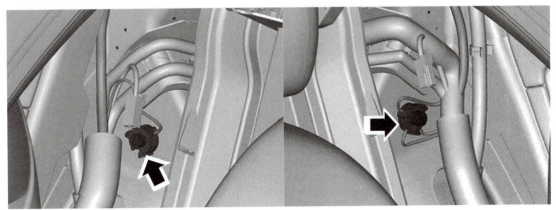

图1-4-5　搭铁线

1.4.2　电源系统接线规律

❶ 发电机与蓄电池并联，蓄电池负极必须搭铁。蓄电池正极经电流表（或直接）接发电机正极，蓄电池静止电动势常在11.5～13.5V，发电机输出电压常限定在13.8～15V之间（24V电系28～30V）。发电机工作时正常电压比蓄电池电压高0.3～3.5V，这主要是为了克服线路压降，使蓄电池充电时既能充足，又不至于过度充电。

❷ 国产硅整流发电机的接线柱旁均有标记或名称，"+"或"B+"为"电枢"接线柱，此接线柱应与电流表或蓄电池"+"极相连；"F"为"磁场"接线柱，它与调节器"磁场"接线柱相连；"E"为"搭铁"接线柱，应与调节器的"搭铁"接线柱相接。

❸ 采用外装调节器的交流发电机的磁场线圈搭铁方式有两种：一种是磁场线圈直接在发电机内部搭铁，如国产东风EQ1092、BJ2020汽车的发电机；另一种是磁场线圈不在发电机内部搭铁，而是通过调节器搭铁，如解放CA1092汽车的交流发电机。

1.4.3　启动系统接线规律

❶ 点火开关直接控制起动机的电路：点火开关在启动挡直接控制起动机的吸引保持线圈，多用于配置1.2kW以下起动机的轿车的电路；1.5kW以上起动机的磁力开关线圈通过的电流在40A以上，用启动继电器触点作为开关（图1-4-6）。

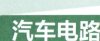
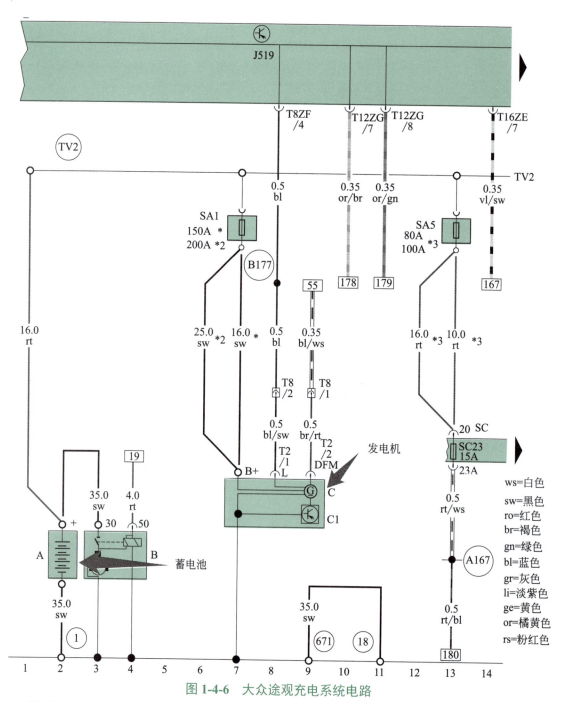

图 1-4-6　大众途观充电系统电路

A—蓄电池；B—起动机；C—交流发电机；C1—电压调节器；J519—车载电网控制器；SA1—保险丝架 A 上的保险丝 1；SA5—保险丝架 A 上的保险丝 5；SC—保险丝支架 C；SC23—保险丝架 C 上的保险丝 23；T2—2 芯插头连接；T8—8 芯插头连接；T8ZF—8 芯插头连接；T12ZG—12 芯插头连接；T16ZE—16 芯插头连接；1—接地带，蓄电池 - 车身；18—发动机缸体上的接地点；671—接地点 1，左前纵梁上；A167—正极连接 3(30a)，在仪表板导线束中；B177—连接 (61)，在车内导线束中；TV2—总线端 30 的导线分线器；*—仅用于配备 90-A/110-A 发电机的车辆；*2—仅用于配备交流发电机 (140A) 的车辆；*3—依汽车装备而定

❷ 带启动保护的起动机控制电路：当点火开关在 0 挡时，电路均断开。点火开关在 1 挡时（未启动）的供电线路由发电机励磁点火线圈点亮仪表指示灯。点火开关在 2 挡时，除了接通上述电路，还要接通启动继电器电路：蓄电池正极→电流表→点火开关→启动继电器线圈→继电器常闭触点→搭铁→蓄电池负极→起动机，驱动主机。与此同时，触桥将点火线圈旁路触点接通，电流直通点火初级线圈，附加电阻被隔除在外。发动机点火工作后，发电机中性点 N 的对地电压（约为发电机调节电压的 0.5 倍）使启动继电器中的启动保护继电器常闭触点断开，切断充电指示灯搭铁电路，充电指示灯熄灭，表示发电机工作正常。同时也切断了启动继电器线圈的搭铁电路，当发电机正常工作时，即使误将点火开关扳到 2 挡，起动机也不会与飞轮啮合，避免打坏飞轮齿圈与起动机，起到保护起动机的作用（图 1-4-7）。

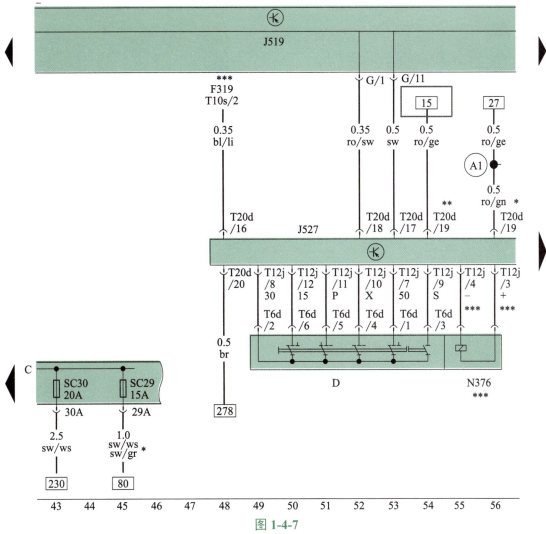

图 1-4-7

D—点火启动开关；F319—选挡杆 P 挡锁止开关；J519—车载电网控制单元；J527—转向柱电子装置控制单元；N376—点火钥匙防拔出锁磁铁；SC29—保险丝支架 C 上的保险丝 29；SC30—保险丝支架 C 上的保险丝 30；T6d—6 芯插头连接；T10s—10 芯插头连接，在选挡杆盖板下；T12j—12 芯插头连接；T20d—20 芯插头连接；A1—仪表板导线束中的正极连接（30a）；*—自 2008 年 5 月起；**—至 2008 年 5 月；***—仅指配备 09G 型 6 挡自动变速箱的汽车

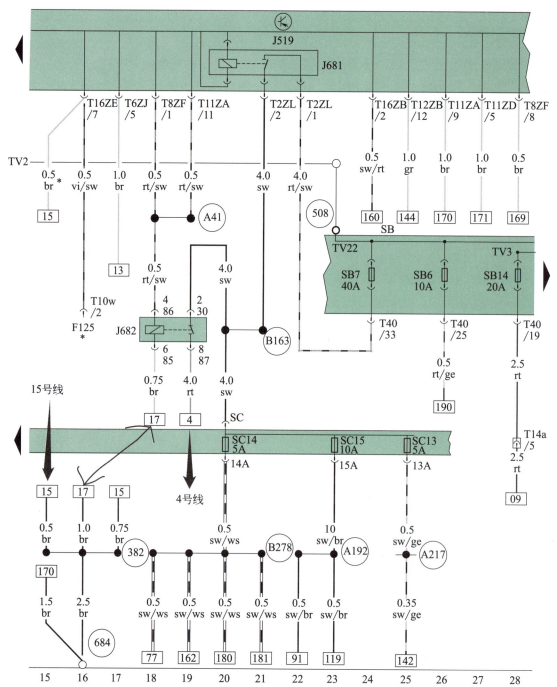

F125—多功能开关；J519—车载电网控制器；J681—供电继电器2，端子15；J682—供电继电器，总线端50；SB—保险丝支架 B；SB6—保险丝架 B 上的保险丝 6；SB7—保险丝架 B 上的保险丝 7；SB14—保险丝架 B 上的保险丝 14；SC—保险丝支架 C；SC13—保险丝架 C 上的保险丝 13；SC14—保险丝架 C 上的保险丝 14；SC15—保险丝架 C 上的保险丝 15；T2ZL—2 芯插头连接；T6ZJ—6 芯插头连接；T8ZF—8 芯插头连接；T10w—10 芯插头连接；T11ZA—11 芯插头连接；T11ZD—11 芯插头连接；T12ZB—12 芯插头连接；T14a—14 芯插头连接；T16ZE—16 芯插头连接；T40—40 芯插头连接；382—接地连接 17，在主导线束中；508—螺栓连接 (30)，在电控箱上；684—接地点，在左前边梁上；A41—正极连接 (50)，在仪表板导线束中；A192—正极连接 3(15a)，在仪表板导线束中；A217—正极连接 8(15a)，在仪表板导线束中；B163—正极连接 1(15)，在车内导线束中

第1章 汽车电路基础

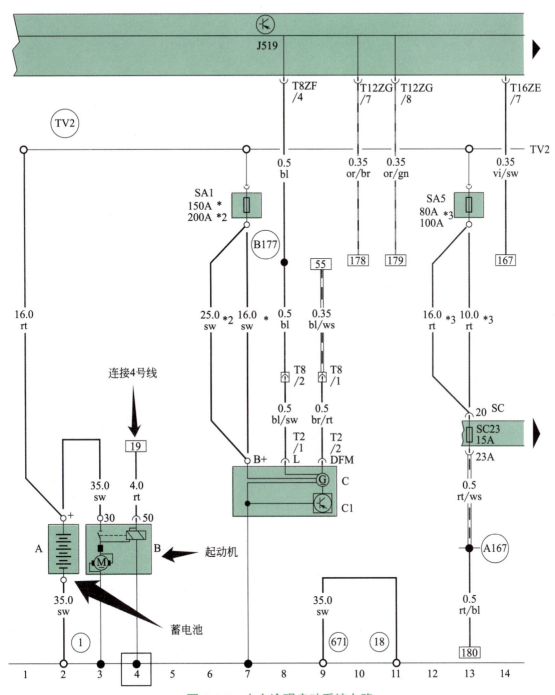

图1-4-7 大众途观启动系统电路

A—蓄电池；B—起动机；C—交流发电机；C1—电压调节器；J519—车载电网控制器；SA1—保险丝架A上的保险丝1；SA5—保险丝架A上的保险丝5；SC—保险丝支架C；SC23—保险丝架C上的保险丝23；T2—2芯插头连接；T8—8芯插头连接；T8ZF—8芯插头连接；T12ZG—12芯插头连接；T16ZE—16芯插头连接；1—接地带，蓄电池-车身；18—发动机缸体上的接地点；671—接地点1，左前纵梁上；A167—正极连接3(30a)，在仪表板导线束中；B177—连接(61)，在车内导线束中；TV2—总线端30的导线分线器；*—仅用于配备90-A/110-A发电机的车辆；*2—仅用于配备交流发电机(140A)的车辆；*3—依汽车装备而定

1.4.4 点火系统接线规律

汽车点火系统可以分为普通（有触点）点火系统、无触点点火系统、微机控制点火系统等形式，其工作过程基本上都是按以下顺序循环：初级电流接通→初级电流切断（此时恰是某缸活塞处于压缩上止点前某一角度）→初级线圈产生自感电动势（300V左右）→次级线圈互感产生脉冲高压（6000～30000V）→火花塞出现电火花。

无触点点火系统的点火模块必须具备引出线：由点火开关控制的电源输入线2条（4、5脚），由信号发生器（信号发生器与分电器轴一体）来的信号输入线3条（5、5、3脚，其中5脚供信号发生器的电源火线），初级电流的输入、输出线2条（1、2脚）（图1-4-8）。

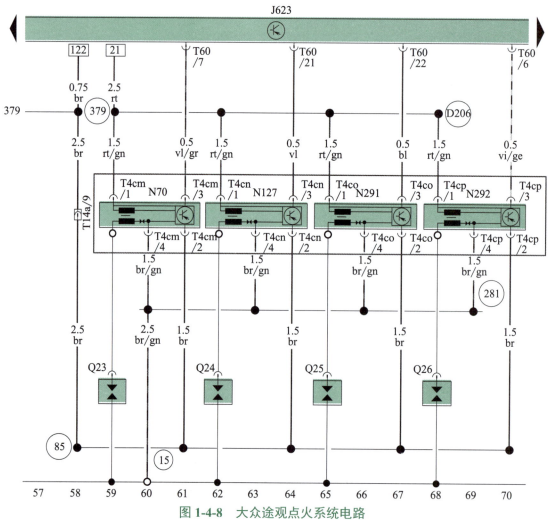

图1-4-8　大众途观点火系统电路

发动机控制器，带功率输出级的点火线圈1，带功率输出级的点火线圈2，带功率输出级的点火线圈3，带功率输出级的点火线圈4；J623—发动机控制器；N70—带功率输出级的点火线圈1；N127—带功率输出级的点火线圈2；N291—带功率输出级的点火线圈3；N292—带功率输出级的点火线圈4；Q23—火花塞1；Q24—火花塞2；Q25—火花塞3；Q26—火花塞4；T4cm—4芯插头连接；T4cn—4芯插头连接；T4co—4芯插头连接；T4cp—4芯插头连接；T14a—14芯插头连接；T60—60芯插头连接；15—气缸盖上的接地点；85—接地连接1，在发动机舱导线束中；281—接地连接1-，在发动机预接线导线束中；379—接地连接14，在主导线束中；D206—连接4(87a)，在发动机预接线导线束中

1.4.5 照明系统接线规律

汽车照明系统一般由前照灯、示宽灯（位置灯）、尾灯（后示宽灯）、牌照灯、仪表灯、室内灯等组成，其中前照灯又分为远光灯与近光灯，用变光开关控制。照明灯由灯光开关控制：灯光开关在 0 挡关断、1 挡为小灯亮（包括示光灯、尾灯、仪表灯、牌照灯）、2 挡为前照灯、小灯同时亮。灯光系统的电流一般来自蓄电池正极，不受点火开关控制（由于前照灯远光功率较大，常用灯光继电器来控制通断，开关的 2 挡用于控制继电器线圈）。超车灯信号常用远光灯亮灭来表示，发出此信号时不通过灯光开关，属于短时接通按钮式。现代汽车的照明系统常用组合开关集中控制，组合开关多装在转向柱上，位于转向盘下侧，操作时驾驶员的手可以不离开转向盘（图 1-4-9）。

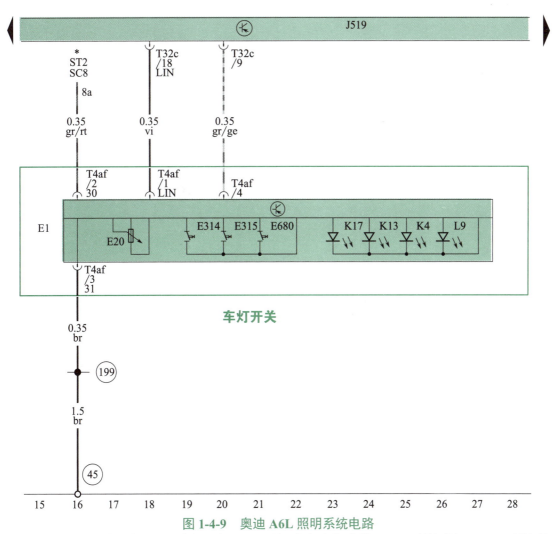

图 1-4-9 奥迪 A6L 照明系统电路

车灯开关，车载电网控制单元；E1—车灯开关；E20—开关和仪表照明调节器；E314—后雾灯按钮；E315—后雾灯按钮；E680—夜视系统按钮；J519—车载电网控制单元；K4—停车灯的指示灯；K13—后雾灯指示灯；K17—前雾灯指示灯；L9—大灯开关照明灯泡；ST2—保险丝架 2；SC8—保险丝架 C 上的保险丝 8；T4af—4 芯插头连接；T32c—32 芯插头连接；45—中部仪表板后面的接地点；199—接地连接 3，在仪表板导线束中；*—见保险丝布置所适用的电路图

1.4.6 仪表报警系统接线规律

❶ 所有电气仪表都受点火开关控制。

❷ 各仪表的表头与其传感器串联，燃油表、水温表一般还接有仪表稳压器（图1-4-10）。

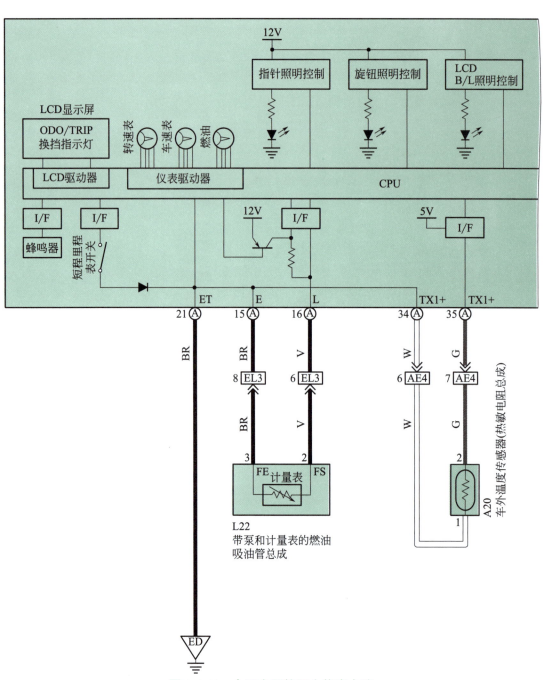

图1-4-10 丰田卡罗拉组合仪表电路

❸ 电流表串联在发电机正极与蓄电池正极之间。发电机充电电流从电流表正极进去，指针偏向正端，而在蓄电池往外放电时，指针偏向负端。以下两种电流不通过电流表：超过电流表量程的负载电流，如起动机、预热塞、喇叭灯电流；发电机正常工作时向其他负载供电的电流。注意：当发电机不工作时，蓄电池向其他负载供电的电流必须经过电流表。现代汽车多用充电只是等代替电流表，其缺点是不知充放电流大小，过充电不易发现。

❹ 电压表并接在点火开关之后，只在点火开关接通时显示系统电压。12V 系统常使用 10V～18V、24V 系统常使用 20～36V 的电压表。

❺ 指示灯、报警灯常与仪表装配在一个总成内或在附近布置，它们与仪表一同受点火开关的工作挡（ON）和启动挡（ST）控制。在 ON 挡应能检验大多数仪表、指示灯、报警灯是否良好。指示灯和报警灯按照电路接法可分为两种：一种是灯泡接点火开关火线，外接传感开关，开关接通则与搭铁构成通路，灯亮，如充电指示灯、手制动指示灯、制动液面报警灯、门未关报警灯、机油压力报警灯、水位过低报警灯等；另一种接法是灯泡接地，控制信号来自其他开关的火线端，如远光指示灯、转向指示灯、座椅安全带未系指示灯、防抱死制动指示灯（ABS）、巡航控制指示灯等。

❻ 汽车仪表常用双金属片电热丝式结构，表头一般只有 2 根线。例如，燃油指示表的两个接线柱是上下排列的，一般情况下应将上接线柱与电源线相连，下接线柱与传感器相连，否则将不会正常工作。此外，还有双线圈十字交叉，中间有一个磁性指针的仪表，多为 3 线引出，其中一条接点火开关，另一条线搭铁，还有一条线接传感器。机械式仪表不与电路相接，如软轴传动的车速里程表，直接作用的弯管弹簧式制动气压表、油压表以及乙醚膨胀式水温表、油温表，等。这些仪表读数精度较高，但要引入许多管路、软轴进入仪表盘，拆装麻烦，甚至易泄漏，正在逐步被电子控制仪表所代替。

1.4.7 信号系统接线规律

信号系统主要由转向信号灯、危险警告信号灯、制动信号灯、倒车信号灯、喇叭声等组成。这些信号都是由驾驶员根据道路交通情况向别的车辆和行人发出的，带有较强的随机性，一般是自身开关控制。如制动信号多由制动踏板联动控制；倒车灯多由变速杆倒挡轴联动控制，不用驾驶员特意操作即可接通；喇叭按钮多在转向盘上，驾驶员手不离方向盘即可发出信号。

转向信号灯具有一定的闪频，国标中规定为 60～120 次/分，日本规定在（85±10）次/分，转向灯功率常为 21～25W，前后左右均设，大型车辆和轿车往往在两侧面还有各一个转向信号灯。其电路一般接法是：转向灯与转向灯开关以及转向闪光继电器经危险警告灯开关的常闭触点与点火开关串联，即转向信号灯是在点火开关处于工作挡（ON）时使用（图 1-4-11）。

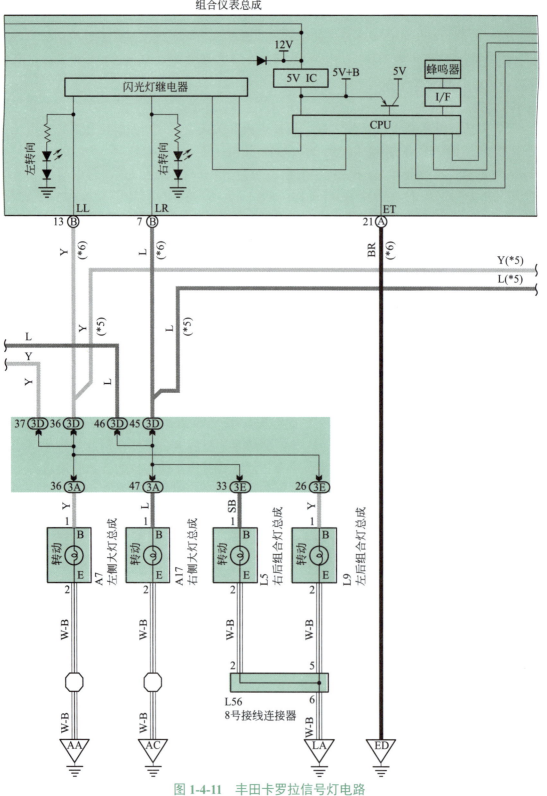

图 1-4-11　丰田卡罗拉信号灯电路

危险警告灯的使用场合主要有：本车有故障或危险不能行驶；本车有牵引别车的任务，需要他车注意；本车需要优先通过，需要他车避让。因此，危险警告灯可以在发动机不工作时使用，此时无需接通点火系统及仪表报警灯，为此设有危险警告开关。它是一个多刀联动开关，在断开点火开关接线的同时，接通蓄电池接线。闪光继电器及灯泡电源直接来自蓄电池，并将闪光继电器的输出端与左右转向灯连在一起，即在闪光继电器动作时，左右转向灯及指示灯同时发出危险信号。

1.4.8 电子控制系统接线规律

电子控制系统电路的接线规律可归纳为：ECU 控制电路必须接受点火开关控制，必须有各种传感器随时输入工况信号。例如，磁脉冲式或霍尔式传感器能产生脉冲电压信号；有些传感器是由热敏电阻制成，阻值发生变化，输出电压也随之发生变化，属于模拟量电压信号，如水温、进气温度传感器等。电子控制系统执行机构受 ECU 控制，具有自诊断功能。ECU 工作一般有两种模式：开环和闭环控制。燃油喷射的开环控制：发动机 ECU 接收到输入信号以后，仅根据预先设置的程序予以应对，对氧传感器的信号不予监控。开环工况有暖机工况、减速工况、节气门全开工况等。燃油喷射的闭环控制：发动机 ECU 检测氧传感器信号，使 ECU 控制喷油脉冲宽度得到理想空燃比，达到最佳燃油经济性，降低排放。闭环工况有怠速工况、巡航工况等。

电子控制系统接线时，应注意：

❶ 准备所要接线车型的电路原理图，如果没有电路图，最好是自己对照实物画个接线草图，这将给接线检修工作带来很大方便；

❷ 因维修需要临时外接线，必须注意绝缘，以防短路；

❸ 切勿带电接线，当导线损坏以后，应用原规则型号的导线更换，连接要可靠，尽量减少连接处的接触电阻；

❹ 接线完毕，应按原接线要求绑扎处理好。

扫码看视频

1.5 汽车控制电路的分类

汽车控制电路可以分为直接控制电路、间接控制电路、非电子控制电路、电子控制电路、控制单元与电源的连接电路等。

（1）直接控制电路　指不使用继电器，由控制单元直接控制用电器的电路。如图 1-5-1 所示。

（2）间接控制电路　指控制单元与用电器之间使用继电器的电路。如图 1-5-2 所示。

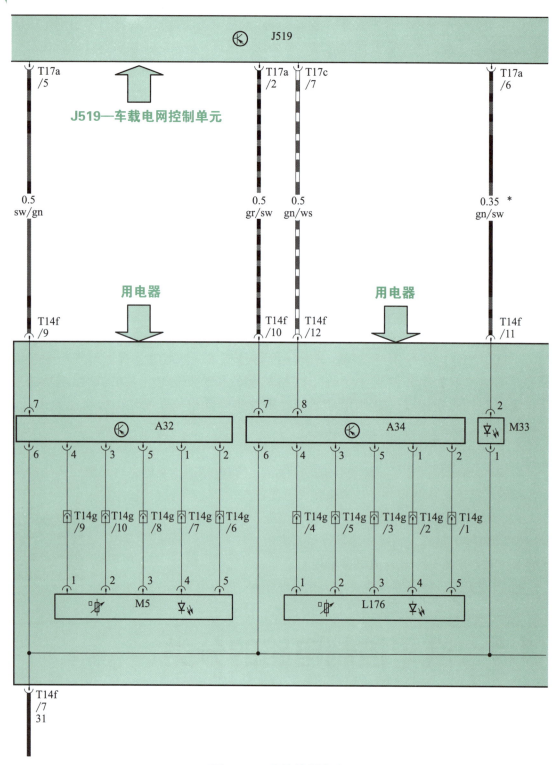

图 1-5-1 直接控制电路

（3）非电子控制电路 指用手动开关等传统控制部件对用电器进行控制的电路。如图 1-5-3 所示。

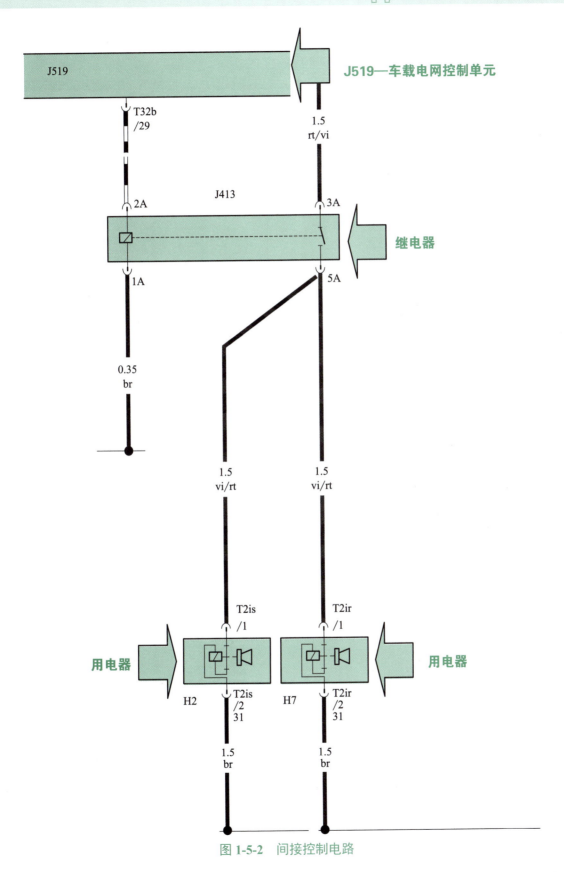

图 1-5-2　间接控制电路

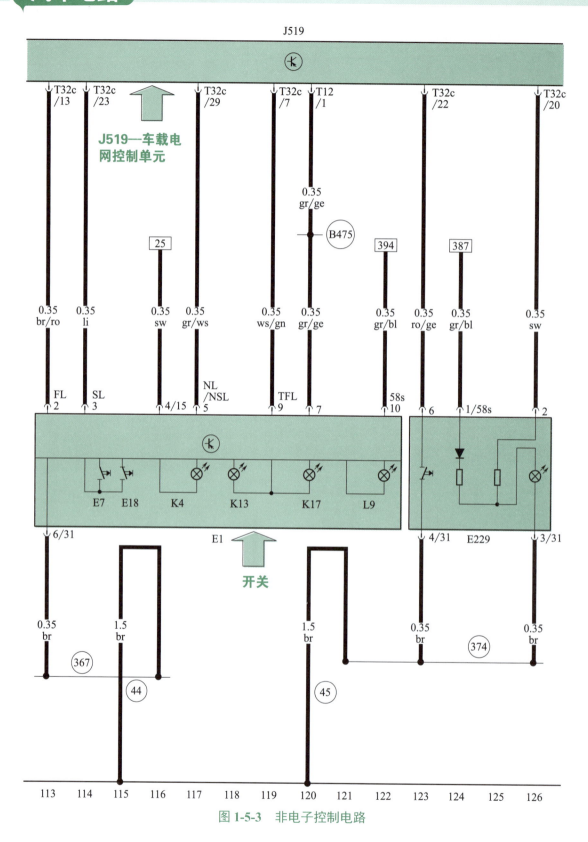

图 1-5-3 非电子控制电路

（4）电子控制电路 指通过信号输入元件，由控制单元直接控制用电器的电路。如图 1-5-4 所示。

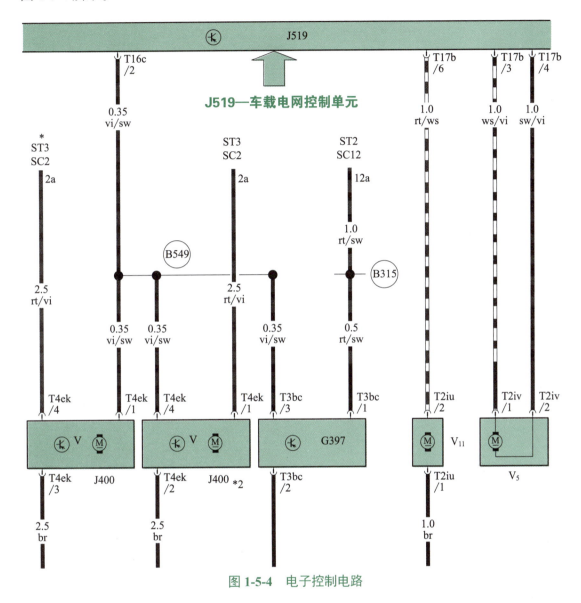

图 1-5-4 电子控制电路

电子控制电路以控制单元为中心，分别与电源、地和用电器连接。

❶ 控制单元与电源的连接：
a. 与电源正极直接连接，任何时候都给控制单元供电（图 1-5-5）；
b. 需在点火开关或其他开关的作用下，给控制单元供电（图 1-5-6）。

❷ 控制单元与地的连接：控制单元通过车身与电源负极连接。接地电路不只一条。

❸ 控制单元与用电器的连接：以控制单元与氧传感器的连接电路为例，如图 1-5-7 所示。

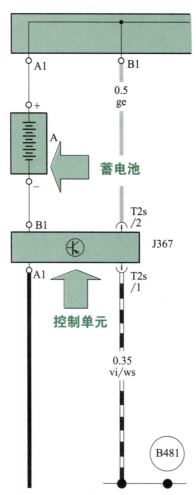

图 1-5-5　与电源正极直接连接

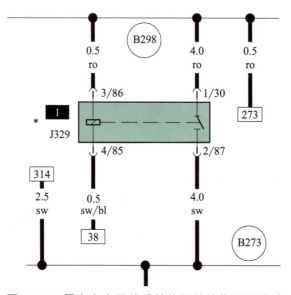

图 1-5-6　需在点火开关或其他开关的作用下连接

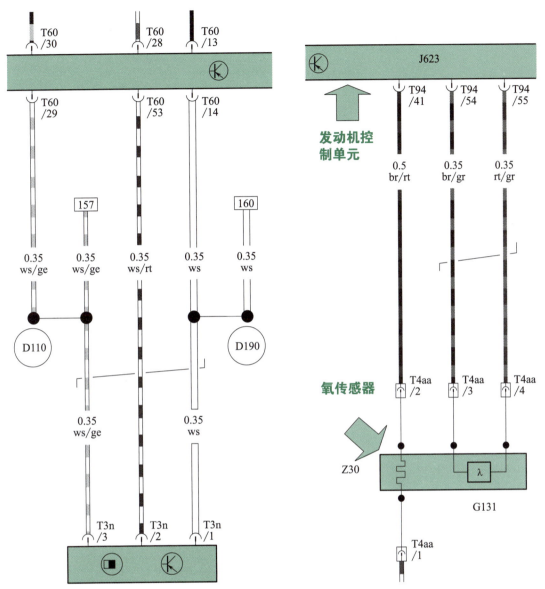

图 1-5-7　信号输入电路

第2章 汽车电路关键元器件

2.1 蓄电池

（1）蓄电池的作用

❶ 发动机启动时，由蓄电池向起动机、点火系统、仪表等用电设备供电（图 2-1-1）。

扫码看视频

图 2-1-1　蓄电池

❷ 当发电机输出电压低于蓄电池电压时，由蓄电池向汽车用电设备供电，并向交流发电机提供励磁电流。

❸ 蓄电池存电不足，由发电机向蓄电池充电。

❹ 具有吸收高压脉冲（即电路中产生的过电压），稳定电网电压，保护用电设备的功能。

（2）蓄电池的结构　蓄电池总体结构如图 2-1-2 所示。

第 2 章 汽车电路关键元器件

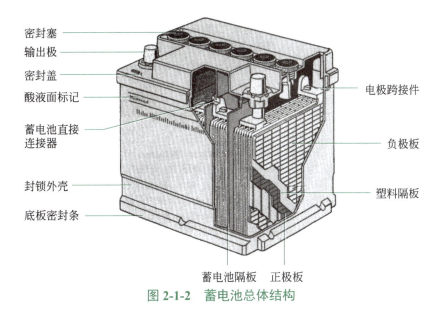

图 2-1-2　蓄电池总体结构

（3）蓄电池参数　蓄电池标示的参数如图 2-1-3 所示。

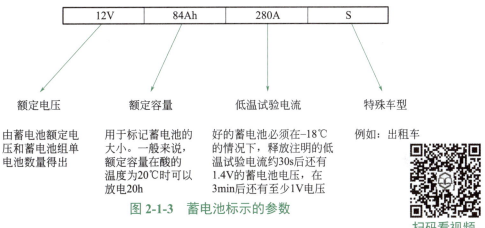

图 2-1-3　蓄电池标示的参数

（4）免保养的铅钙蓄电池　虽然延长保养周期使蓄电池长时间得不到维修服务，但是在较长时间内仍可以保证蓄电池功能良好（图 2-1-4）。

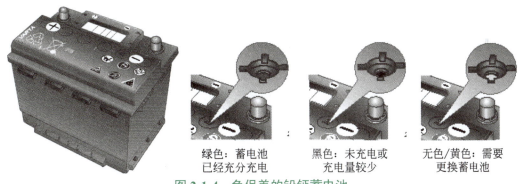

图 2-1-4　免保养的铅钙蓄电池

（5）蓄电池使用时需检查项目

❶ 蓄电池壳体的状况。

❷ 电解液的液位、颜色、气味。

❸ 蓄电池电缆和极桩的情况。

❹ 蓄电池固定夹是否松动或腐蚀。

❺ 定期检查蓄电池电解液的密度。

（6）蓄电池的检查方法

❶ 蓄电池静态电压测量：连接数字式万用表，关闭点火开关，测量接线柱间电压，电压显示 12.5V 或更高为正常，低于 12.5V 则不正常。

❷ 蓄电池启动电压测量：连接数字式万用表，测量启动时蓄电池的电压，电压显示 9～12V 为正常，低于 9V 则不正常。

2.2 发电机

汽车上蓄电池的电能有限，在它放电以后必须及时进行补充充电，因此汽车上还必须装备充电系统。充电系统由发电机（图 2-2-1）、调节器和充电状态指示装置组成。

扫码看视频

图 2-2-1　交流发电机

2.2.1 交流发电机组成

发电机作为汽车运行中的主要电源，担负着向启动系统之外的所有用电设备供电的任务，并为蓄电池充电。目前，汽车用发电机为交流发电机。

汽车发电机中，转子的功用是产生旋转磁场，定子则是产生和输出交流电，整流器是将定子绕组产生的三相交流电转变成直流电输出，并阻止蓄电池的电流向发电机倒流（图 2-2-2）。

第 2 章 汽车电路关键元器件

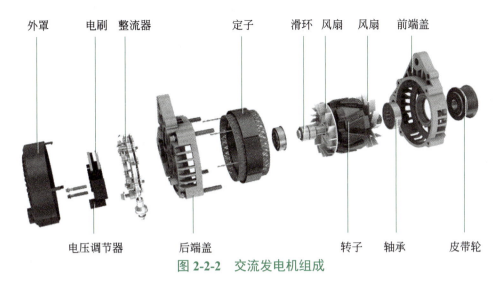

图 2-2-2 交流发电机组成

2.2.2 交流发电机工作原理

交流发电机产生交流电的基本原理是电磁感应原理，即利用产生磁场的转子旋转，使穿过定子绕组的磁通量发生变化，在定子绕组内产生感应电动势。

根据电磁感应原理，当转子绕组中通入直流电时，会产生磁场（图 2-2-3）。

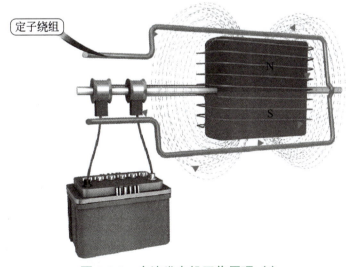

图 2-2-3 交流发电机工作原理（1）

随着转子转动，穿过定子绕组的磁通量发生变化，在定子绕组中产生不断变化的感应电流（图 2-2-4）。

交流发电机在转子外部采用三相对称绕组，当转子旋转时，旋转的磁场和三相绕组之间产生相对运动，在三相绕组中分别产生交流电流（图 2-2-5）。

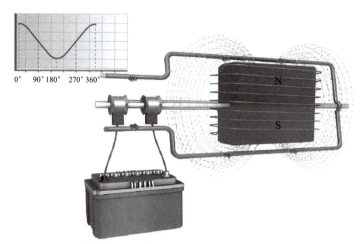

图 2-2-4　交流发电机工作原理（2）

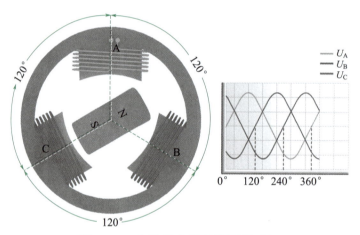

图 2-2-5　交流发电机工作原理（3）

2.2.3　交流发电机整流原理

交流发电机定子的三相绕组中，感应产生的是交流电，靠六只二极管组成的三相桥式整流电路变为直流电。其中三只二极管负极端相连，故正极端电位最高者导通（图 2-2-6）。

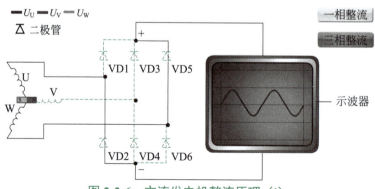

图 2-2-6　交流发电机整流原理（1）

另外三只二极管正极端相连，故负极端电位最低者导通（图 2-2-7）。

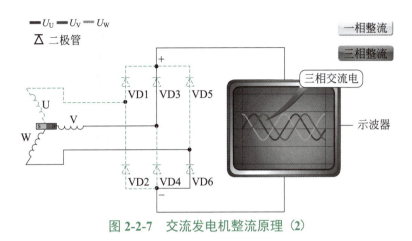

图 2-2-7　交流发电机整流原理（2）

如此不断循环，在 R 两端就得到较平稳的脉冲直流电压（图 2-2-8）。

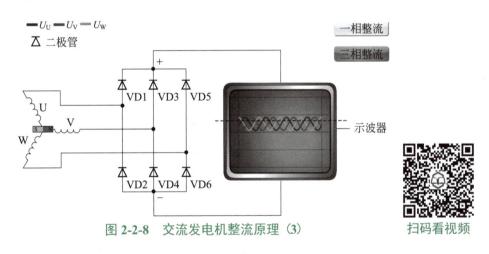

图 2-2-8　交流发电机整流原理（3）

扫码看视频

2.2.4　发电机就车检查项目

（1）传动带松紧度检查

❶ 目视检查传动带有无裂纹或超出磨损极限，如不符合要求，应及时更换。

❷ 检查传动带的挠度。当用 100N 的力作用于两带轮之间的传动带中央部位时，新传动带的挠度应为 5～10mm，旧传动带（即装到车上随发动机转动超过五个月以上时间）一般为 7～14mm，具体指标应以车型手册规定为准。若传动带的挠度不符合要求，应及时调整。

❸ 检查传动带的张力。传动带挠度和张力都能反映发电机的驱动情况，因此，有的汽车只规定检查其中的一项。检查传动带的张力需用专用工具，条件允许可做此项检查。

（2）检查导线连接

❶ 检查各导线端头的连接部位是否正确、可靠。

❷ 发电机输出端子 B 必须加弹簧垫圈紧固接线。

❸ 采用插接器连接的发电机，其插座与线束插头的连接必须锁紧，不得有松动现象。

（3）检查有无噪声

当发电机出现故障（特别是机械故障），如轴承破损、轴弯曲等，在发电机运转时，都会发出异常噪声。检查时，逐渐加大发动机节气门开度，使发动机转速逐渐升高，同时监听发电机有无异常噪声，如有异常噪声则应拆下发电机，并分解检修。

（4）发电机电压测试

如果汽车装有催化式排气净化装置，在做此实验时，发动机的运转时间不得超过五分钟。

❶ 在发动机停转且不使用车上电气设备的情况下，测量蓄电池电压，这个电压称为参电压或基准电压。

❷ 启动发动机，使发动机转速保持在 2000r/min，在不使用车上电气设备的情况下，测量蓄电池电压，这个电压称为空载充电电压。空载充电电压应比参考电压高些，但差距不超过 2V。若空载充电电压低于参考电压，说明发电机不发电，应对发电机、调节器和充电系统线路进行全面检查。

❸ 在发动机转速仍为 2000r/min 时，接通电器附件，如暖风机、空调和远光灯等，当电压稳定时测量蓄电池电压，这个电压称为负载电压。负载电压至少应高出参考电压 0.5V。

❹ 若有问题，可在充电电流为 20A 时检查充电线路压降，将电压表正极接发电机"电枢"（B+）接线柱，电压表负极接蓄电池正极柱头，电压表示数不得超过 0.7V；将电压表正极接调节器壳体，另一端接发电机机壳，电压表示数不得超过 0.05V；当电压表一端接发电机机壳，另一端接蓄电池负极时，电压表示数不得超过 0.05V。若示值不符，应清洁、紧固相应的接线头及安装架。

（5）B 接线柱电流测试

❶ 将发动机熄火，拆掉蓄电池搭铁电缆端子，从硅整流发电机"电枢"（B+）接线柱上拆下原有引线，将 0～40A 电流表串接在拆下的引线接头与"电枢"接线柱之间，并将电压表正极接"电枢"接线柱，负极与发动机机体相接。

❷ 切断汽车所有电器开关

❸ 装复蓄电池搭铁电缆接头，启动发动机，使发电机在略高于额定负荷转速下工作，这时电流表读数应小于 10A，电压表示值应在调节器规定的调压值范围内。

❹ 接通汽车主要用电设备（如远光灯、暖风机、空调、雨刮器等），使电流表示数大于 30A，此时电压表示数应大于蓄电池电压。

❺ 熄火，先拆去蓄电池搭铁电缆端子，拆除电压表、电流表，重新装复发电机"电枢"线和蓄电池搭铁端子。

若电压值超过规定电压上限,一般为调压器故障;若电压值远低于电压下限,电流过小,应检查发电机个别二极管或个别电枢绕组是否有故障。

(6) 发电机的不解体检测

❶ 为了判定发电机有无故障和故障发生的确切部位,在发电机分解之前,可先对发电机进行不解体检查。

❷ 用万用表 $R \times 1$ 挡检测发电机各接线柱之间的阻值并进行分析判断。

❸ 手持皮带轮检查轴承轴向及径向间隙。

❹ 转动转子,检查轴承阻力、噪声以及转子与定子之间有无摩擦及异响。当发现阻力较大时,可拆除电刷再试,以确定阻力是来自电刷还是来自轴承。

❺ 转动转子轴,检查皮带轮的摆差(摇头)大小,以判断转子轴是否弯曲。

❻ 检查外壳、挂脚等处有无裂纹及损坏。

2.3 电容

2.3.1 什么叫电容?

电容亦称作"电容量",是指在给定电位差下的电荷储藏量,记为 C,国际单位是法拉(F)。一般来说,电荷在电场中会受力而移动,当导体之间有了介质,则阻碍了电荷移动而使得电荷累积在导体上,造成电荷的累积储存,储存的电荷量则称为电容(图 2-3-1)。

图 2-3-1 电容

电容是指容纳电荷的能力。任何静电场都是由许多个电容组成,有静电场就有电容,电容是用静电场描述的。一般认为:孤立导体与无穷远处构成电容,导体接地等效于接到无穷远处,并与大地连接成整体。

电容(或称电容量)是表现电容器容纳电荷本领的物理量。电容从物理学上讲,它是一种静态电荷存储介质,可能电荷会永久存在,这是它的特征。它的用途较广,是电子、电力领域中不可缺少的电子元件。主要用于电源滤波、信号滤波、信号耦合、谐振、滤波、补偿、充放电、储能、隔直流等电路中。

2.3.2 电容的单位之间如何进行转换？

在国际单位制里，电容的单位是法拉，简称法，符号是F，由于法拉这个单位太大，所以常用的电容单位有毫法（mF）、微法（μF）、纳法（nF）和皮法（pF）等，换算关系是：

1法拉（F）=10^3毫法（mF）=10^6微法（μF）=10^9纳法（nF）=10^{12}皮法（pF）

电容与电池容量的关系：

$$1V·A·h=1W·h=3600J$$
$$W=0.5CUU$$

2.3.3 电容的计算公式

一个电容器，如果带1库的电量时两级间的电势差是1V，这个电容器的电容就是1F，即：$C=Q/U$。但电容的大小不是由Q（带电量）或U（电压）决定的，即电容的决定式为：$C=εS/4πkd$。其中，$ε$是一个常数，S为电容极板的正对面积，d为电容极板的距离，k则是静电力常量。常见的平行板电容器，电容为$C=εS/d$（$ε$为极板间介质的介电常数，S为极板面积，d为极板间的距离）。

定义式：
$$C=\frac{Q}{U}$$

电容器的电势能计算公式：$E=CU^2/2=QU/2=Q^2/2C$

多电容器并联计算公式：$C=C_1+C_2+C_3+\cdots+C_n$

多电容器串联计算公式：$1/C=1/C_1+1/C_2+\cdots+1/C_n$

三电容器串联：$C=(C_1·C_2·C_3)/(C_1·C_2+C_2·C_3+C_1·C_3)$

2.3.4 电容的作用

（1）旁路 旁路电容是为本地器件提供能量的储能器件，它能使稳压器的输出均匀化，降低负载需求。就像小型可充电电池一样，旁路电容能够被充电，并向器件进行放电。为尽量减少阻抗，旁路电容要尽量靠近负载器件的供电电源管脚和地管脚。这能够很好地防止输入值过大导致的地电位抬高和噪声。地电位是地连接处在通过大电流毛刺时的电压降。

（2）去耦 又称解耦。从电路来说，总是可以区分为驱动的源和被驱动的负载。如果负载电容比较大，驱动电路要把电容充电、放电，才能完成信号的跳变，在上升沿比较陡峭的时候，电流比较大，这样驱动的电流就会吸收很大的电源电流。由于电路中的电感（特别是芯片管脚上的电感），电阻会产生反弹，这种电流相对于正常情况来说实际上就是一种噪声,会影响前级的正常工作,这就是所谓的"耦合"。

去耦电容就是起到一个"电池"的作用,满足驱动电路电流的变化,避免相互间的耦合干扰,在电路中进一步减小电源与参考地之间的高频干扰阻抗。

将旁路电容和去耦电容结合起来将更容易理解。旁路电容实际也是去耦合的,只是旁路电容一般是指高频旁路,也就是给高频的开关噪声提供一条低阻抗泄放途径。高频旁路电容一般比较小,根据谐振频率一般取 0.1μF、0.01μF 等。而去耦合电容的容量一般较大,可能是 10μF 或者更大,依据电路中分布参数以及驱动电流的变化大小来确定。旁路是把输入信号中的干扰作为滤除对象,而去耦是把输出信号的干扰作为滤除对象,防止干扰信号返回电源。这应该是他们的本质区别。

(3) 滤波 从理论上(即假设电容为纯电容)说,电容越大,阻抗越小,通过的频率也越高。但实际上超过 1μF 的电容大多为电解电容,有很大的电感成份,所以频率高后反而阻抗会增大。有时会看到有一个电容量较大电解电容并联了一个小电容,这时大电容滤低频,小电容滤高频。电容的作用就是通交流隔直流,通高频阻低频。电容越大高频越容易通过。具体用在滤波中,大电容(1000μF)滤低频,小电容(20pF)滤高频。曾有人形象地将滤波电容比作"水塘"。电容的两端电压不会突变,由此可知,信号频率越高则衰减越大,可很形象地说电容像个水塘,不会因几滴水的加入或蒸发而引起水量的变化。它把电压的变动转化为电流的变化,频率越高,峰值电流就越大,从而缓冲了电压。滤波就是充电、放电的过程。

(4) 储能 储能型电容通过整流器收集电荷,并将存储的能量通过变换器引线传送至电源的输出端。电压额定值为 40～450V(DC)、电容值在 220～150000μF 之间的铝电解电容是较为常用的。根据不同的电源要求,储能型电容有时会采用串联、并联或其组合的形式,对于功率级超过 10kW 的电源,通常采用体积较大的罐形螺旋端子电容。

2.3.5 电容的检测

用数字万用表检测电容器,可按以下方法进行。

(1) 用电容挡直接检测 某些数字万用表具有测量电容的功能,其量程分为 2000p、20n、200n、2μ 和 20μ 五挡。测量时可将已放电的电容两引脚直接插入表板上的 Cx 插孔,选取适当的量程后就可读取显示数据。

2000p 挡,宜于测量小于 2000pF 的电容;20n 挡,宜于测量 2000pF 至 20nF 之间的电容;200n 挡,宜于测量 20nF 至 200nF 之间的电容;2μ 挡,宜于测量 200nF 至 2μF 之间的电容;20μ 挡,宜于测量 2μF 至 20μF 之间的电容。

经验证明,有些型号的数字万用表(例如 DT890B+)在测量 50pF 以下的小容量电容时误差较大,测量 20pF 以下电容时几乎没有参考价值。此时可采用串联法测量小值电容。方法是:先找一只 220pF 左右的电容,用数字万用表测出其实际容量 C_1,然后把待测小电容与之并联测出其总容量 C_2,则两者之差(C_1-C_2)即是待测小电容的容量。

用此法测量 1～20pF 的小容量电容很准确。

（2）用电阻挡检测　实践证明，利用数字万用表也可观察电容的充电过程，这实际上是以离散的数字量反映充电电压的变化情况。设数字万用表的测量速率为 n 次/秒，则在观察电容的充电过程中，每秒钟即可看到 n 个彼此独立且依次增大的读数。根据数字万用表的这一显示特点，可以检测电容的好坏和估测电容量的大小。下面介绍的是使用数字万用表电阻挡检测电容的方法，对于未设置电容挡的仪表很有实用价值。此方法适用于测量 0.1 至几千微法的大容量电容。

（3）用电压挡检测　用数字万用表直流电压挡检测电容，实际上是一种间接测量法，此法可测量 220pF 至 1μF 的小容量电容，并且能精确测出电容漏电流的大小。

2.4　导线

2.4.1　导线的作用与分类

导线将电流送入及导出电气部件，大部分导线是铜质的。汽车上所用导线的截面积大小决定了其允许通过电流的大小。

汽车上的每条电路都有各自的电路编号，每条导线都有各自的颜色。导线可以是单色的，也可以是带条纹的。

（1）普通导线　普通导线通常由多股细铜线制成。采用多股形式有较好的抗折性，不容易因反复振动而折断（图 2-4-1）。

普通导线由两部分组成：铜芯和外包的绝缘材料。绝缘材料通常使用 PVC 材料，有如下几点优势：大电流下不会熔化；不会产生明火；重量轻。

（2）屏蔽导线　屏蔽导线的主要作用是防止电磁干扰。如果信号线束靠近大电流或高电压的线束或元件，信号导线会受到电磁干扰，导致信号失准。屏蔽导线外层包裹着铝箔或网状线束用于接地。电磁波干扰被直接接地消除（图 2-4-2）。

图 2-4-1　汽车线束

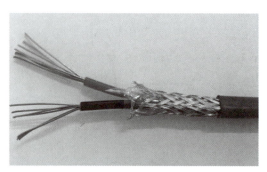

图 2-4-2　汽车屏蔽导线

2.4.2 影响导线电阻的因素

导线的电阻对电流的传递非常重要，影响导线电阻的因素有以下几个方面。

（1）温度　温度对各种材料的影响效果各不相同。例如，铜与钢的电阻随着温度增加而增加，而对于有些材料，其电阻会随着材料的温度升高而减小，在进行导线电阻测量时，我们就必须将被测导线从电路中断开。

（2）截面积　导线截面积越大，意味着在相同的时间内通过的电子越多。

导线越细，电流通过越困难，导线的电阻越大。电阻随导线直径的增大而减小，因此更换线束时，必须使用相同线径的线束。如果使用较细的线束，导线的电阻就会增加，电阻增加，则导线消耗的功率就会增加，导致线束过热或熔化。

（3）长度　随着导线长度增加，其电阻增大，这是因为电子不得不通过更多的原子。电子穿过较短的导线碰到的原子较少，因而电阻较小。

（4）锈蚀　电路中的锈蚀对电阻也有影响，发生锈蚀后电阻会增加。

2.4.3 导线的检查

对于导线的检查需要使用万用表的电阻挡来测量导线的电阻。具体操作方法如下：首先将被测导线从电路中断开，然后将万用表选好合适的量程，用万用表的表针与导线接触。如果电阻超过标准值，则需要检查导线的接地和插头有无出现虚接的状态。

2.4.4 导线的检修与安装

（1）导线的检修　当导线损坏需要检修时，必须按照线路图的要求使用正确量具测量损坏导线的线径，替代导线的截面积不得小于原导线的规格（图2-4-3）。

连接断开导线的具体步骤如下。

❶ 拆下蓄电池的负极电缆。

❷ 将一个热缩管套在导线一端，热缩管的长度应足以密封维修线段。

❸ 将导线端头的绝缘层剥去2cm。

❹ 将导线的芯线分开，然后把两根导线扭在一起。

❺ 如需要，可用电烙铁焊接维修线段（图2-4-4）。

❻ 将热缩管移至维修段，加以热封。

导线检修完毕，必须固定到位，以免损坏导线的绝缘层。

（2）汽车线束的安装　安装汽车线束时，注意事项如下：

❶ 线束应用卡簧和绊钉固定，以免松动磨坏；

❷ 线束在拐弯处或有相对移动发生的部件处不应拉得太紧；

❸ 在穿过洞口和绕过锐角处，应用橡皮、毛毡类垫子或套管保护，使其不被磨损而造成搭铁、短路甚至火灾等危险；

扫码看视频

❹ 各个接线端子接必须连接可靠、接触良好。

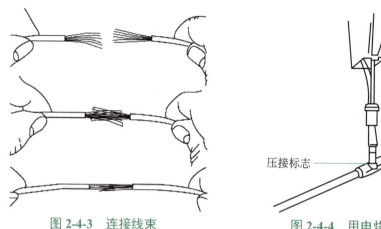

图 2-4-3 连接线束　　　　图 2-4-4 用电烙铁焊接维修线段

2.4.5　网线

网线的种类很多，如图 2-4-5 所示。

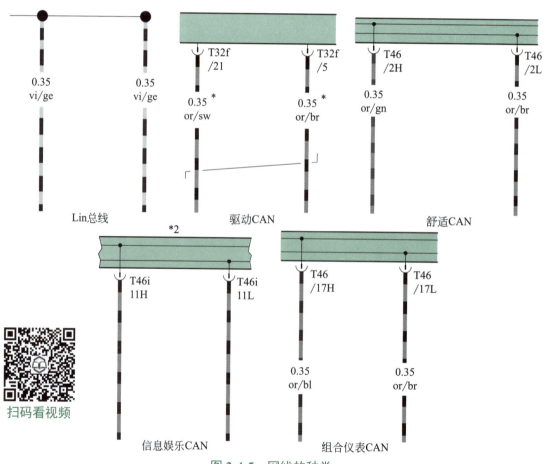

图 2-4-5　网线的种类

Lin 总线是单线式总线，底色是紫色，横截面积为 $0.35cm^2$。

CAN 总线是双线式总线，底色为橙色，横截面积为 $0.35cm^2$。

2.4.6　CAN 总线的维修

如果 CAN 的导线有破损或断路时，需要维修 CAN 总线。在维修 CAN 总线时，要求线断开点距离插接器至少 100mm，两个维修点之间至少间隔 100mm，维修点的非绞长度不得超过 50mm，否则导线所传输的信号会失真（图 2-4-6）。

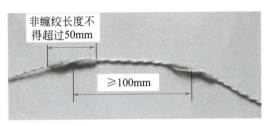

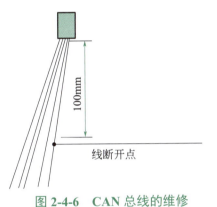

扫码看视频

图 2-4-6　CAN 总线的维修

维修线束时应注意的问题：汽车线束在长期的使用过程中，由于水、油的浸蚀以及磨损，容易使其外面的包皮损坏或导线折断，这就需要重新更换导线、包扎线束。

2.5　插接器

2.5.1　插接器的定义及作用

插接器，又叫插头。汽车线路中的插头是汽车线路中经常用到的一种元件。它的作用是在电路中将不同导线连接在一起，从而使电流流通，使电路实现预定的功能。

2.5.2 插接器的结构

汽车插头主要由针脚、外壳、附件组成（图2-5-1）。

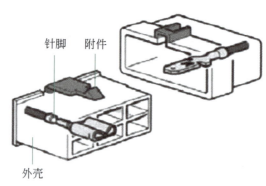

图 2-5-1 插接器的结构

2.5.3 插接器的分类

（1）按连接部件分类　插头有两种类型：线和线插头、线和组件插头。线和线插头指插头两端连接的都是线束，插头起到连接的作用。线和组件插头指线束连接到某些组件上的插头（图2-5-2）。

（2）按插头的结构分类　插头按照结构特点可以分为公插头和母插头。公插头主要是以插针为主。母插头主要是弹簧片（图2-5-3）。

图 2-5-2 线和组件插头
1—线束插头；2—螺栓；3—点火线圈

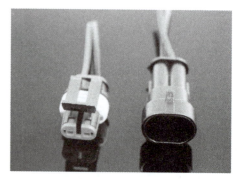

图 2-5-3 公插头和母插头

2.5.4 插接器的故障模式

常见的插头故障形式有插头脏污、针脚脱落、插头松脱等。

❶ 插头脏污：插头脏污或腐蚀，容易造成插头各针脚间短路。

❷ 针脚脱落：插头外壳上的针脚卡子损坏容易造成插头针脚脱落，针脚脱落后插头接触就会不良。

❸ 插头松脱：插头外壳上的固定卡子如果损坏，就容易造成插头松脱，这样会影响电气元件的工作。

2.5.5 插接器的检修

在检查线路的电压或导通情况时，一般不必脱开插接器，只用万用表两表针插入插接器尾部的线孔内进行检查即可。

（1）普通插接器的检修　修理中如需要更换导线或取下插接器接线端子，应先把插头、插座分开，用专用工具（或小螺丝刀）插入插头或插座的尾部的线孔内，撬起接线端子的锁紧凸缘，并将电线从后端拉出（图 2-5-4）。

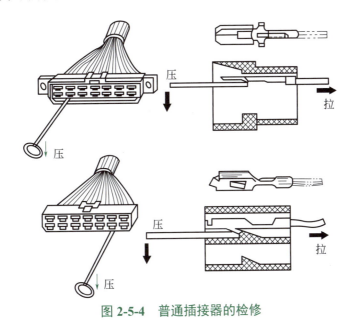

图 2-5-4　普通插接器的检修

新接线端子安装前，首先检查接线端子的锁紧凸缘是否正常，如不正常可按下图所示方法进行调整（图 2-5-5）。

安装时，将带接线端子的导线推入，直至接线端子被锁住为止，然后向后拉动导线，以确认是否锁紧（图 2-5-6）。

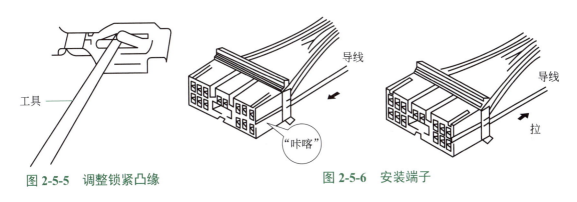

图 2-5-5　调整锁紧凸缘　　　　图 2-5-6　安装端子

（2）带锁定楔插接器的检修　用尖嘴钳直接拔出锁定楔（图 2-5-7）。

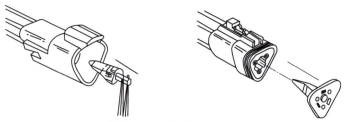

图 2-5-7　拔出锁定楔

用专用工具将锁片从触针上移开，松开锁片，拉出导线（图 2-5-8）。

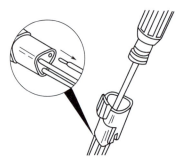

图 2-5-8　松开锁片，拉出导线

截取 120mm 左右的导线及接线端子，剥去 6mm 长的绝缘层［图 2-5-9（a）］。把裸线伸入对接式插接器中，用压线钳将导线压紧［图 2-5-9（b）］。

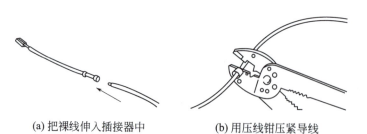

(a) 把裸线伸入插接器中　　　(b) 用压线钳压紧导线

图 2-5-9　用压线钳将导线压紧

将热缩管套入导线的维修处，用热风枪加热收缩热缩管（图 2-5-10）。

图 2-5-10　用热风枪加热收缩热缩管

将导线和接线端子重新装入插接器，并把锁定楔安装到位（图 2-5-11）。

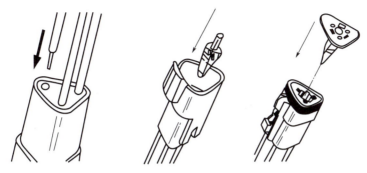

(a) 导线重新装入插接器　　(b) 把锁定楔安装到位

图 2-5-11　安装锁定楔

2.6　开关

2.6.1　点火开关

点火开关是汽车电路中最重要的开关，主要用来控制点火电路，另外还控制发电机磁场电路、仪表及照明电路、启动继电器电路以及辅助电器电路。常用的点火开关有三挡位式与四挡位式。

（1）三挡位式点火开关　三挡位式点火开关具有 0、Ⅰ、Ⅱ（或 LOCK、ON、START）挡位。0 挡时钥匙可自由插入或拔出，顺时针旋转 40°至Ⅰ挡，继续再旋转 40°为Ⅱ挡，外力消除后能自动复位到Ⅰ挡。图 2-6-1 所示为捷达汽车三挡位式点火开关。

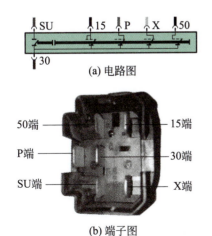

(a) 电路图

(b) 端子图

接线端子 位置	30	P	X	15	50	SU
0	O	O				O
Ⅰ	O			O		O
Ⅱ	O		O	O	O	O

说明：位置0—关闭点火开关、锁止转向盘
　　　位置Ⅰ—接通点火开关　　位置Ⅱ—启动发动机
　　　30—接蓄电池　　P—接停车灯电源　　X—接卸荷工作电源
　　　15—接点火电源　　50—接启动电源　　SU—接蜂鸣器电源

(c) 工作原理

图 2-6-1　三挡位式点火开关接线图

点火开关位于 0 位置：点火开关处于关闭状态，汽车转向盘被锁死，具有防盗功能，此时电源总线 30 与 P 端接通，操作停车灯开关，可使停车灯点亮，与点火开关是否拔下无关，如将点火开关钥匙插入，将使 30 与 SU 端接通，蜂鸣器可工作。

点火开关位于 Ⅰ 位置：启动后，松开点火开关钥匙，点火开关将自动逆时针旋转回到位置 Ⅰ，这是工作挡，这时 P 端无电，而 15、X、SU 三端通电，15 通电使点火系统继续工作，X 通电使前照灯、雾灯等工作，以满足夜间行驶的需要。

点火开关位于 Ⅱ 位置：电源总线 30 与 50、15、SU 端接通，使起动机运转，30 与 15 接通使点火系统工作。因 P 端断电，停车灯不能工作；因 X 端断电，前照灯、雾灯等不能工作。这样就将前照灯、雾灯等耗电量大的用电设备关闭，达到卸荷目的，以满足启动时需要瞬间大电流输入起动机的需要。发动机启动后，应立即松开点火开关，使其回到位置 Ⅰ，切断起动机的电流，起动机驱动齿轮退回。

（2）四挡位式点火开关　现代汽车大量采用四挡位式点火开关。四挡位式点火开关有 LOCK、ACC、ON、START（或 0、Ⅰ、Ⅱ、Ⅲ）四个挡位（图 2-6-2），在三挡位的基础上增加了一个 ACC 电气附件工作挡，其他不变。

图 2-6-2　四挡位式点火开关

锁车后钥匙会处于"LOCK"状态，此时钥匙不仅锁住转向盘转轴，同时切断全车电源。

"ACC"状态是接通汽车部分电器的电源，如音响、车灯等。

正常行车时钥匙处于"ON"状态，这时全车所有电路都处于工作状态。

"START"或"ST"挡是发动机启动挡位，启动后松开点火开关，点火开关会自动恢复到"ON"挡。

以下为长城哈弗四挡位式点火开关示意图及电路图，点火开关的 BT1、BT2 端子为供电输入，ACC 端子输出至 ACC 卸荷继电器，IG2 端子输出至 IG 卸荷继电器空调，IG1 端子输出至发电机、发动机 ECU 和油泵继电器，ST 端子为启动控制，K1 端子输出至中央门锁控制器，K2 为接地端（图 2-6-3）。

（3）带智能进入和启动系统的点火开关　随着汽车电子技术的发展，越来越多的车辆使用智能进入和启动系统，其点火开关使用的是带智能进入和启动系统的点火开关（图 2-6-4）。

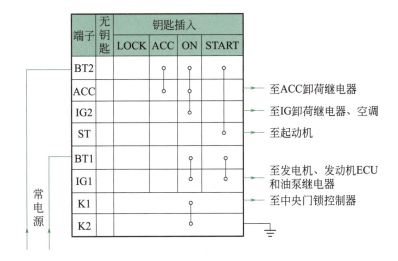

(a) 示意图　　　　　　　　　　(b) 电路图

图 2-6-3　四挡位式点火开关接线图

图 2-6-4　带智能进入和启动系统的点火开关

当智能钥匙在车内时，按下"ENGINESTARTSTOP"开关（一键启动开关），能切换开关模式、启动发动机或关闭发动机。

停车状态下，不踩离合踏板（手动挡车辆）或者制动踏板（自动挡车辆），直接按压一键启动开关，可切换开关模式。每按压一次一键启动开关，开关按照下表所示的顺序进行模式切换。

以哈弗 H6 为例，一键启动开关上工作指示灯颜色及开关状态说明见表 2-6-1。

表 2-6-1　一键启动开关上工作指示灯颜色及开关状态说明

顺序	状态	指示灯	各工作状态的作用
1	LOCK	关闭（颜色不显示）	电气部件处于非工作状态
2	ACC	琥珀色	可以使用某些电气部件，例如音响系统
3	ON	绿色	可以使用所有电气部件

可依据开关上的工作指示灯颜色，确认开关的状态。一键启动开关上的指示灯如下图所示（图 2-6-5）。

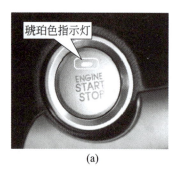
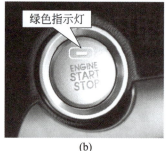

(a)　　　　　　　　　　(b)

图 2-6-5　指示灯

启动发动机时，如果一键启动开关的绿色指示灯闪烁，则表明电子转向锁解锁失败，此时左右轻轻转动转向盘，即可解除锁定；如果一键启动开关上的琥珀色指示灯闪烁，这表明一键启动系统存在故障，应立即关闭发动机。

2.6.2　灯光组合开关

在一部分汽车上照明灯光和信号灯光采用组合开关控制，即小灯、大灯、变光、转向、会车闪光等都用一个开关控制。灯光组合开关常见的是旋转式组合开关，大多数安装在转向盘左下方转向柱上，用左手操纵，如图 2-6-6 和图 2-6-7 所示。

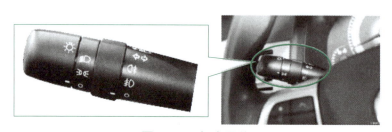

图 2-6-6　灯光开关

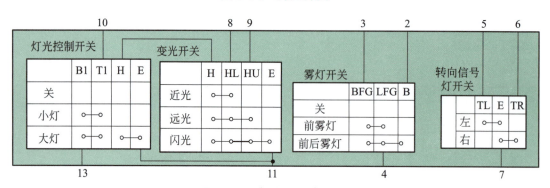

图 2-6-7　灯光开关电路图

2.6.3 灯光控制开关

灯光控制开关末端可绕手柄的轴线扭动（图 2-6-8），控制其小灯、大灯，分为三挡：

"O"挡，灯光关闭，全部灯光熄灭；"▬〇ᴇ"挡，前小灯、尾灯、牌照灯、仪表板灯点亮；"≡D"挡，近光灯打开，前小灯、尾灯、牌照灯、仪表板灯仍然点亮，在此挡时，向前推手柄即可变远光。

在前照灯开关位于"≡D"挡或"≡D"挡时可使用雾灯。向前旋转旋钮，打开雾灯，向后旋转旋钮，关闭雾灯。可以从组合仪表上看到雾灯的开关状态。旋钮向前转动1次，打开前雾灯；旋钮再向前转动1次，后雾灯与前雾灯同时点亮（图 2-6-9）。

图 2-6-8 灯光开关控制手柄

图 2-6-9 雾灯控制

下拨灯光组合开关，左转向信号灯就会闪烁，表示向左转；上拨灯光组合开关，右转向信号灯就会闪烁，表示向右转（图 2-6-10）。

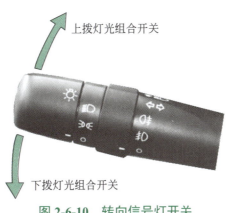

图 2-6-10 转向信号灯开关

扫码看视频

2.6.4 刮水器及洗涤器开关

洗涤器的作用是向挡风玻璃上喷水，而刮水器的作用是将挡风玻璃刮拭干净，确保驾驶员有良好的视野。刮水器及洗涤器开关一般安装在转向盘右下方，如图 2-6-11 和图 2-6-12 所示。

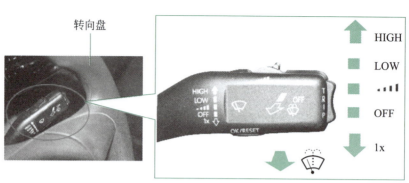

图 2-6-11　刮水器及洗涤器开关

接线柱 挡位	电源	间歇继电器	自动回位装置	低速	高速	洗涤器
OFF			○—	—○		
..ıll	○—|—○		○—|—○		
LO	○			○		
HI	○				○	
1x	○			○		
洗涤	○					○

图 2-6-12　刮水器及洗涤器开关原理图

扫码看视频

　　刮水器及洗涤器开关一般分以下几个挡："OFF"为关闭位置，当刮水器开关置于"OFF"挡时，自动回位装置与电动机低速接通，转到一定角度后停转；间歇工作，当向上拨动操作杆到"1"挡时，自动回位装置与电动机低速仍然接通，同时电源与间歇继电器一端接通，间歇继电器进入间歇工作状态；"LOW"为低速工作，当向上拨动操作杆到2挡时，电源与电动机低速接通，电动机低速运转；"HIGH"为高速工作，当向上拨动操作杆到3挡时，电源与电动机高速接通，电动机高速运转；"1x"为点动刮水，当在"OFF"位置向下拨动操作杆时，电动机低速短暂接通，电动机短促运转；向后拨动操作杆可使风窗洗涤液喷出，可对车窗玻璃进行洗涤。

2.7　继电器

2.7.1　继电器的基本构造及主要功能

　　继电器主要由线圈、衔铁、动触点和静触点组成。当电流经过线圈时，产生磁场，吸引动触点移动，并与静触点接触，使接线柱1和接线柱2导通，于是主电路形成回路，从而使被控制的用电器投入工作。由此可见，继电器电路实际上包括由线圈工作的控制电路和由触点工作的主电路这样两部分。主电路中的那对触点，只有在继电器线圈有工作电流流过的情况下才能动作（图 2-7-1）。

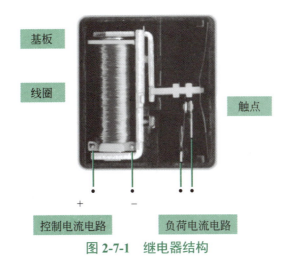

图 2-7-1　继电器结构

汽车用的继电器的主要功能如下：

❶ 以弱小电流控制强大电流（图 2-7-2）；
❷ 减少手动开关的数量；
❸ 达到顺序控制用电器的目的；
❹ 保护较小的开关以及较细的导线，进而保证电气设备的安全有序运行。

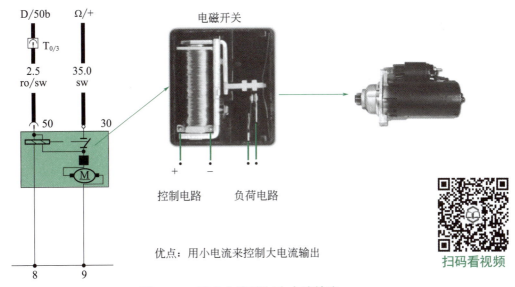

优点：用小电流来控制大电流输出

图 2-7-2　用小电流控制大电流输出

有的机型（如依维柯汽车 SOFIM 柴油共轨发动机）采用了许多小型化的、带内部电阻/二极管的继电器。小型化继电器可以节省装配空间，继电器带电阻/二极管，可以降低或消除电路中可能出现的300～500V峰值电压,从而保护电控系统中的元件,防止出现功能失误。比较典型的如起动机继电器,有人可能会说:如果把电源正极直接接到起动机的一端,把点火开关的负极接到起动机的另外一端,就可以启动发动机了,为什么起动机要使用继电器呢?

对于用电量比较大的电器(如起动机、电喇叭等),如果直接用开关控制电流的通断,往往会使控制开关很快烧坏。因此,对于大电流用电设备,普遍采用中间继电器来控制,即通过继电器触点的断开与闭合来控制大电流用电设备的工作状态。继电器实际上起着开关的作用,接通点火开关时,如果承受大负荷的工作部件过载,继电器就变为断开状态,起着保护电路的重要作用。

2.7.2 继电器的控制原理及分类

可以把车用继电器看成是由线圈工作的控制电路和触点工作的主电路两个部分组成的集合体。在继电器的控制电路中,只有较小的工作电流,这是由于操纵开关的触点容量较小,不能用来直接控制用电量较大的负荷,只能通过继电器的触点来控制它的通断。继电器既是一种控制开关,又是控制对象(执行器)。以燃油泵继电器为例,它是燃油泵的控制开关,但是燃油泵继电器的线圈只有在电控单元中驱动三极管导通时,才能通过电控单元的接地点形成回路(图2-7-3)。

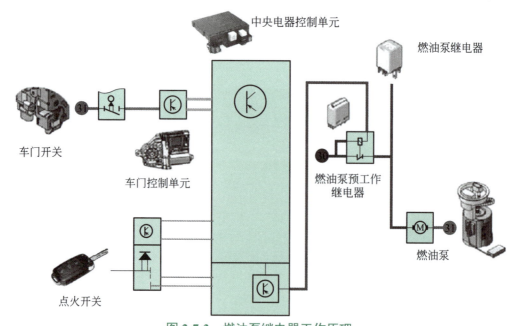

图 2-7-3 燃油泵继电器工作原理

按照主要功能的差别,车用继电器可以分为以下几种类型。

❶ 电气开关型继电器。例如桑塔纳2000GSi轿车AJR发动机的燃油泵继电器,它安装在中央配电盒内,用于控制电动燃油泵、空气流量传感器、炭罐电磁阀和氧传感器

加热器的供电。

❷ 方向控制型继电器。例如电动座椅系统的继电器，它的作用是用来控制双向电动机的电流方向。当操纵相应的开关进行换向时，继电器使电动机按不同的方向转动，从而达到电动座椅向不同方向移动的目的（图2-7-4）。

❸ 集成型继电器。例如雷克萨斯LS400轿车前照灯系统中的集成继电器，它的功能是执行前照灯、雾灯和后雾灯的自动熄灯，并且按照来自GAUGE熔断丝和门控灯开关的信号切断通往灯控开关的电流。

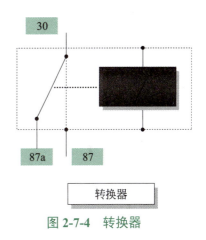

图2-7-4 转换器

又如01M自动变速器（大众车系采用）的启动锁止和倒车灯继电器（J226），它是由2个继电器组合在一起的，安装在组合仪表下面的附加继电器支架上，在电路原理图上的编号为"175"，具体安装在继电器盒的15号位置上。当变速杆处于前进挡位时，J226可以控制起动机电路不通电，防止驾驶人误操作；当变速杆处于R位时，J226接通倒车灯。当J226发生故障时，变速器不会进入应急状态，A/TECU也不会记录故障码。

2.7.3 继电器的检修要领

（1）继电器工作性能的简便判断方法　接通点火开关，然后用耳朵或听诊器倾听控制继电器内有无吸合声，或者用手感受一下继电器有没有振动感。如有，说明继电器工作基本正常，用电器不工作是由其他原因引起的，否则说明该继电器工作失常。

也可以拔下继电器进行试验，例如发生空调压缩机不工作的故障，可以启动发动机，然后接通鼓风机开关和空调开关，再拔下空调压缩机继电器的插接器进行判断。如果能够听到该继电器动作的声音，而且拔下继电器时发动机的转速明显下降，插入该继电器时发动机的转速又提升，说明空调压缩机的继电器及其控制线路是正常的。

关于继电器所处的位置，凡是在电路原理图上标有点划线的继电器及保险器，一般布置在中央配电盒内。

（2）继电器的常见故障　继电器的常见故障现象有：线圈烧断、匝间短路（绝缘老化）、触点烧蚀、热衰变以及无法调整初始动作电流等。

❶ 继电器线圈烧坏。为了防止这种情况发生，在进行维修、保养及电焊时，如果温度可能超过80℃，应当拆下对温度比较敏感的继电器和电控单元。

❷ 触点烧蚀。例如金杯海狮轿车（采用491Q—ME发动机）空调冷凝器风扇的继电器，它正好处在玻璃清洗喷水管的下方。若该喷水管破裂，清洗液将泄漏到继电器上，使继电器的常开触点锈蚀而不能断开，会导致空调冷凝器风扇常转不停的故障。因此，应当严防继电器进水。

（3）ECU搭铁不良可能影响继电器正常工作　一辆神龙富康988轿车，在正常行驶中，发动机自动熄火，再次启动，无法着车。接通点火开关，听不到燃油泵运转的声音，火花塞也没有电火花。检测点火线圈，发现插头上没有电源，但是一次侧和二次侧的电阻都正常。测量该车的喷射双密封继电器，其插头有 12V 电源。更换喷射双密封继电器，还是没有电火花，也没有继电器吸合的声音。用一根导线将喷射双密封继电器的 10 号脚直接搭铁，能听到继电器吸合的声音，发动机也启动成功了。但是奇怪的是，拆开这根搭铁线，发动机不熄火，而且关闭点火开关，重新启动发动机后，正常了。

分析个中原因，这是由于发动机 ECU 搭铁不良，导致继电器线圈的供电电压很低（有时只有 2V 左右），根本不可能使继电器吸合。用导线直接搭铁后，继电器有了 12V 电压，于是顺利吸合，所以发动机启动成功。去掉那根临时搭铁线后（点火开关仍处在接通状态），继电器上仍然有较低的保持电压（这是继电器共有的特性），这种保持电压即使只有 2V，继电器也不会断开，所以发动机不熄火。

关闭点火开关，电路产生的自感电动势大大高于电源电压，在这种强大电动势的作用下，接触不良的搭铁处可能恢复正常，所以发动机启动后正常了。但是上述故障还会再现，所以根除的办法是将搭铁不良的部位彻底处理好。

2.7.4 继电器的代用技巧

继电器与电阻器、电容器一样，实际上是一种标准件。在汽车维修中，有时某种车型的继电器缺货，怎么办？事实上，有时两个完全不相关的系统中的继电器却可以互换，如果维修人员掌握了这种规律，就可以收到缩短维修时间、节约维修费用的奇效。

❶ 红旗 7220AE 轿车的 ABS 继电器，集成在 ABS 控制单元内，如果因这一继电器断路而更换整个 ABS 控制单元，需要花费 3000 多元，可以采用旧防盗器上的继电器代用。

❷ 用红旗轿车玻璃升降器控制模块里的继电器，可以代替爱丽舍 16V 轿车空调压缩机控制模块里的继电器。这样可以避免更换昂贵的爱丽舍轿车空调压缩机的控制模块总成。

❸ 德国汽车的继电器往往可以互换。一辆保时捷 BOXSTER 跑车，喇叭不响，车主要求尽快修好。检查发现，喇叭继电器的触点已经烧蚀。如果更换原厂的继电器，需要向德国订货，至少需时 1 个月，价格 400 元人民币。经过观察，这种继电器的外形与奥迪 100 轿车上的 53 号继电器很相像，测量其电阻，与保时捷的继电器相同，于是找来一个奥迪 100 轿车的 53 号继电器安装在保时捷跑车上，顺利地完成了替换。其原因是，德国汽车的许多电器设备都是由德国博世公司供货的。就继电器来说，只要插脚一样，电阻相同，一般可以通用。

❹ 替换继电器要认准零件号。例如瑞风商务车采用了两种发动机控制继电器，一是 2.4L 顶置凸轮轴 8 气门发动机的控制继电器，其零件号为 39160-24520 或者 39160-24530，为韩国进口配件。二是 2.4L 双顶置凸轮轴 16 气门发动机或者彩色之旅 2.4L4GAl 发动机的控制继电器，其零件号为 39160-24540，为进口配件或者国产配件。这两种不同零件号的发动机控制继电器各端子的含义不同，所以不能代替。

如果用零件号为 39160—24530 的发动机控制继电器去代替零件号为 39160-24540 的继电器，将造成继电器内的一组触点经常闭合，在车辆静态时自行放电，容易导致发动机 ECU 损坏，同时缩短蓄电池的使用寿命。

2.7.5 继电器的检测

继电器上的数字解析（图 2-7-5）。

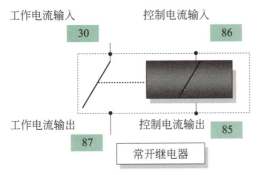

图 2-7-5 继电器上的数字解析

用万用表的电阻挡测量继电器 85、86 两脚，电阻应在 65～85Ω 为线圈正常（图 2-7-6）。

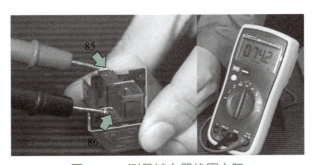

图 2-7-6 测量继电器线圈电阻

将 85、86 两脚接在蓄电池两端，通电后测量 30、87 两脚的电阻，约为 0Ω（图 2-7-7）。

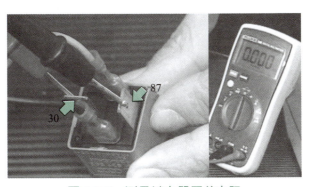

图 2-7-7 测量继电器开关电阻

2.8 控制单元

2.8.1 发动机控制单元（ECU）

（1）概述　汽车发动机控制系统一般由进气系统、燃油供给系统、点火系统、电脑控制系统四大部分组成。进气系统由空气滤清器、空气流量计、节气门、进气总管、进气歧管等组成，它为发动机可燃混合气提供所需空气；燃油供给系统由燃油泵、燃油滤清器、燃油压力调节器、喷油器和供油管等组成，它为发动机可燃混合气提供所需燃油；点火系统为发动机提供电火花，它由点火电子组件、点火线圈、火花塞、高压导线等组成；电脑控制系统由电子控制单元（ECU）和各种传感器组成，它控制燃油喷射时间和喷射量以及点火时刻（图2-8-1）。

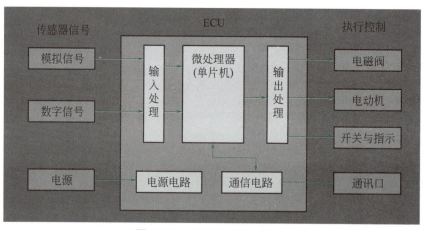

图 2-8-1　ECU 的基本构成

详细来说，ECU一般由CPU、扩展内存、扩展IO口、CAN/LIN总线收发控制器、A/D D/A转换口（有时集成在CPU中）、PWM脉宽调制、PID控制、电压控制、看门狗、散热片和其他一些电子元件组成，特定功能的ECU还带有诸如红外线收发器、传感器、DSP数字信号处理器、脉冲发生器、脉冲分配器、电机驱动单元、放大单元、强弱电隔离等元件。整块电路板设计安装于一个铝质盒内，通过卡扣或者螺钉安装于车身钣金上。ECU一般采用通用且功能集成、开发容易的CPU。软件一般用C语言来编写，并且提供了丰富的驱动程序库和函数库，有编程器、仿真器、仿真软件，还有用于校准的软件。图2-8-2所示的是使用较普遍的一种结构类型。

汽车发动机电子控制单元（ECU）是汽车发动机控制系统的核心。它可以根据发动机的不同工况，向发动机提供最佳空燃比的混合气和最佳点火时间，使发动机始终处在最佳工作状态，发动机的性能（动力性、经济型、排放性）达到最佳。

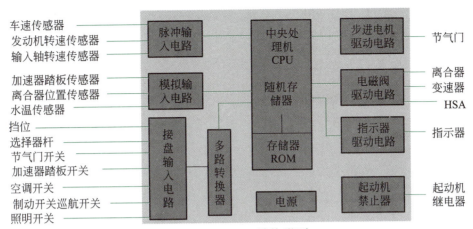

图 2-8-2　ECU 结构类型

（2）功能介绍

❶ 输入处理。微处理器只能识别 0～5V 的数字信号，但传感器送给发动机 ECU 的信号有两种，一种是数字信号，一种是模拟信号。对于模拟信号，输入回路的作用是将信号波形的杂波滤去，而对于数字信号，其作用是削峰后转换成 0～5V 的方波状信号。

❷ A/D（模拟/数字）转换器。微处理器不能直接处理模拟信号，A/D 转换器的作用就是将模拟信号转换成数字信号，然后输入微处理器进行处理。

数字信号：用断续变化的电压脉冲，或用光脉冲来表示的信号。

模拟信号：信号的幅度随着时间连续变化，即信号在时间上没有突变。

❸ 微处理器组成。

a. 中央处理器（CPU）是整个控制系统的核心，所有的数据都要在 CPU 内进行运算。它主要由进行算术、逻辑运算的运算器，暂时存储数据的寄存器，按照程序执行各装置之间信号传送及控制任务的控制器组成。

b. 存储器（RAM、ROM）：存储器一般分为两种，一种是既能读取又能写入的存储器，叫随机存储器（RAM），主要用来存储计算机操作时的可变数据。另一种存储器，叫只读存储器（ROM），用来存储一系列控制程序。

c. 输入、输出接口是 CPU 与传感器、执行器进行正常通信的控制电路，是 ECU 中不可缺少的部分。

d. 输出回路：其作用是将低电压的数字信号转换成可以驱动执行器工作的控制信号。一般由 CPU 输出的信号控制大功率电子元件（如三极管）的导通和截止，控制执行器的供电或搭铁，从而控制执行器的动作。

2.8.2　车身控制器（BCM）

（1）概述　车身控制器（BCM），又称为车身电脑，在车辆工程中是指用于控制车

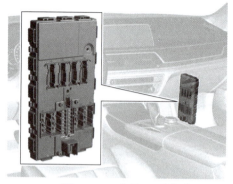

图 2-8-3 宝马 7 系车身控制单元（BCM）

身电气系统的电子控制单元（ECU），是汽车的重要组成部分之一。

车身控制器常见的功能包括控制电动车窗、电动后视镜、空调、大灯、转向灯、防盗锁止系统、中控锁、除霜装置等。车身控制器可以通过总线与其他车载 ECU 相连（图 2-8-3）。

（2）作用 车身控制器的重要任务是简化操作，减少驾驶员的手动操作，以免分散乘员的注意力。汽车车身控制系统包括汽车安全、舒适性控制和信息通讯系统，主要是用于增强汽车的安全性、舒适性和方便性。

❶ 增强汽车安全性：安全气囊、安全带、中央防盗门锁；

❷ 增强汽车舒适性：自适应空调、座椅控制；

❸ 增强汽车方便性：自动车窗、电动门锁、电动后视镜、电动车顶（天窗）等和满足多种用电设备需求的电源管理系统等。车身控制器还有用于和车外联结以及协调整车各部分电子控制单元的功能，将大量计算机、传感器与交通管理服务系统联结在一起的综合显示系统、驾驶员信息系统、导航系统、计算机网络系统、状态监测与故障诊断系统等。

（3）功能

❶ 接收传感器或其他装置输入的信息，将输入的信息转变为微处理器所能接收的信号。

❷ 存储、计算、分析处理信息。分析输出值所用的程序，存储该车型的特点参数、运算中的数据（随存随取），存储故障信息。

❸ 运算分析。根据信息参数求出执行命令数据，将输入的信息与标准值对比，查处故障。

❹ 输出执行命令。将弱信号转变为执行命令，输出故障信息，自我修正。

（4）组成部分

❶ 输入回路。输入车身控制器的传感器信号有两种：一种是模拟信号；另一种是数字信号。信号的类型不同，输入车身控制器后的处理方法也不一样。从传感器输出的信号输入车身控制器后，首先通过输入回路，输入回路将模拟信号和数字信号转换为合适的电平信号后输入微控制器。

❷ 微控制器。微控制器的主要功能是根据车身控制的需要，把各种传感器送来的信号用内存的程序和数据进行运算处理，并把处理结果送往输出回路；

❸ 输出回路。由于微控制器输出的是电压很低的数字信号，这种信号一般是不能直接驱动执行元件的，而输出回路的功用就是将微控制器输出的数字信号转变为可执行元件的输入信号。

2.8.3 检查发动机控制单元电源电路

以丰田 1ZR-FE 发动机电控单元电源为例，进行发动机控制单元电源电路的检查（图 2-8-4）。

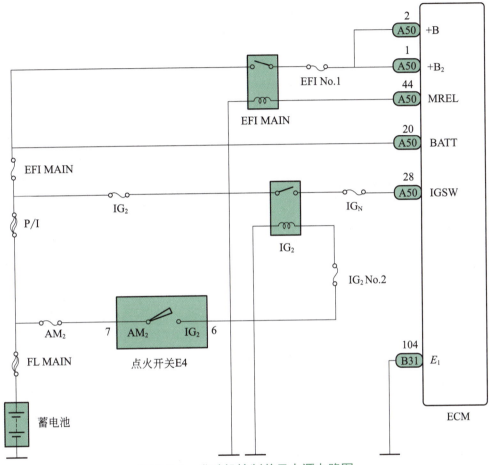

图 2-8-4　发动机控制单元电源电路图

检查步骤：

❶ 用万用表检查 ECM 的 104 号端子与车身的搭铁情况，如不正常，则维修或更换线束或连接器；

❷ 用万用表检查 ECM 的 28 号端子的电压，应为蓄电池电压，否则转至第 ⓫ 步；

❸ 检查 EFI MAIN 熔断丝，如不正常，则更换；

❹ 检查 EFI No.1 熔断丝，如不正常，则更换；

❺ 用万用表检查 EFI MAIN 继电器，如不正常，则更换；

❻ 用万用表检查 EFI MAIN 继电器到 EFI No.1 熔断丝间的连接情况和导线是否短路和断路，如不正常，则维修或更换线束或连接器；

扫码看视频

❼ 用万用表检查 EFI No.1 到 ECM 的 1 号或 2 号端子间的连接情况和导线是否短

路和断路，如不正常，则维修或更换线束或连接器；

⑧ 用万用表检查 EFI MAIN 继电器到蓄电池间的连接情况和导线是否短路和断路，如不正常，则维修或更换线束或连接器；

⑨ 用万用表检查 EFI MAIN 继电器到车身搭铁间的连接情况和导线是否断路，如不正常，则维修或更换线束或连接器；

⑩ 用万用表检查 EFI MAIN 继电器到 ECM 的 44 号端子间的连接情况和导线是否短路和断路，如不正常，则维修或更换线束或连接器；

⑪ 检查 IG_N 熔断丝，如不正常，则更换；

⑫ 检查 IG_2 熔断丝，如不正常，则更换；

⑬ 用万用表检查 IG_2 继电器，如不正常，则更换；

⑭ 用万用表检查 IG_N 熔断丝到 ECM 的 28 号端子间的连接情况和导线是否短路和断路，如不正常，则维修或更换线束或连接器；

⑮ 用万用表检查 IG_2 继电器到 IG_N 熔断丝间的连接情况和导线是否短路和断路，如不正常，则维修或更换线束或连接器；

⑯ 用万用表检查 IG_2 继电器到蓄电池间的连接情况和导线是否短路和断路，如不正常，则维修或更换线束或连接器；

⑰ 用万用表检查 IG_2 继电器与车身搭铁间的连接情况和导线是否短路和断路，如不正常，则维修或更换线束或连接器；

⑱ 检查 IG_2 No.2 熔断丝，如不正常，则更换；

⑲ 用万用表检查继电器与 IG_2 No.2 熔断丝间的连接情况和导线是否短路和断路，如不正常，则维修或更换线束或连接器；

⑳ 用万用表检查 IG_2 No.2 熔断丝与点火开关间的连接情况和导线是否短路和断路，如不正常，则维修或更换线束或连接器；

㉑ 用万用表检查点火开关总成，如不正常，则更换点火开关总成；

㉒ 检查 AM_2 熔断丝：如不正常，则更换；

㉓ 用万用表检查点火开关与 AM_2 熔断丝间的连接情况和导线是否短路和断路，如不正常，则维修或更换线束或连接器。

2.9 保险丝

汽车电路中有许多用电设备被不同颜色的电线连接起来，其中最不可忽视的应该是保险丝。保险丝是习惯叫法，国家标准中称熔断丝。保险丝的作用是保护电路（线路）及用电设备，安装在保险丝座内，如图 2-9-1 所示。

汽车保险丝是电流保险丝的一种，当电路电流超过保险丝额定电流的 2 倍时就会在几秒内熔断，起到保护电路的作用，常用于汽车电路过流保护，也用于工业设备的过流保护。

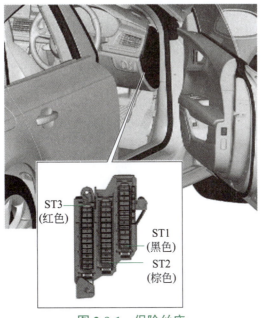

图 2-9-1 保险丝座

2.9.1 保险丝的分类

插片式保险丝可分为：超小号插片保险丝、小号汽车保险丝、中号汽车保险丝、大号汽车保险丝（图 2-9-2）。

额定电流有 1～40A 到大号 30～120A，额定电压 32V。

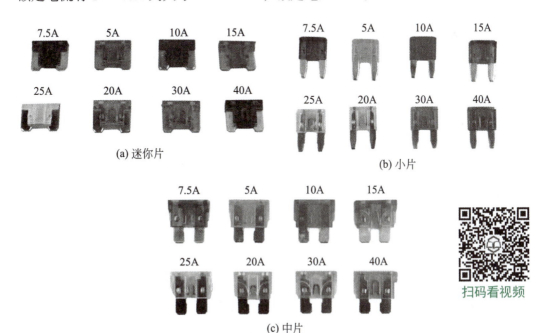

图 2-9-2 保险丝

扫码看视频

汽车电路 原理·识读·检测·维修

保险丝在电路图中的位置与表示（图2-9-3）。

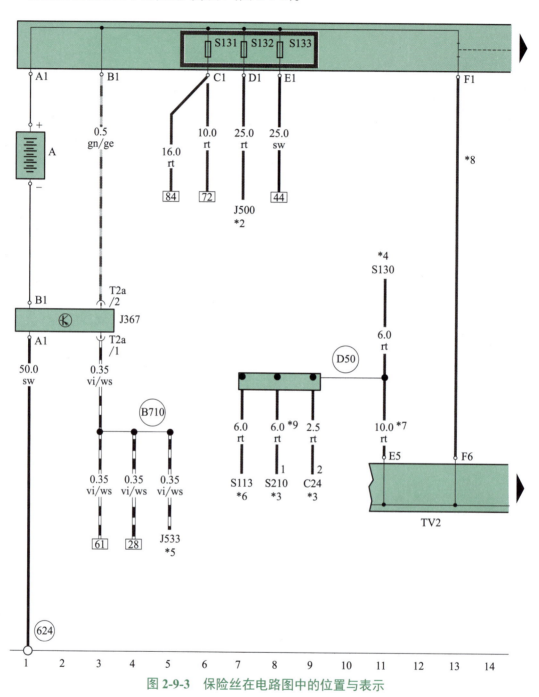

图2-9-3 保险丝在电路图中的位置与表示

2.9.2 如何查看汽车保险丝损坏

（1）方法一

❶ 插入钥匙，将车辆通电。

❷ 将保险盒和夹子拆下。

❸ 用试灯的夹子夹到车上搭铁处。

❹ 用试灯笔点保险丝，试灯亮了，保险丝就是好的，试灯不亮就是保险丝损坏（图 2-9-4）。

（2）方法二

将万用表开到测量线路的挡位，一头点在保险丝上，另一头点在保险丝另一头，万用表滴的声音就是通电，说明保险丝好，没有滴的声音就是保险丝损坏（图 2-9-5）。

（3）方法三

肉眼观察，保险丝中间断了就是保险丝烧坏，没有就说明保险丝好（图 2-9-6）。

图 2-9-4　查找保险丝

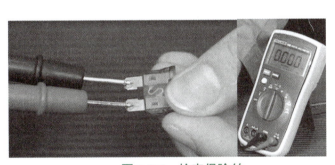

图 2-9-5　检查保险丝

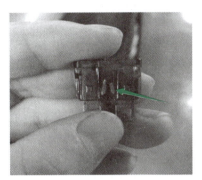

图 2-9-6　损坏的保险丝

2.9.3　汽车保险丝更换的技巧和使用注意事项

❶ 如果没有备用保险丝，可用其他闲置的保险丝顶上。比如车窗的保险丝断了，恰好没有备用保险丝了，这个时候，就可以将音响、空调这类闲置设置的保险丝用上，前提是两者的额定电流相同或者比原保险丝更高。

❷ 加装大功率车灯。改动大灯后功率过大非常容易把保险丝熔断，应及时更换大电流保险丝和电源线，以防电流过大而过热。

❸ 改装大功率音响。大功率音响同样也会使保险丝熔断。在加装大功率用电器时，一定需要注意改用电器电流的大小，及时更换对应的保险丝。一般较好的改装店都会注意这类问题。

❹ 用水冲洗发动机舱。清洁发动机舱时，由于保险丝盒密封不是非常恰当，切记不要用水直接冲洗保险丝盒，否则非常容易导致保险丝短路，引发整车电气元件失灵。大多数保险丝盒上都有明显的禁止用水冲洗的图标。若保险丝盒脏了，用湿毛巾轻轻擦洗即可。

❺ 点烟器用大功率电器。点烟器保险丝易熔断。一般点烟器用 15～25A 规格的保险丝。由于车辆电压在 12V，因此点烟器接上的用电器建议不超过 300W，部分小型车不超过 200W。至于车载冰箱、车载充气泵等大功率用电器少用点烟器取电为妙。

2.10 电阻

电阻（通常用"R"表示），是一个物理量，在物理学中表示导体对电流阻碍作用的大小。导体的电阻越大，表示导体对电流的阻碍作用越大。不同的导体，电阻一般不同，电阻是导体本身的一种特性。电阻会导致电子流通量的变化，电阻越小，电子流通量越大，反之亦然。而超导体则没有电阻。

不同导体的电阻按其性质的不同还可分为两种类型。一类称为线性电阻或欧姆电阻，满足欧姆定律；另一类称为非线性电阻，不满足欧姆定律。电阻的倒数 1/R 称为电导，也是描述导体导电性能的物理量，用 G 表示。

2.10.1 电阻的作用

在电子系统中，电阻的作用非常重要。除作为元件的标准电阻外，其他各部件都有可影响电路电压和电流的电阻值。

固定电阻器和可变电阻器在机动车电子系统内使用。固定电阻器分为线绕电阻器和金属膜电阻器。

2.10.2 什么是导体的电阻？

导体的电阻取决于导体的尺寸、比电阻和温度。导体越长，电阻值越大。导体横截面越大，电阻值越小。相同尺寸的不同材料电阻值不同。

2.10.3 什么是作为元件使用的电阻？

（1）电阻阻值表示　由于在大多数情况下导线的电阻都会带来不利影响，因此电子系统通常需要将电路电流限制在特定限值内。在此根据具体用途将相应类型和大小的电阻作为元件使用。由于电阻尺寸通常很小且不标明或很难看清电阻阻值，因此通常用色环来表示电阻阻值。

每种颜色都代表特定的阻值，因此可以通过计算色环数值总和得到电阻阻值。电阻上注明的电阻阻值仅适用于温度 20℃ 的条件。之所以有这种限制是因为所有材料的电阻都会随温度而变化（图 2-10-1）。

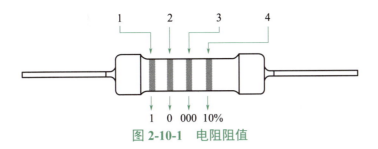

图 2-10-1　电阻阻值

（2）电阻阻值识别　如表 2-10-1 和表 2-10-2 所示。

表 2-10-1　电阻阻值识别（一）

图标	颜色	数值			
1	褐色	1			=10kΩ
2	黑色		0		
3	橙色			000	
4	银色			10	公差 10%

电阻阻值通过压印在电阻器上的数值或通过色环识别。

表 2-10-2　电阻阻值识别（二）

颜色	第 1 环	第 2 环	第 3 环	第 4 环
	第 1 个数字	第 2 个数字	零的数量	公差 /%
黑色	—	0	无 0	—
棕色	1	1	0	1
红色	2	2	00	2
橙色	3	3	000	—
黄色	4	4	0000	—
绿色	5	5	00000	—
蓝色	6	6	000000	—
紫色	7	7	0000000	—
灰色	8	8	—	—
白色	9	9	—	—
金色	—	—	×0.1	5
银色	—	—	×0.01	10
无色	—	—	—	20

2.10.4 什么是机械可变电阻?

机械可变电阻分为电位器和微调电位器。

电位器的电阻阻值可随时改变,而微调电位器的电阻值只能在进行调节时偶尔改变。电位器装在防尘套内,有一个轴。

电位器用于进行长度测量。

电位器活动触头与待测长度有关。通过电阻的变化可以度量长度变化。电位器也可以作为角度传感器使用。在这种情况下,旋转角度与电位器上的电压降之间具有一种固定的相互关系。用于测量电压的电位器电路见图 2-10-2。

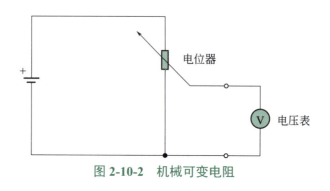

图 2-10-2　机械可变电阻

2.10.5 什么是 NTC 热敏电阻器?

(1) NTC 热敏电阻器特性　非金属物质具有热敏电阻特性。NTC 表示"负温度系数",其电阻值随温度升高而降低(图 2-10-4)。电阻器可通过电流固有的加热特性直接加热,也可通过外源间接加热。

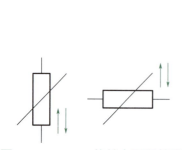

图 2-10-3　NTC 热敏电阻器符号图

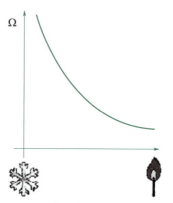

图 2-10-4　随温度升高,电阻变降低

(2) NTC 热敏电阻器在汽车中的应用　在车辆内,NTC 热敏电阻器用于测量温度(图 2-10-3、图 2-10-5),例如冷却液、进气、车内和车外温度。

第 2 章 汽车电路关键元器件

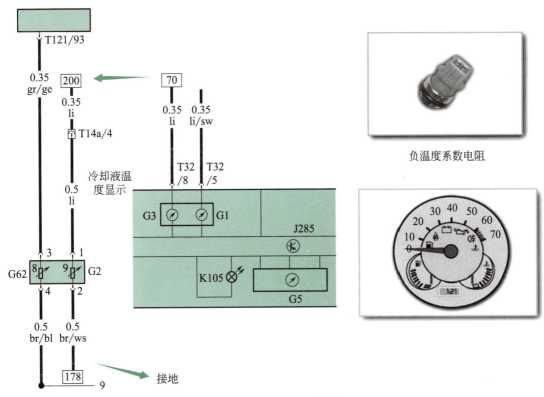

图 2-10-5 水温传感器电路原理

2.10.6 什么是 PTC 热敏电阻器？

（1）PTC 热敏电阻器特性　PTC 热敏电阻器的阻值随温度升高而增加。因此，这种热敏电阻器的温度系数称为正温度系数。这表示，该电阻器在低温条件下比高温条件下能够更有效导电（图 2-10-6、图 2-10-7）。

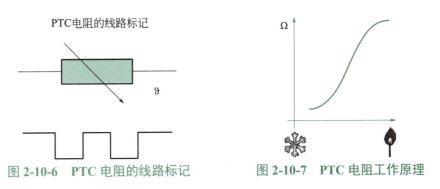

图 2-10-6　PTC 电阻的线路标记　　　图 2-10-7　PTC 电阻工作原理

（2）PTC 热敏电阻器在汽车中的应用　PTC 热敏电阻器用作空调系统内风扇电机的过载保护装置，也用来控制车外后视镜内的加热电流（图 2-10-8）。例如，PTC 热敏电阻器用来监控燃油箱储备量。

图 2-10-8　车外后视镜内加热控制电路

2.10.7　什么是 LDR 光敏电阻器？

（1）LDR 光敏电阻器特性　光敏电阻器是可以在光线影响下改变自身电阻的光敏半导体组件。

（2）LDR 光敏电阻器在汽车中的应用　例如，在自动防眩车内后视镜中，两个 LDR 测量向行驶方向的入射光线和向其他方向的入射光线并将它们进行比较。

2.10.8　电阻的测量

电阻值用欧姆表测量（用表的测量电阻挡）。在大多数情况下使用多量程测量仪（万用表），以免出现读数错误和不准确。测量电阻时要注意以下几点。

❶ 测量期间不得将待测部件连接在电压电源上，因为欧姆表使用本身的电压电源并通过电压或电流确定电阻值。

❷ 待测部件必须至少有一侧电路分离，否则并联的部件会影响测量结果。

❸ 极性无关紧要。

2.11　指示灯

指示灯在汽车电路中一是限制电流，二是指示电路的工作情况（是否导通），三是做保险（图 2-11-1）。

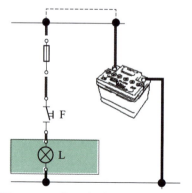

图 2-11-1　指示灯在电路中的位置

2.12 电动机

电动机在发动机推动车辆方面发挥日益重要的作用。同时，电动机已经在许多其他汽车应用中占据主导地位（图 2-12-1）。

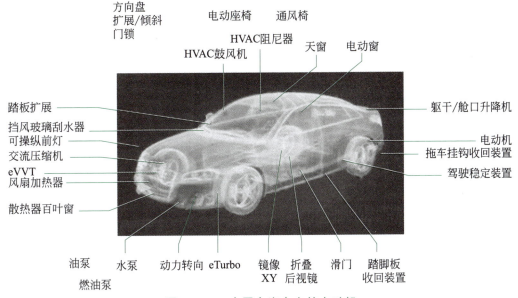

图 2-12-1　应用在汽车上的电动机

第3章 汽车电路图识读方法与技巧

3.1 汽车电路图的类型

3.1.1 汽车电路图的类型

汽车电路图是用国家标准规定的线路符号，对汽车电器的构造组成、工作原理、工作过程及安装要求所作的图解说明，也包括图例及简单的结构示意图。

为了便捷地对汽车电路进行维修、检查、安装、配线等工作。根据汽车电路图的不同用途，可绘制成不同形式的电路图，主要有原理框图、线束图（安装图）、零件位置图、接线图、电路原理图等。

（1）原理框图（系统图） 由于汽车的电气系统较为复杂，为概括性地表示各个汽车电气系统或分系统的基本组成及相互关系，常采用原理框图（丰田车系称之为系统图）。所谓原理框图是指用符号或带注释的框，概略表示汽车电器基本组成、相互关系及其主要特征的一种简图。原理框图所描述的对象是系统或分系统的主要特征，它对内容的描述是概略的，用来表示系统或分系统基本组成的是图形符号和带注释的框。

在原理框图上我们可以看到整个系统的连接关系，是由什么部件组成的，和哪些电控单元存在联系以及控制了哪些部件，等。但原理框图只是简单地说明了系统和部件的连接关系，不能体现电路的具体走向（图3-1-1）。

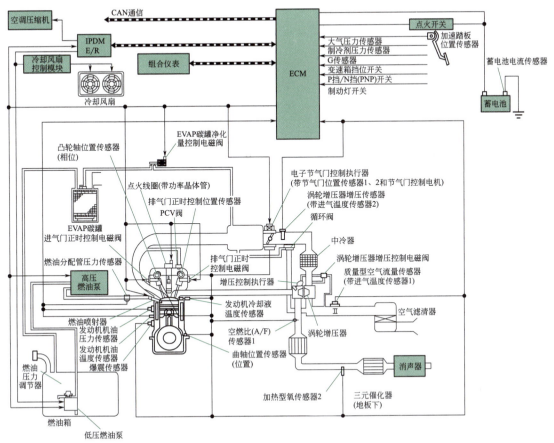

图 3-1-1　原理框图

（2）线束图（安装图）　随着汽车上的用电设备、电控单元越来越多，需要的连接导线也越来越多。为了安装方便、保护导线同时方便维修，将同路的许多导线用棉纱编织物或薄聚氯乙烯塑料带包扎成束。

线束图是根据电气设备在汽车上的实际安装部位绘制的局部电路图。

在实际维修检测中，线束图可以帮助检测技术人员快速确定插接器位置，连接导线。整车电路线束图常用于汽车厂总装线和修理厂的连接、检修与配线。

线束图主要表明电线束与各用电器的连接部位、接线端子的标记、线头、插接器（连接器）的形状及位置等。这种图一般不详细描绘线束内部的电线走向，只将露在线束外面的线头与插接器进行详细编号或用字母标记。

线束图按照布线位置和线束的功能可分为发动机线束、仪表板线束、底板线束、车身线束等（图3-1-2）。

（3）零件位置图　零件位置图是表现汽车用电设备零件安装位置的图，将汽车用电设备按照系统在图上标示出来，方便维修、检测时快速定位零件位置。尤其是发动机传感器、执行器的位置在维修时经常用到（图3-1-3）。

汽车电路 原理·识读·检测·维修

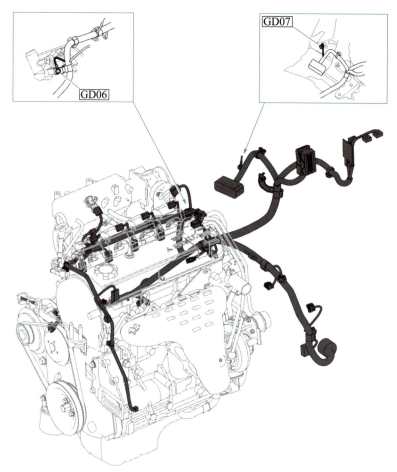

图 3-1-2 线束图（安装图）

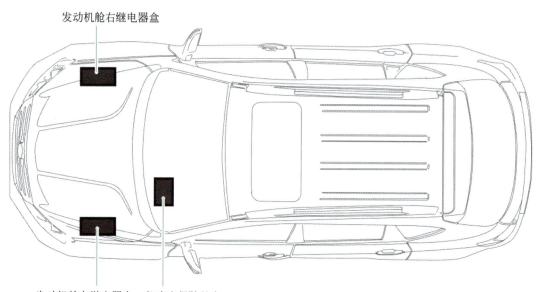

图 3-1-3 零件位置图

(4)接线图 所谓接线图是指专门用来标记电气设备的安装位置、外型、线路走向等的指示图。它按照全车电气设备安装的实际方位绘制,部件与部件之间的连线按实际关系绘出。为了尽可能接近实际情况,图中的电器不用图形符号,而是用该电器的外型轮廓或特征表示,在图上还应注意将线束中同路的导线尽量画在一起。

汽车接线图明确地反映了汽车实际的线路情况,查线时,导线中间的分支、接点很容易找到,为安装和检测汽车电路提供方便。但因其线条密集、纵横交错,常常给读图、查找、分析故障带来不便(图3-1-4)。

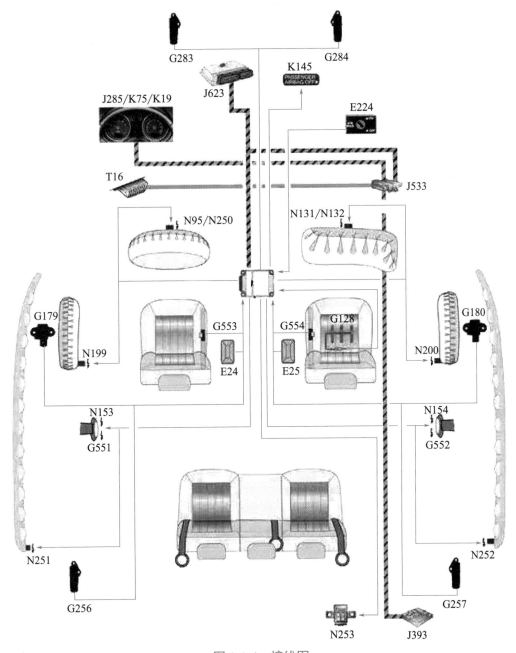

图 3-1-4 接线图

（5）电路原理图　电路原理图是用电器图形符号，按工作顺序或功能布局绘制的，详细表示汽车电路的全部组成和连接关系，不考虑实际位置的简图。电路原理图可清楚地反映出电气系统各部件的连接关系和电路原理（图3-1-5）。

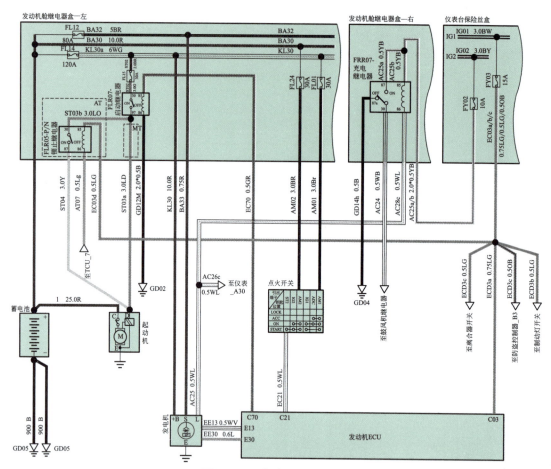

图3-1-5　电路原理图（1）

3.1.2　电路原理图的特点

❶ 电路原理图既是一幅完整的全车电路图，又是一幅互相联系的局部电路图，内容详细简洁。

❷ 为了更好地表达汽车的工作原理及相互联系，将整车电路按照关联绘制在一起成为全车电路图，在具体使用时又将单独的系统提取绘制成为局部电路图。

❸ 电路原理图中用电器符号来表达各种电器部件。见表3-1-1。

❹ 电路原理图上建立了电位高低的概念。负极搭铁电位最低，用图中最下面一条导线表示；正极连接线电位最高，用最上面的一条导线表示。

❺ 电流方向基本上是从上到下，电流流向：电源正极→开关→用电器→搭铁→电源负极。

第3章 汽车电路图识读方法与技巧

表 3-1-1 电器符号

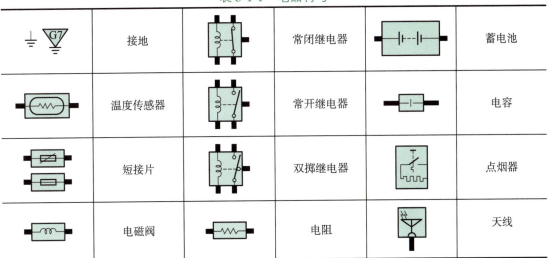

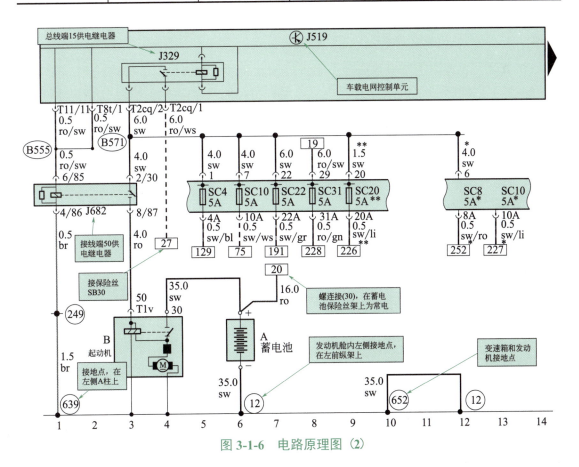

图 3-1-6 电路原理图（2）

❻ 各电器不再按电器在车上的安装位置布局，而是依据工作原理，在图中合理布局，使各系统处于相对独立的位置，从而易于对各用电设备进行单独的电路分析（图 3-1-6）。

❼ 各电器旁边通常标注有电器名称及代码（如控制器件、继电器、过载保护器件、用电器及搭铁点等）。

❽ 电路原理图中所有开关及用电器均处于不工作的状态，例如点火开关是断开的，发动机不工作，车灯关闭，等。

❾ 电路图的导线一般标注有颜色和规格代码，有的车型还标注有该导线所属电气系统的代码。根据以上标注，易于对照定位图找到该电器或导线在车上的位置。

3.2 汽车电路图识读的技巧与方法

3.2.1 汽车电路图识读的技巧

（1）分清汽车电路的三类信号　想要读懂汽车电路图就必须把电的通路理清楚，即某条线是什么信号；该信号是输入信号、输出信号还是控制信号；信号起什么作用，在什么条件下有信号以及信号从哪里来，到哪里去。

❶ 电源：要理清楚蓄电池或经过中央控制盒后的电源都供给了哪些元件。与电源正极连接的导线在到达用电器之前是电源电路；与接地点连接的导线在到达用电器之前为接地电路。汽车电路的电源一般来说有常电源、条件电源两种。

❷ 信号：汽车电路中常见的是各种开关输入信号和传感器输入信号。我们在分析传感器电路时，可用排除法来判断电路，即排除其不可能的功能来确定其实际功能，如分析某一具有三根导线的传感器电路时，如果已经分析出其电源电路、接地电路，则剩余的电路必然为信号电路。

❸ 控制：控制信号主要由控制单元送出，它分布在各个执行器电路中，如点火电路中的点火信号、燃油喷射控制电路中的喷油信号、空调控制电路中控制压缩机运转的控制信号等。在汽车电路中，我们会看到执行器共用电源线、接地线和控制线的情况。

（2）将电路化繁为简　根据上面提到的三类信号，再根据电气系统工作的基本原则可以将电路区分为电源电路（正极供电）、接地电路（回到负极构成回路）、信号电路、控制电路。

（3）正确判断电路的串并联关系识读汽车电路图时注意各元件的串、并联关系，特别是不同器件共用电源线、共用接地线和共用控制线的情况。

（4）导线功能的区分　直接连接在一起的导线（也可由熔丝、接点连接）必具有一个共同的功能，如都为电源线、接地线、信号线或控制线等。凡不经用电器而连接的一组导线若有一根接电源或接地，则该组导线都是电源线或接地线。

（5）判断导线是否共用　在汽车电路图中部分导线会被共用，如部分接地和供电。有些传感器会经常共用电源线、接地线，但绝不会共用信号线。部分执行器会共用电源线、接地线，有些还会共用控制线。

3.2.2 汽车电路图识读的方法

在汽车电路方框图（丰田车系技术资料中称之为系统图）中，每个方框中所标注的内容一般是整车或系统的一个独立部件。每个方框之间的关系由方框之间的线条沟通，所用箭头表示信息或电量的流向。在分析电路工作原理之前，先阅读该电路的方框图有助于加深对电路工作原理的了解（图3-2-1）。

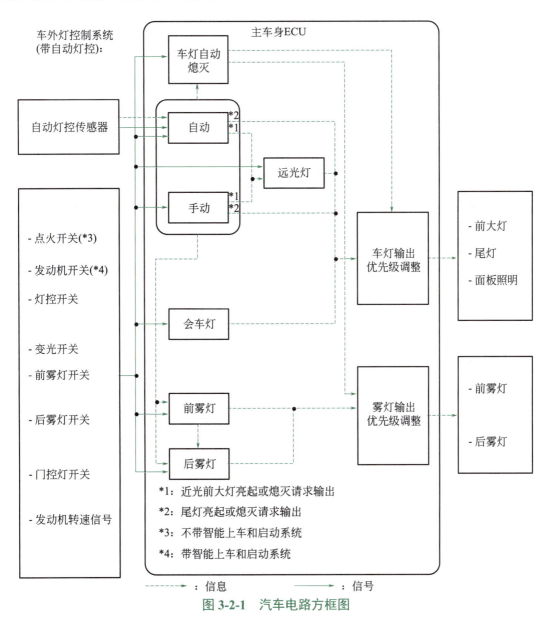

图 3-2-1　汽车电路方框图

在分析方框图了解信号或电流传输过程时，应认真查看图中的箭头方向，箭头方向表示信号的传输方向。如果没有箭头方向，则可根据方框图的图形符号来判断。箭头如果是双向的，表示信号既能输入也能输出；方框图中粗线条表示CAN总线。对方框图

97

有整体的了解后,应进一步弄清系统(整车或系统)共有几个框(多少部件),框与框之间存在何种关系,再对照电路原理图,就可以对电路理解得更为深刻。

3.2.3 汽车线束图的识读要点

汽车线束是电路的主干,通过插接器、交接点与车内电器或车体连接,可从线束图中了解线束的走向及线束各插接器的位置。一般线束图是按照系统或在车辆上的安装位置分类,如 2016 款丰田卡罗拉线束图分为发动机室、仪表线束、车身、座椅和天线几部分(图 3-2-2)。

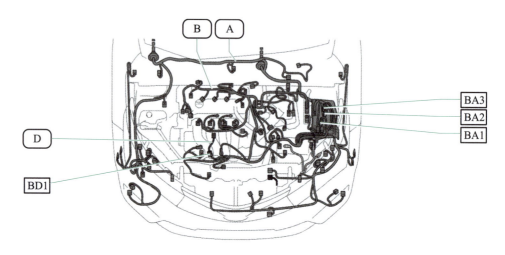

(a) 发动机室线束

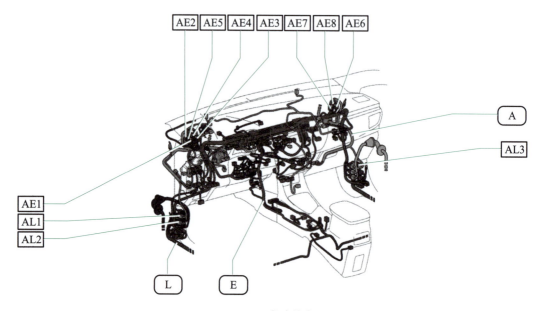

(b) 仪表线束

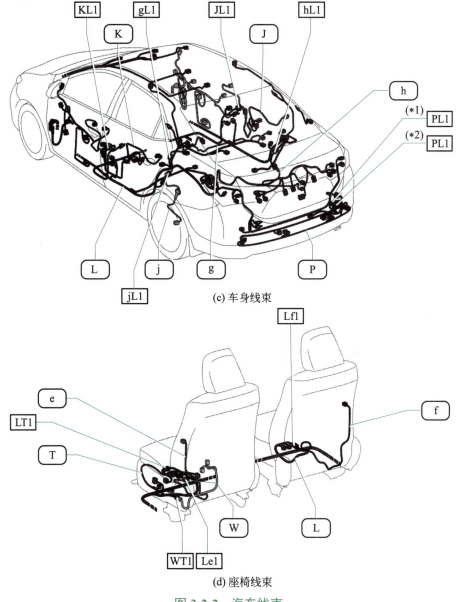

(c) 车身线束

(d) 座椅线束

图 3-2-2 汽车线束

(1) 线束图的识读要领

❶ 认清整车共有几组线束、各线束名称以及各线束在汽车上的实际安装位置。

❷ 认清每一线束上的分支通向车上哪个电气设备，每一分支有几根导线，它们的颜色与标号以及它们各连接到电气设备的哪个接线柱上。

❸ 认清有哪些插接件，它们应该与哪个电气设备上的插接器相连接。

(2) 线束图的识读方法

❶ 读懂电路原理图。汽车电器原理图是汽车线束图的基础。先看懂电路原理可以比较容易地了解整车电路的工作原理及特点，有助于快速读懂汽车线束图。利用线束图，则可以了解线束各部分所连接的电气设备。

❷ 找出主要元件的位置。在汽车线束图上，其主要元件标注都比较明显，一般都不难找到。例如，电源系统的发电机、蓄电池；启动系统的起动机；灯光系统的前照灯、灯光开关；点火系统的点火线圈、分电器；喇叭系统的电喇叭等。当找到了所需要检查的单元电路的主要元件后，再将其与汽车上的实物对上号，就可根据汽车线束图上各导线的颜色和去向，找到所要找的导线或其他元件了。

❸ 了解电路图提供的信息。在电路图中，每根导线中都标注有数字代号（或数字与字母组合代号），这些代号代表了该线的颜色、直径。在识读导线的颜色、线径代号时，会出现 33、33A、33B、33C、33E 这样的标注方法，它表示这是同一通路的电线。其中 33 是基本的主线，33A 是 33 线的一个分支，用字母 A 加以区别，33B 是 33 线的另一个分支，用字母 B 加以区别，以此类推。

3.2.4 汽车零件位置图的识读要点

汽车零件位置图与汽车线束图类似，标注了电控系统传感器、执行器在汽车上的安装位置。零件位置图和线束图、电路图配合使用可以在实际维修中快速定位传感器、执行器、继电器、熔断丝等的详细位置，再配合插脚图能更加准确快捷地定位故障元件。图 3-2-3 所示为大灯清洗控制系统零件位置以及熔断丝、继电器安装位置。

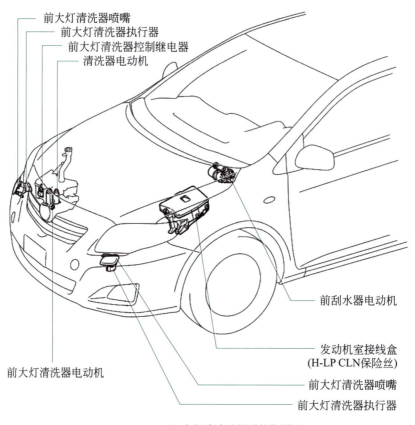

(a) 大灯清洗系统零件位置图

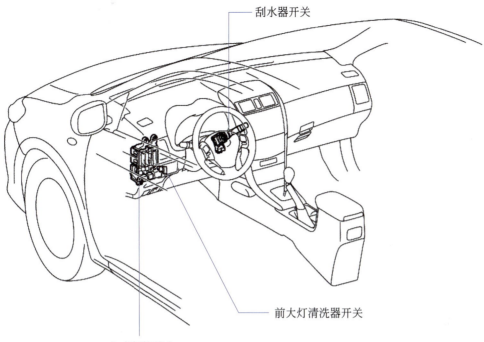

(b) 大灯清洗保险丝位置

图 3-2-3 大灯清洗系统

第 4 章
欧洲车系电路图识读指南

4.1 大众、奥迪、斯柯达、宾利汽车电路识读指南

大众、奥迪、斯柯达、宾利汽车用电设备较多，控制系统完善，电路复杂，大多采用元件数字代号绘制全车线路，并附有详细的元件明细表和中央控制板接线代号，并且在图上标注导线的颜色。

（1）电器元件代号　见表 4-1-1 ～表 4-1-3。

表 4-1-1　电器元件代号

A	蓄电池	J	继电器	T	线束插头
B	起动机	K	警报灯	U	点烟器/插座
C	发电机	L	照明灯	V	电机/泵体
D	点火开关	M	照明灯	W	照明灯
D2	防盗线圈	N	阀体/触发器	X	牌照灯
E	电器开关	O	—	Y_6	变速杆位置
F	触点开关	P	火花塞插头	Y_7	防眩后视镜
G	传感器	Q	火花塞	Y_8	时钟
H	蜂鸣器	R	扬声器/天线	Z	加热器
I	—	S	保险丝	λ	氧传感器

表 4-1-2 电器元件符号与实物对照

名称	符号与实物	名称	符号与实物
带电压调节器的交流发电机		热敏开关	
起动机		熔丝	
继电器		发光二极管	
感应式传感器	凸轮轴位置传感器	电阻	
压力开关		收音机	
电热丝		蓄电池	
电动机		点火线圈	
电磁阀	喷油器 活性碳罐电磁阀	接线插座	
电子控制器	捷达ATK发动机ECU	灯泡	
爆震传感器		多功能显示器	
显示仪表		数字式时钟	
可变电阻		后窗除霜器	
扬声器		双丝灯泡	

续表

名称	符号与实物	名称	符号与实物
火花塞和火花塞插头		电磁离合器	
插头连接	点火线圈插口	多挡手动开关	
元件上多针插头连接	捷达ATK发动机控制单元插脚	机械开关	
氧传感器		手动开关	
喇叭		按键开关	

表 4-1-3　电路图线束标识

编号	注释内容	线束颜色
1	点火线圈，点火适配器	黑
15	点火启动开关	黑
15a	点火线圈和串联电阻的输出端	黑 / 白或黑 / 灰
30	蓄电池正极输入端（直接）	红
30a	蓄电池转换继电器输入端	红 / 白或红 / 黑
31	蓄电池反馈导线（负极或接地线）	棕
31b	负极或接地线（开关或继电器可连接负极）	棕 / 白等
49	转向闪光信号，输入端	黑 / 白
49a	输出端（3 色线）	白 / 黑 / 绿
49b（L）	左转向灯输出	黑 / 白
49b（R）	右转向灯输出	黑 / 绿
50	启动控制器	红 / 黑
50b	起动机顺序控制	红 / 黑
53	雨刷电机入端（正极）	灰 / 黑或白 / 绿
53a	雨刷（正极）末端切断	蓝 / 红或黑 / 灰
53b	雨刷（并联电阻）	绿 / 紫或绿 / 黄
53c	风窗清洗液泵	黑 / 紫或绿 / 红

续表

编号	注释内容	线束颜色
53e	雨刷（制动线圈）	
54	制动灯	红/黑
NL	前雾灯	红/绿
NSL	后雾灯	灰/白
56	主大灯（连接转向开关和大灯开关）	黄
56a	远光灯（连接手动变光开关）	白/黄或白/绿
56b	近光灯（连接转向开关）	黄/绿
P	驻车灯	灰
PL	左驻车灯（连接转向开关）	灰/棕
PR	右驻车灯（连接转向开关）	灰/紫
58	轮廓标志灯，仪表板指示灯（灯开关上）	灰/黄
58a	可调节仪表照明（调节器上）	灰
58d/58s	仪表板照明	灰/蓝
58L	左轮廓灯	灰/棕
58R	右轮廓灯	灰/紫
75X	卸荷继电器	黑/黄或黄黑
86s	点火开关触点单元（点火开关上）	红或棕/红
K	自诊断线	绿/红或灰/白
W	发动机防盗（连接仪表和发动机）	绿/黑或灰/白
D.can	驱动母线（高速/低速）	橙/黑或橙/棕
K.can	舒适母线（高速/低速）	橙/绿或橙/棕
V-AUS	速度信号	

（2）电路图特点

❶ 所有电路都纵向排列，垂直布置。就某一条线路而言，从头至尾不超过所在篇幅纵向的3/4，相同系统的电路归纳在一起（图4-1-1）。

基本电路从左至右按电源、起动机、点火系统、组合仪表、照明系统、信号与报警装置电路、刮水和洗涤装置电路、电动后视镜控制电路、中控门锁、空调电路、双音喇叭控制电路的顺序进行编排。

Audi A6

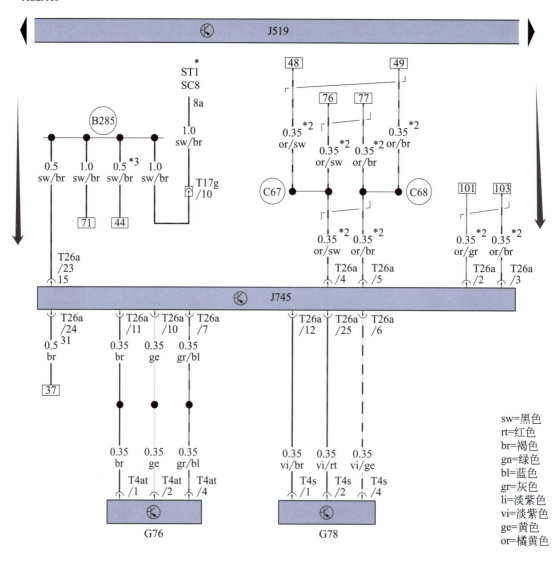

图 4-1-1 电路图布局

G76—左后汽车高度传感器；G78—左前汽车高度传感器；J519—车载电网控制单元；J745—弯道灯和大灯照明距离调节控制单元；ST1—保险丝架 1；SC8—保险丝架 C 上的保险丝 8；T4at—4 芯插头连接；T4s—4 芯插头连接；T17g—17 芯插头连接，接线站内，左侧 A 柱；T26a—26 芯插头连接；B285—正极连接 9(15a)，在主导线束中；C67—连接 (CAN 高度总线)，在大灯导线束中；C68—连接 (CAN 低度总线)，在大灯导线束中；*—见保险丝布置所适用的电路图；*2—数据总线导线 (CAN 总线)；*3—自 2011 年 6 月起

❷ 采用断线代号解决电路交叉问题。因有些电器的线路较复杂，大众汽车公司采

用断线代号法来处理线路复杂交错的问题。例如，某一条线路的上半段在电路号码为10的位置上，下半段在电路号码为25的位置上，在上半段电路的终止处画一个标有25的小方格，即可说明下半段电路就在电路号码为25的位置上。下半段电路开始处也有一小方格，里面标有10，说明上半段电路就应在电路号码为10的位置上。通过这两个方格，上、下半段电路就联在一起了。使用这种方法以后，读再复杂的电路图，也看不到一根横线，线路清晰简洁，大大缩短了读图时间（图4-1-2）。

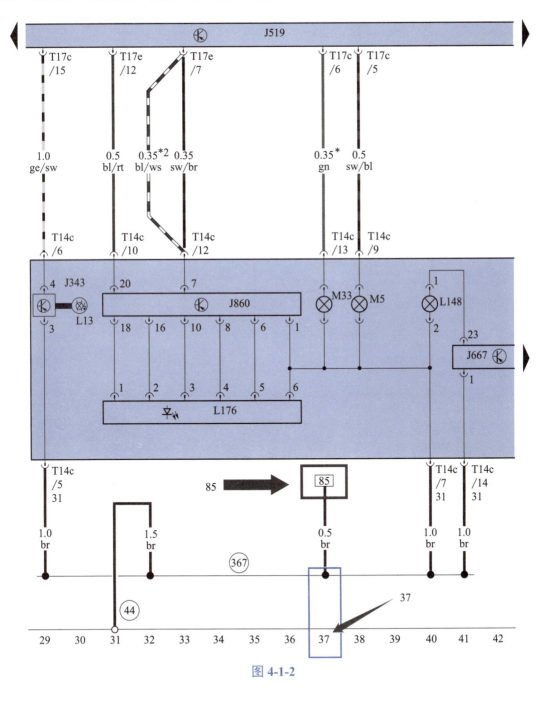

图 4-1-2

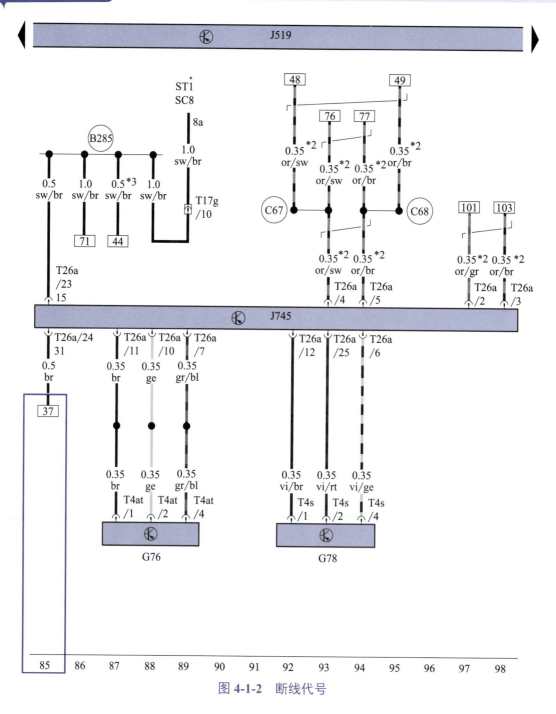

图 4-1-2 断线代号

❸ 全车电路图分为三部分。最上面部分为中央配电盒电路,其中标明了熔断丝的位置及容量、继电器位置编号及接线端子号等。中间部分是车上的电器元件及连线。最下面的横线是搭铁线,上面标有电路编号和搭铁点位置。搭铁线的标号实际上是不存在的,它是为了方便标明在一页内画不完的连线的另一端在何处而人为编制的(图 4-1-3)。

第 4 章　欧洲车系电路图识读指南

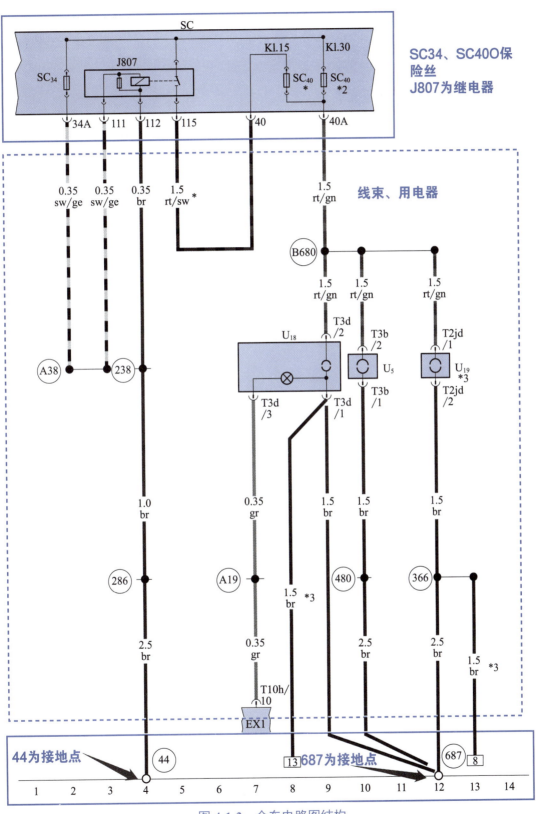

图 4-1-3　全车电路图结构

❹ 电源线与继电器。灰色区域内部水平线为接电源正极的导线，有 30、15、50、X 等。电路中经常通电的线路使用代号 30，接地线的代号是 31，受控制的大容量用电设备的电源线代号是 X，受控制的小容量用电设备的电源线代号是 15（图 4-1-4）。

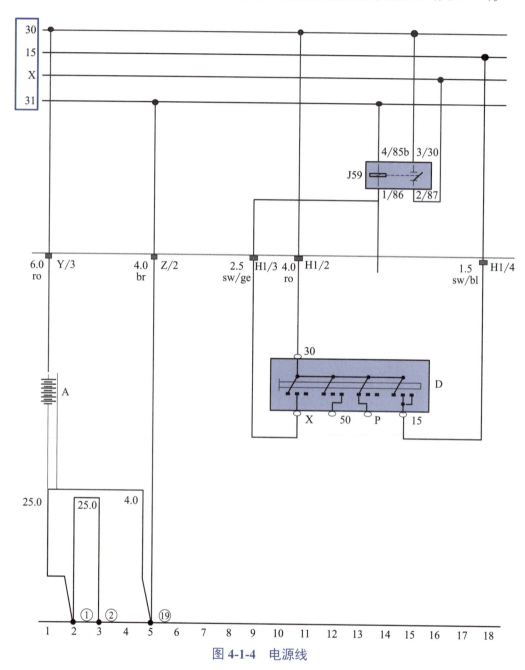

图 4-1-4　电源线

在继电器中，85 号接脚用于接地线，86 号接脚来自条件电源（如 15 号线或 X 线），30 号接脚经常通电，87 号接脚用于被控制件。当条件电源通电后，85 号、86 号线导通，产生磁性，吸引 30 号与 87 号线路之间的触点闭合，给用电器通电（图 4-1-5、图 4-1-6）。

第 4 章 欧洲车系电路图识读指南

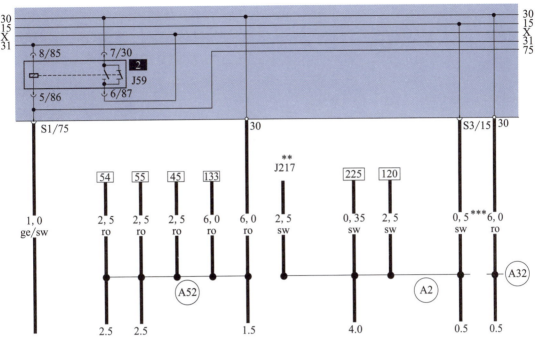

图 4-1-5 继电器控制电路图

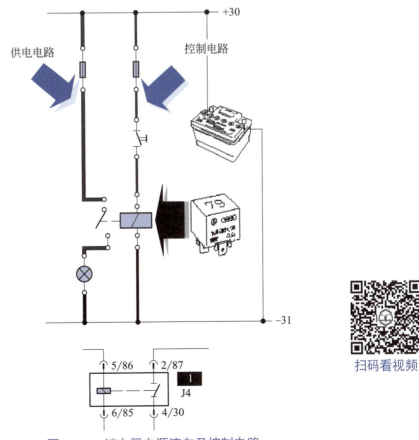

图 4-1-6 继电器电源流向及控制电路

扫码看视频

111

❺ 电路图在表示线路走向的同时，还表示出了线路结构情况。汽车的整个电气系统以中央配电盒（又称熔断丝 - 继电器插座板）为中心进行控制，大部分继电器和熔断丝安装在中央配电盒的正面。接插器和插座安装在中央配电盒的背面。在电路和图上标有 4/85、3/30、2/87 和 1/86，分母 85、30、87 和 86 是指继电器上的 4 个插脚，分子和分母是相对应的（图 4-1-7、图 4-1-8）。

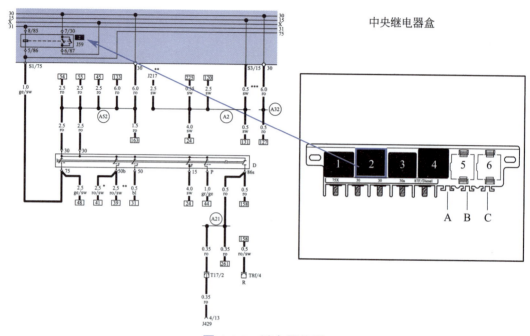

图 4-1-7 继电器位置

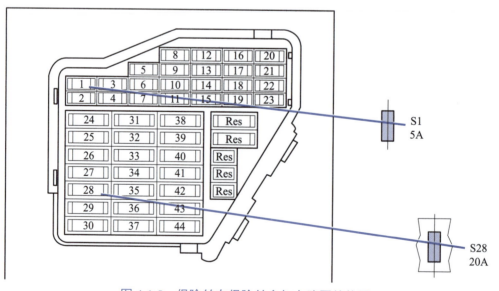

图 4-1-8 保险丝在保险丝盒与电路图的位置

（3）电路图识读指南（图 4-1-9）

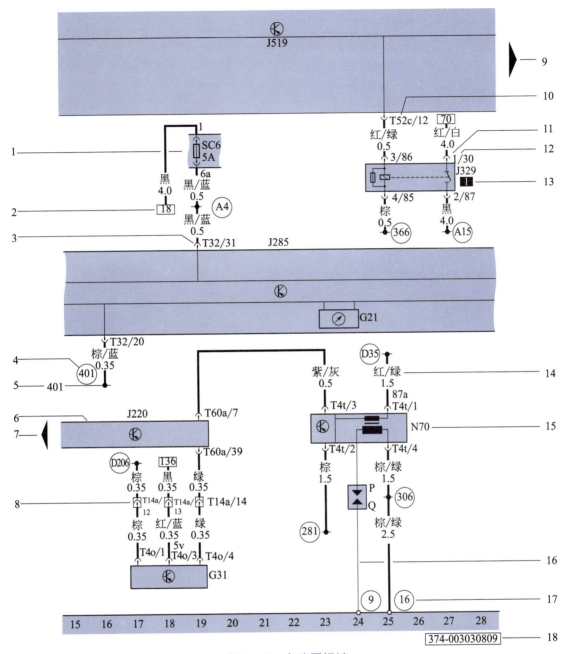

图 4-1-9　电路图识读

1—保险丝代号，图中"SC6"表示保险丝盒中 6 号位保险丝（5A）；2—指示导线的延续，框内的数字指示导线在相同编号的部分有延续；3—元件上插头的代号，表示插头代号、触点数和连接的触点号，例如 T32/31—多针脚插头 T32，32 针，触点 31；4—线束内部连接的代号，可以在电路图下方查到该不可拆式连接位于哪个线束内；5—指示内部接线的去向，数字表示电路图中下一个部分有相同数字的内部接线相连；6—元件的符号；7—三角箭头指示该元件在电路图上一页有延续；8—线束的插头连接代号，指示多针脚插头代号、触点数和连接的触点号，例如 T14a/12—多针脚插头 T14a，14 针，触点 12；9—三角箭头，表示接下一页电路图；10—BCM 车身控制单元上多针脚插头代号及插头的触点号，例如 T52c/12—多针脚插头 T52c，52 针，触点 12；11—接线端子号，元件上的接线端子号或多针插头触点号；12—触点代号 - 在继电器上表示继电器上单个触点，例如 30= 继电器上的触点 30；13—继电器位置编号（在继电器板上）；14—导线截面积（单位：平方毫米）和颜色；15—元件代号，可以在电路图下方查到元件名称；16—内部连接（细实线）这个连接并不是作为导线存在，而是表示元件或导线束内部的电路；17—接地点的代号，可以在电路图下方查到接地点在车上的位置；18—电路图图号，例如 374003030809，374 表示车型，003 表示组号，03 表示页码，08 表示月份，09 表示年份

4.2 宝马 MINI 汽车电路识读指南

宝马MINI汽车电气系统的设计与其他厂家有着相同的规律，但其电路图符号标注、文字标注、导线颜色的规定上与其他厂家略有不同。因此，在阅读电路图前，需要了解宝马汽车电路图的特点及电器符号的表示方法。

（1）宝马 MINI 汽车电路的特点

❶ 电路采用低压直流电。电路是低压直流电压，电源采用并联方式连接，用电器之间也是并联，电路采用单线制，负极搭铁方式。多数用电器受两级开关的控制，继电器和开关串联在电路中。

❷ 汽车电气线路由单元电路组合而成。宝马 MINI 汽车电路图尽管复杂，但都是由完成不同功能、相对独立的单元电路组成，如充电系统、启动系统、发动机控制系统、变速器控制系统、DSC、SRS、空调等。这些单元电路都有它们自身的特点。在进行电路图识读时，可分系统，单独进行识读分析。

（2）宝马 MINI 汽车电路系统分类　宝马 MINI 车系各个电控系统的电路图都是通过总线相互通信、共享资源的，所以每个系统都会给出总线连接图。为便于理解相关系统的组成，宝马车系电路系统中还会给出输入/输出图，利用不同的颜色区分控制单元上的传感器和执行器。宝马车系的每个系统还会给出系统电路图，也就是前面讲过的系统框图，系统电路图比输入/输出图显示复杂得多，可以从中看出组件的基本连接以及接地和电源连接。最后，与其他车型类似，宝马还会给出详细的汽车电路原理图。综上所述宝马各个系统的电路图可以分为总线连接图、输入/输出图、系统电路图和电路原理图（图 4-2-1、图 4-2-2）。

（3）宝马 MINI 车系汽车电路图导线颜色　宝马 ISTA 系统中的原版电路图与大众车系基本相同，模块采用灰色，虚线模块表示该模块在此页电路图中没有完全显示，电路走向也是从上至下相互不交叉。但宝马车系线色表示方法与大众车系不同，在宝马原版电路图中只有红色、棕色和黑色三种线色，这三种线色和导线本身的颜色没有关系，而是表示信号或连接线。红色线条表示供电线路，棕色线条表示接地线路，黑色线条表示内部连接或连接到其他模块。

导线本身的颜色除了文本格式的导线线色外，还有一种矩形框中的颜色标记。矩形框中的颜色标记的分布显示的是真实的导线颜色（表 4-2-1）。

导线除了用颜色进行标示外，还需注明导线的粗细，即导线的截面积（单位为平方毫米）。例如，0.35GE/BR 代表主色为黄色、辅色为棕色、截面积为 0.35 平方毫米的导线；0.5SW/VI 代表主色为黑色、辅色为紫色、截面积为 0.5 平方毫米的导线；4.0RT 代表红色、截面积为 4.0 平方毫米的导线。

第4章 欧洲车系电路图识读指南

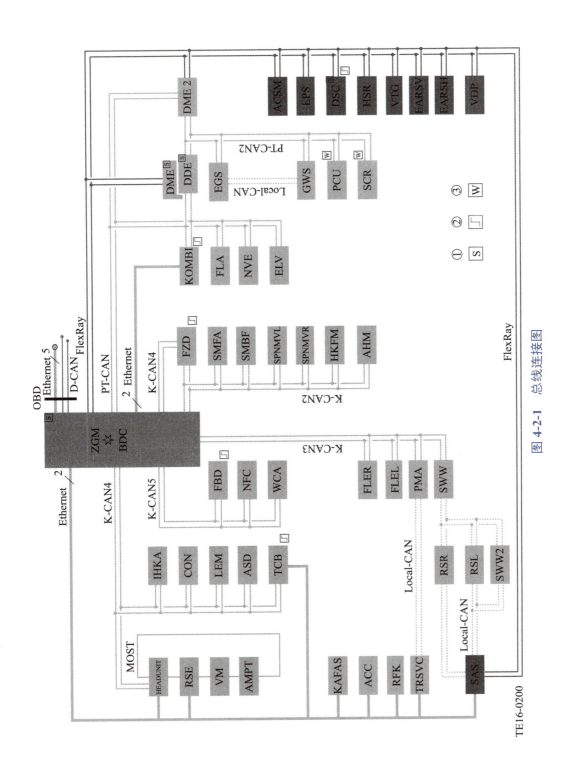

图 4-2-1 总线连接图

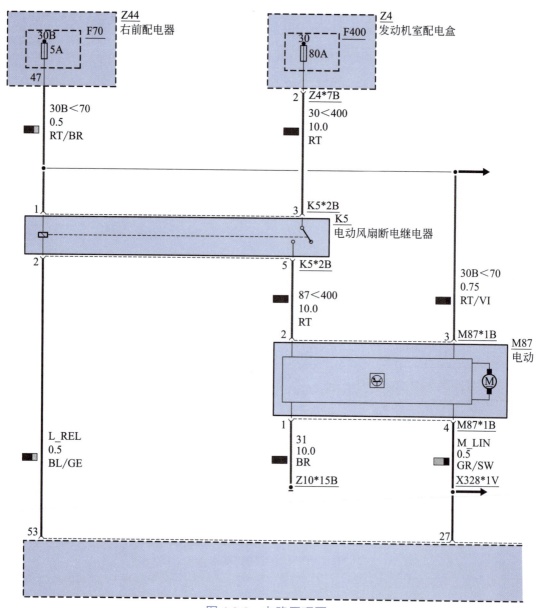

图 4-2-2 电路原理图

表 4-2-1 导线颜色

英文简写	颜色	色标	英文简写	颜色	色标	英文简写	颜色	色标
BL	蓝色		RT	红色		SW	黑色	
BR	棕色		GR	灰色		VI	紫色	
GE	黄色		OR	橙色		WS	白色	
BR	棕色		RS	粉红色		TR	透明色	

（4）宝马 MINI 汽车电器代码说明　宝马 MINI 汽车电器代码由字母和数字两部分组成。代码前部分是字母，表示电器种类；代码后部是数字，表示编号；一般电器代码下面注明电器名称。宝马汽车电器代码说明见下表（表 4-2-2）。

表 4-2-2　汽车电器代码

电器代码字母	说明	示例
A	控制单元、模块	A6000—汽车发动机 DME 控制单元；A3—照明模块
B	传感器、电气转换器	B1—右前车轮转速传感器；B10—加速踏板模块
D	诊断接口	—
E	灯、电气加热装置	E7—右侧大灯；E9—后窗加热
F	保险丝	F01—01 号保险丝
G	供电、触发单元	G1—蓄电池；G5—驾驶员安全气囊发生器
H	声光信号仪	H53—右后高音喇叭
I	来自国外生产商的部件	I01004—转向盘电子控制装置
K	继电器	K6—大灯清洗装置继电器
L	线圈	L1—环形线圈 EWS
M	电动机、驱动装置	M2—电动燃油泵；M16—油箱盖板中控锁驱动装置
N	放大器、控制器、控制装置	N22—CD 光盘转换匣；N40a—高保真功率放大器；N42a—耳机接口模块
R	电阻、电位计	R8554—分级电阻；R012—后座区分区风门电位计
S	开关、按钮	S4—喇叭开关；S6—DSC/DTC 键
T	点火线圈	T6151—1 缸点火线圈
U	无线电设备、抗干扰设备	U400a—电话发射接收器
W	天线、屏蔽	W12—后部车内天线
Y	机电部件	Y2341—喷油器 1
Z	抗干扰滤波器	Z13—抗干扰滤波器

（5）宝马 MINI 汽车电路图符号及实物对照（表 4-2-3）。

表 4-2-3 汽车电路图符号及实物对照

名称	符号与实物	名称	符号与实物	名称	符号与实物
保险丝		机油压力开关		二极管	
电阻		可变电阻		发光二极管	
灯泡		电容		表示部件的一部分	
电子控制器		偏心轴位置传感器		表示部件外壳搭铁	
半导体		继电器		表示导线连接器在部件上	
爆燃传感器		带保护电阻的继电器		表示导线连接器用螺丝固定在部件上	
氧传感器		电动机		开关	

118

第4章 欧洲车系电路图识读指南

续表

名称	符号与实物	名称	符号与实物	名称	符号与实物
电磁阀	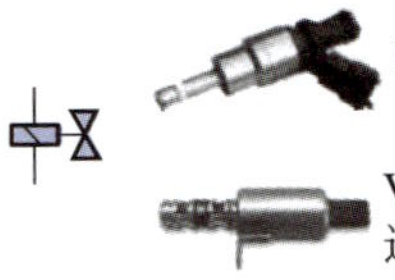 喷油器 / VANOS进气电磁阀	起动机	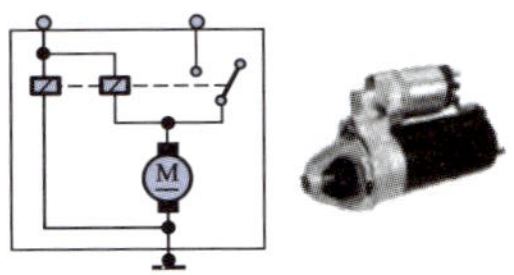	多挡开关	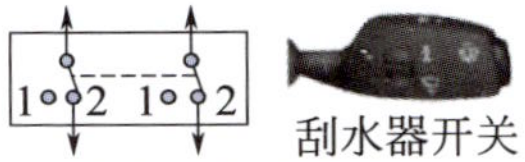 刮水器开关（虚线表示开关之间的联动关系）
点火线圈		发电机	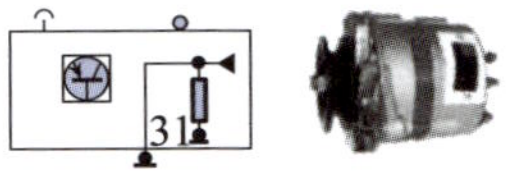	括号	自动变速器 | 手动变速器　2.5BK YL　括号表示了车上可供选择项目在线路上的区分
火花塞		蓄电池	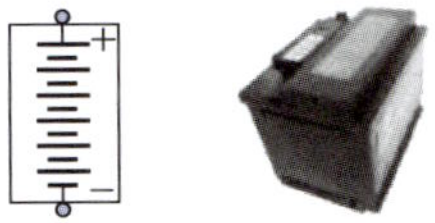	导线规格、导线颜色、插头号码与接地号码	SFFA ① / 0.35 ② / GR/SW ③ / ④ 4 X256 ⑤ / X172 ⑥　①：信号　②：导线截面(单位为mm²)　③：线路颜色　④：插脚号码　⑤：插脚参考号码　⑥：地线参考号码
发动机温度传感器		喇叭		同一插接器	3 4 X270　同一插接器标注，用虚线表示"3"、"4"插脚均属于X270连接插头
进气温度压差传感器	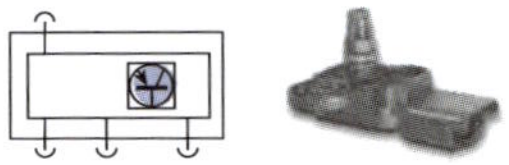	线圈	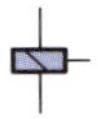		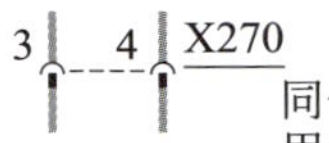
霍尔式传感器	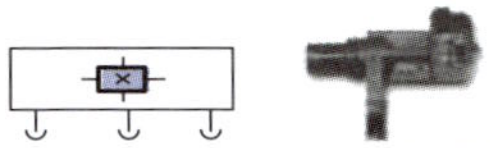 凸轮轴传感器	表示部件全部			

119

（6）宝马 MINI 汽车电路图信号说明（表 4-2-4）。

表 4-2-4　汽车电路图信号说明

信号	说明	信号	说明
15_WUP 或 15WUP	总线端 KL.15，唤醒	54	制动信号灯开关信号
30	总线端 KL.30，蓄电池	55HL	左后雾灯
30<1	总线端 KL.30，保险丝 1	56AL	左侧远光灯
30G	总线端 KL.30，已接通	58VR	右侧停车灯
31	蓄电池负极	58G	仪表和背景照明
31_SENS	传感器负极	KL.87	继电器输出端信号
31E	电子接地线	S_50	点火开关
31L	负载接地	U_30	总线端 KL.30 电源供应
5V	5V 供电电源	B+ 或 B(+)	蓄电池正极
49HL	左后转向信号灯	KL.31 或 KL31	接地
50L	总线端 KL.50，负荷信号	POS	挡位信号

（7）宝马 MINI 电路图识读指南

❶ 电路图中活窗如图 4-2-3、表 4-2-5 所示。

扫码看视频

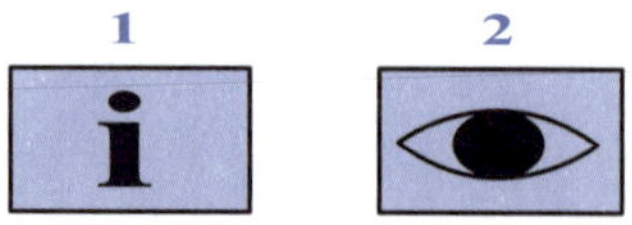

图 4-2-3　电路图中活窗

表 4-2-5　电路图中活窗

索引	说明	索引	说明
1	活窗电路图说明	2	活窗方框图

❷ 线路图中的图标如图 4-2-4～图 4-2-8、表 4-2-6～表 4-2-10 所示。

表 4-2-6　线路图中的图标解析（1）

索引	说明	索引	说明
1	所有部件	2	部分部件
3	部件插头已连接	4	带螺丝端子的部件
5	部件壳体直接与车辆接地连接	6	将插头用部件连接导线连接

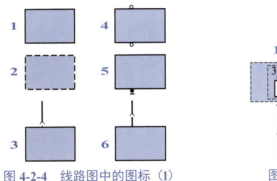

图 4-2-4　线路图中的图标（1）

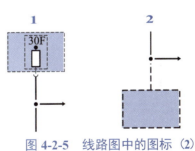

图 4-2-5　线路图中的图标（2）

表 4-2-7　线路图中的图标解析（2）

索引	说明	索引	说明
1	通过这个保险丝为其他部件供电 注意：在向右的箭头上，没有提供任何活窗；对于导线的实接线，可以通过活窗和进一步的文件，在用于供电的保险丝上查看概述	2	在这个带虚线的导线上可能有其他电源连接器

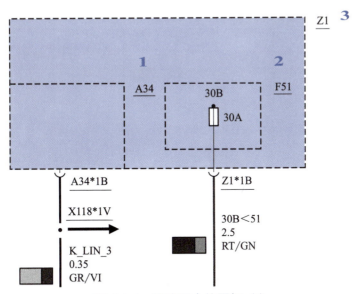

图 4-2-6　线路图中的图标（3）

表 4-2-8　线路图中的图标解析（3）

索引	说明	索引	说明
1	接线盒中的部件：接线电子装置（JBE）	2	接线盒中的部件：保险丝 F51
3	接线盒是由配电器和接线电子装置（JBE）组成的控制单元组		

> 提示：对于其他部件内可更换的部件将提供一个额外的活窗。只有当存在创建时间点的信息时，才适用。

表 4-2-9 线路图中的图标解析（4）

索引	说明	索引	说明
1	红色 = 供电	2	棕色 = 接地
3	线脚号码 4	4	SFFA 信号
5	导线截面 0.35 mm²	6	灰色和黑色 (GR/SW) 导线颜色
7	插头符号 X256	8	接地符号 X172
9	同一个插头中的 2 个线脚 Pin 划线表示同一插头的连接点		

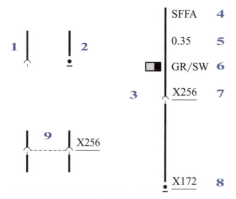

图 4-2-7 线路图中的图标解析（4）

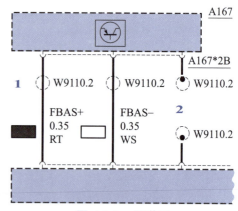

图 4-2-8 屏蔽线

表 4-2-10 屏蔽线说明

索引	说明	索引	说明
1	被屏蔽的导线	2	屏蔽 名称 W9110.2 中的 2 说明，已屏蔽 2 条导线

4.3 奔驰汽车电路识读指南

（1）奔驰车系电路图特点　奔驰汽车采用横纵坐标来确定电器在电路图中的位置，其中数字作横坐标，字母作纵坐标。电气符号用代码及文字标注。代码前部是字母，表示电器种类，如 A 为仪表，B 为传感器，C 为电容，E 为灯，F 为熔断丝盒，G 为蓄电池、发电机，H 为喇叭扬声器，K 为断电器，L 为转速、速度传感器，M 为电动机，N 为电控单元，R 为电阻、火花塞，S 为开关，T 为点火线圈，W 为搭铁点，X 为插接器，Y 为电磁阀，Z 为连接套。代码后部数字代表编号，一般电器代码之下注明电器名称，在插接器（字母 X）、搭铁点（字母 W），仅有代码不注明文字（图 4-3-1）。

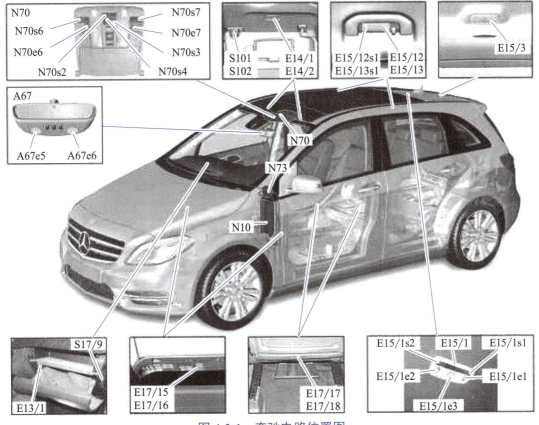

图 4-3-1　奔驰电路位置图

（2）导线颜色　在早期的奔驰汽车电路图中，导线颜色符号大多采用两位大写的英文缩略语，而近些年，广泛采用的是小写的德文缩略语（表 4-3-1）。

表 4-3-1　奔驰导线颜色

德文缩写	英文解释	中文解释	德文缩写	英文解释	中文解释
bl	Blue	蓝色	rs	Pink	粉红色
br	Brown	棕色	rt	Red	红色
ge	Yellow	黄色	SW	Black	黑色
gn	Green	绿色	vi	Purple	紫色
gr	Gray	灰色	ws	White	白色
nf	Transparent	透明			

除单色线外,奔驰汽车还采用了双色线及三色线,在电路图中,用 VI/YL、SW/WS、BK/YLRD、BR/GNWS 等形式表示。

导线的标识,不仅有线色,还有线粗。奔驰汽车电路图中,导线的标称截面积写在线色符号之前,如 0.75RD、2.5BD/YL 等。

(3) 电路符号 见表 4-3-2。

表 4-3-2　奔驰电路符号

图形符号	解释	图形符号	解释
	手动开关	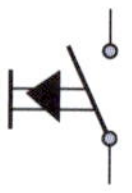	手动按键开关
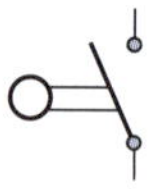	自动开关	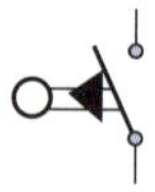	自动压簧开关
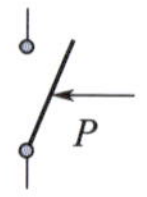	压力开关	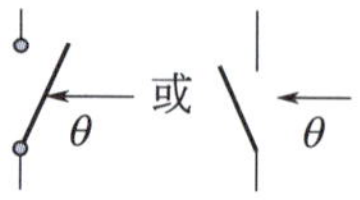	温度开关
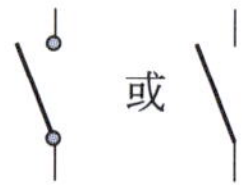	常开触点	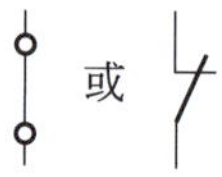	常闭触点
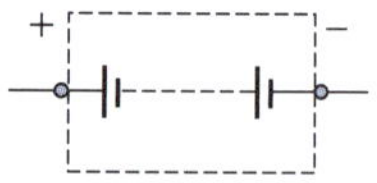	蓄电池	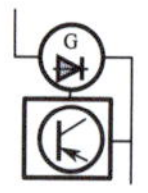	发电机
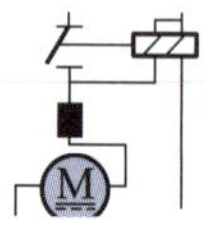	起动机		直流电动机
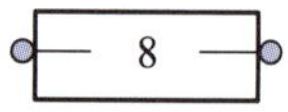	熔丝	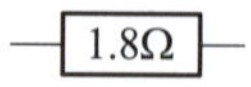	电阻
	二极管		电子器件
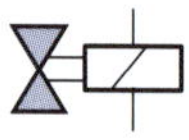	电磁阀	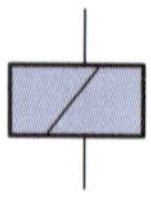	电磁线圈
	点火线圈		火花塞
	指示仪表		加热器电阻

第 4 章 欧洲车系电路图识读指南

续表

图形符号	解释	图形符号	解释
	电位计		可变电阻
	平插头		圆插头
	螺钉连接		焊点连接
	插接板		

（4）电子电气识别标记字母（表 4-3-3）

表 4-3-3　电子电气识别标记字母

识别标记字母	类型	举例
A	系统、总成、部件组	A1 仪表盘，A2 收音机
B	转换器（将物理参量变为电子参量或相反）	B25/6 麦克风，B2/5 空气流量计，B11/4 冷却液温度传感器，B28 压力传感器，B70 霍尔曲轴位置传感器
C	电容	电容器
E	灯	E1 左前大灯，E2 右前大灯
F	保险丝	F1……
G	交流发电机、蓄电池	G1 蓄电池，G2 发电机
H	喇叭	H2 喇叭，H4 扬声器
K	继电器	K0，KM
L	电感式传感器	L5 曲轴位置传感器，L6 轮速传感器
M	电机	M1 启动机
N	控制单元	N3/10 发动机控制单元，N73EIS
R	电阻	正负温度系数电阻，R12 气囊/安全带点火
S	开关	S9/1 制动灯开关
T	变压器	T1 点火线圈
W	接地连接点	W10 蓄电池负极
X	端子，插接头	X11/4 诊断口
Z	线路分线点	线路焊接接头

（5）电路图的类型

❶ 系统功能示意图（图 4-3-2）。

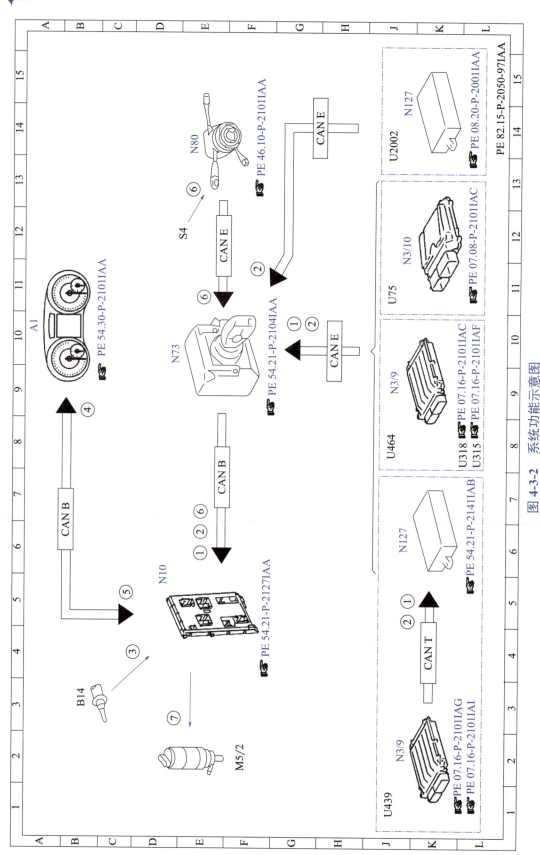

图 4-3-2　系统功能示意图

② 系统框图（图4-3-3）。

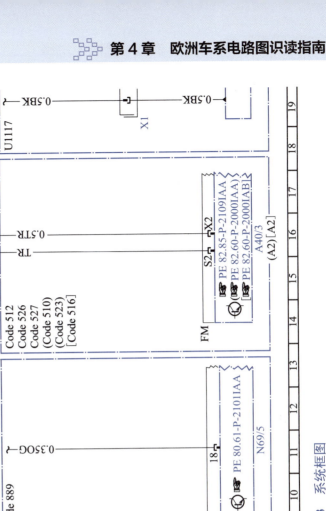

图4-3-3 系统框图

③ 电路图（图 4-3-4）。

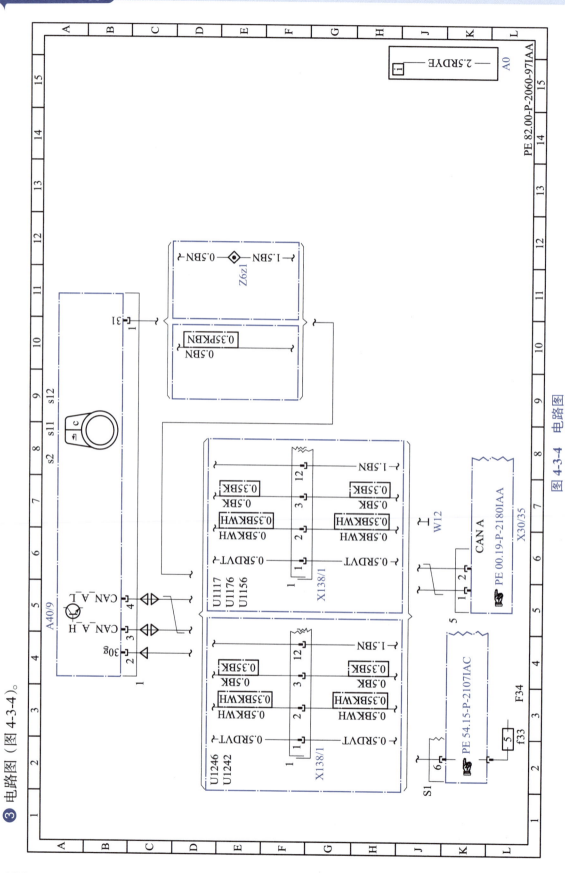

图 4-3-4　电路图

（6）电路图使用说明

❶ 电路图编号（图 4-3-5）。

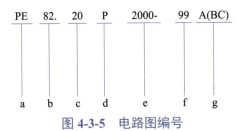

图 4-3-5　电路图编号

a—信息类型；b—功能组；c—功能子组；d—制造商 ID；e—顺序编号；f—信息单元编号；g—有效性字母

❷ 系统框图（图 4-3-6）。

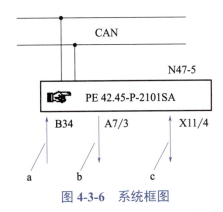

图 4-3-6　系统框图

a—从部件 B34 到控制单元 N47-5 的输入信号；b—从控制单元 N47-5 到部件 A7/3 的输出信号；c—双向信号

❸ 系统功能示意图（图 4-3-7）。

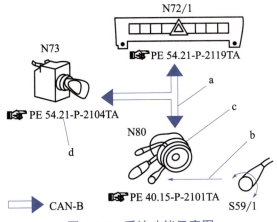

图 4-3-7　系统功能示意图

a—数据总线接口；b—直接接口；c—符号（部件，控制单元）；d—参阅其他电路图

❹ 导线标识（图 4-3-8）。

图 4-3-8 导线标识

a—导线横截面积，mm^2；b—基本颜色；c—识别颜色

❺ 保险丝盒（图 4-3-9）。

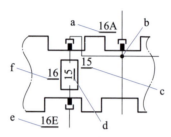

图 4-3-9 保险丝盒标识

a—输出连接器位置号（A、B、C 或 D）；b—导线接点；c—端子功能；d—保险丝安培数；e—输入连接器位置号（E）；f—保险丝号

❻ 部件和开关（图 4-3-10）。

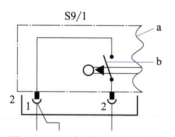

图 4-3-10 部件和开关标示

a—电路图未全部显示，只显示部分；b—开关触点

❼ 屏蔽电缆线束标识（图 4-3-11）。

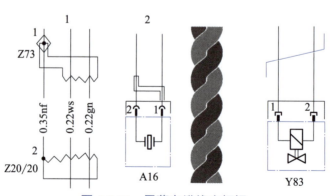

图 4-3-11 屏蔽电缆线束标识

1—屏蔽线连接到接地连接点 Z73，有些导线采用双螺旋线束以建立反作用磁场，此为有效的抗干扰方法；
2—屏蔽线与控制模块或电器元件外壳相连上图为这些线束在线路图中的标识

❽ 型号。电路图可能包含用于区分部件的加框型号并带有缩写"U…"或"代码…",或标有时间限制或车辆识别号尾数;图例中列出了用缩写"U…"或"代码…"区分的型号。车辆识别号尾数或标明的生产时间数据适用于标准生产的上市车辆。试生产车辆的车辆识别号尾数较小或车辆投入使用日期较早。如果在标准生产上市后出现改变,则型号可由 1 和 2 指定。型号的逻辑组合说明如下(图 4-3-12)。

和 / 或组合:适用条件逐条列出;至少一条适用条件符合时,型号有效。

和组合:适用条件逐条按逻辑列出;所有适用条件符合时,型号有效。

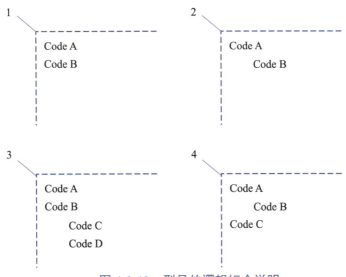

图 4-3-12 型号的逻辑组合说明

1—两个条件中的至少一条适用时,该型号有效;2—两个条件都适用时,该型号有效;3—至少 A 和 B 两个条件之一且至少 C 和 D 两个条件之一适用时,该型号有效;4—A 和 B 两个条件全部适用和 / 或条件 C 适用时,该型号有效

4.4 雪铁龙汽车电路识读指南

雪铁龙轿车电路图在表现形式上与通常的电路图有较大差别。

(1)雪铁龙汽车电路图特点 汽车电路图中每一部分由零件位置图和电路原理图组成,系统地展示了电气系统的构造,以方便对图查询线路电气故障。

汽车电路图中插接器及插头护套采用不同的颜色标示,以方便查寻线路位置。

汽车电路原理图中,线路搭铁点用搭铁代码表示,而在汽车线束图中则直观地画出搭铁点的大致位置,并标示相应的搭铁代码(图 4-4-1)。

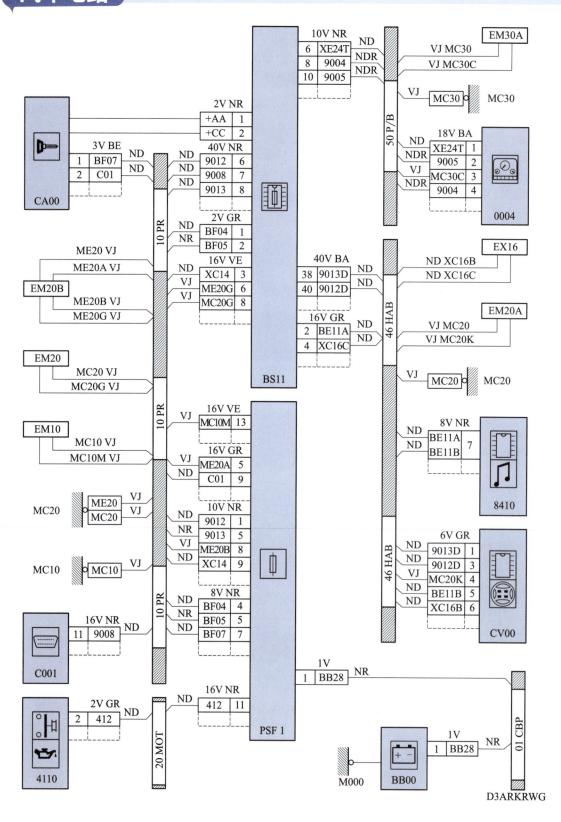

图 4-4-1 雪铁龙汽车电路图

（2）电路图中的符号含义（表 4-4-1）

表 4-4-1　电路图中的符号及含义

符号	含义	符号	含义
	线头焊片接点	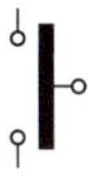	机械开关
	插头接点		压力开关
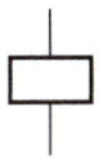	插接器接点	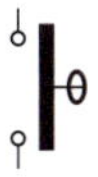	温度开关
	带有分辨记号插接器接点		延时断开触点
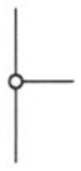	不可拆接点（铰接）	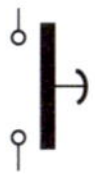	延时闭合触点
	不可拆接点（铰接）		摩擦式触点
	经线头焊片搭铁	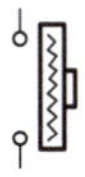	带电阻手动开关（点烟器）
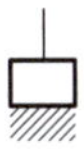	经插接器搭铁		电阻
	经零件外壳搭铁		可变电阻
	开关（无自动回位）		手动可变电阻
	手动开关		机械可变电阻
	转换开关		热敏电阻
	常开触点（自动回位）		压力可变电阻
	常闭触点（自动回位）		可变电阻

汽车电路 原理·识读·检测·维修

续表

符号	含义	符号	含义
	手动开关		分流器
	线圈		电子控制组件
	指示灯		继电器组件
	照明灯		零件框图（带有原理图）
	双灯丝的照明灯		零件框图（无原理图）
	发光二极管		零件部分框图
	光敏二极管		零件部分框图
	二极管		指示器
	熔断器		热电偶
	热断路器		电极
	屏蔽装置		氧探测器
	蓄电池单格		接线柱
	电容器		NPN 型晶体三极管
	电动机		PNP 型晶体三极管
	双速电机		联动线（轴）
	交流发电机	( )	备用头
	发声元件		

（3）导线颜色代码（表 4-4-2）

表 4-4-2　导线颜色代码

代码	颜色	代码	颜色
N	黑	Bl	湖蓝
M	栗色	Mv	深紫
R	红色	Vi	紫罗兰
Ro	粉红	G	灰色
Or	橙色	B	白色
J	柠檬黄	Le	透明
V	翠绿		

（4）线束代码（表 4-4-3）

表 4-4-3　线束代码

线束代码	线束名称	线束代码	线束名称
AV	前部	MT	发动机
CN	蓄电池负极电缆	MV	电动风扇
CP	蓄电池正极电缆	PB	仪表板
EF	行李厢照明灯	PC	驾驶员侧门
FR	尾灯	PD	右后门
GC	空调	PG	左后门
HB	驾驶室	PL	顶灯
PP	乘客侧门	RD	右后部
RG	左后部	RL	侧转向灯
UD	右制动蹄片磨损指示器	UG	左制动蹄片磨损指示器

线汽车导线编码中第一个字母的含意：
B 表示该导线与电源相连为常火线；
A 表示该导线来自点火开关的附件挡；
C 表示该导线来自点火开关的点火挡；
D 表示该导线为屏蔽线；
M 表示该导线为搭铁线；

扫码看视频

V 表示连接位置灯、指示灯的导线；

9 表示该导线或为 CAN 网网线、或为 VAN 网网线、或为连接诊断插头的诊断线；

X 表示该导线为 VAN+ 网中的 +VAN；

Z 表示该导线为全 CAN+ 网中的 +CAN。

（5）插接器

❶ 插接器类型（图 4-4-2）。

8　B　2	15　　　M A　　　6	7　C　6 　　　4	2　C　9 　　　1	14　　　N 　　　2
(a) 单排插接器	(b) 双排插接器	(c) 前围板插接器	(d) 前围板插接器	(e) 14脚圆插接器

图 4-4-2　插接器类型

❷ 单排插接器。单排插接器的插脚或插孔只有一排，在电路图中的表示方式如图 4-4-3 所示，识别方法如下。

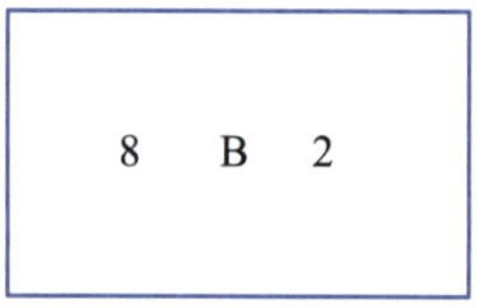

8　B　2

图 4-4-3　单排插接器

8—通道数表示该插接器有 8 个插脚或插孔；B—插接器的颜色（B 表示白色）；2—线号数（表示插接器的第 2 号线）

❸ 双排插接器。双排插接器的插脚或插孔有两排在电路图中的表示方式见图 4-4-4，识别方法如下。

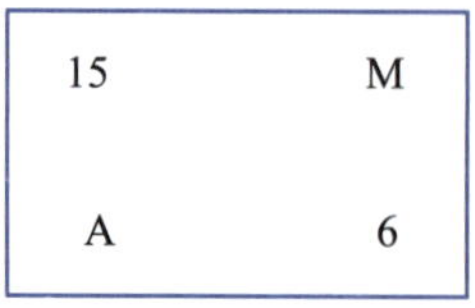

15　　　M A　　　6

图 4-4-4　双排插接器

15—通道数表示该插接器有 15 个插脚或插孔；M—插接器颜色 M 表示颜色为栗色；A—列数表示 A 列；6—线号数表示 A 列中的第 6 号线

❹ 前围板插接器。该插接器位于挡风玻璃左下侧的车身内，有 62 个通道用于前部线束和仪表板线束的连接。前围板插接器为黑色，由 8 组 7 脚的插孔和 3 组 2 脚的插孔组成（图 4-4-5）。

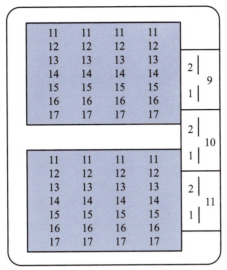

图 4-4-5　路插接器

前围板插接器编号定义见图 4-4-6，其编号定义如下。

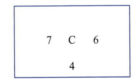

图 4-4-6　前围板插接器

7—通道数表示 7 脚插脚或插孔；C—表示前围板插接器；6—组数表示第 6 组；
4—线号数表示第 6 组的第 4 号线

❺ 14 脚插接器。该插接器位于发动机罩下左侧的熔断丝盒内，用于前部 AV 线束与发动机 MT 线束的连接。其在电路图中的表示方式见图 4-4-7，识别方法如下。

图 4-4-7　14 脚插接器

14—通道数表示该插接器有 8 个插脚或插孔；N—插接器的颜色 N 表示黑色；
2—线号数表示插接器的第 2 号线

（6）电器零件编号
❶ 电器零件清单：

代号	名称	代号	名称
BB00	蓄电池	2200	倒车灯开关
BFH5	5 保险丝盒	2300	危险信号灯开关
BSI1	智能控制盒	2521	低音喇叭
C001	诊断插头	2522	高音喇叭
CA00	防盗点火开关	2610	左大灯
CP01	前 12V 插头	2615	右大灯
CV00	方向盘下转换开关（COM2000）	2630	车身上的左尾灯
PSF1	保险丝盒控制板（发动机舱）	2633	右牌照灯
VMF1	中央固定集控式方向盘	2635	车身上的右尾灯
1005	禁止启动继电器	2636	左牌照灯
1010	起动机	2670	左防雾大灯
1020	发电机	2675	右防雾大灯
1115	气缸相位传感器	3010	前顶灯
1120	爆震传感器	3020	后顶灯
1135	点火线圈	3040	左前门下部照明灯
1211	燃油表泵	3045	右前门下部照明灯
1215	炭罐控制阀	3054	烟灰缸照明灯
1220	发动机水温传感器	3060	（驾驶员侧）化妆镜照明灯
1261	油门踏板位置传感器	3061	（乘客侧）化妆镜照明灯
1262	电动节气门	3105	行李箱（或后背门）照明灯
1268	可变正时电磁阀	3110	杂物箱照明开关
1312	进气压力传感器	0004	组合仪表
1313	发动机转速传感器	4012	分离式组合仪表
1320	发动机电控单元	4100	发动机油面 + 油温指示表
1331	1 缸喷油器	4110	发动机油压力开关
1332	2 缸喷油器	4400	驻车制动开关
1333	3 缸喷油器	4410	制动液液面开关
1334	4 缸喷油器	4730	左前安全带开关
1350	（前）氧传感器	4731	右前安全带开关
1351	（后）氧传感器	4732	左后安全带开关
1510	冷却风扇	4733	右后安全带开关
1522	双速冷却风扇控制盒	4734	中后安全带开关
1602	脉动控制开关	5007	雨水 / 亮度双传感器
1610	交换器流量控制电磁阀	5015	前雨刮电机
1630	自动变速箱计算机	5115	前 / 后玻璃清洗泵
1635	BVA 电源盒	5405	前照灯清洗泵
1640	自动变速箱程序选择器	6005	右门右玻璃升降器开关
1642	变速箱锁止器控制继电器	6031	乘员侧前玻璃升降控制盒 + 电机
2110	辅助制动灯	6032	驾驶员侧前玻璃升降控制盒 + 电机
2120	双功能制动开关	6036	（驾驶员侧）玻璃升降 / 后视镜控制板

第4章 欧洲车系电路图识读指南

代码	名称	代码	名称
6100	左后玻璃升降后开关	7000	左前车轮防抱死传感器
6105	右后玻璃升降后开关	7005	右前车轮防抱死传感器
6131	右后玻璃升降控制盒+电机	7010	左后车轮防抱死传感器
6132	左后玻璃升降控制盒+电机	7015	右后车轮防抱死传感器
6202	前门驾驶员侧安全锁总成	7020	ABS电控单元继电器
6207	前门乘员侧安全锁总成	7122	助力转向电泵组
6212	左后门安全锁总成	7130	多路传输方向盘角度传感器
6217	右后门安全锁总成	7215	多功能屏幕
6220	车门中央锁开关	7306	定速巡航安全开关（离合器）
6232	中央门锁高频发射器	7316	限速器开关
6260	行李箱门锁定电机	7500	驻车辅助电脑
6282	行李箱门开启开关	7506	距离传感器（外部—左前）
6302	驾驶员座椅调整总成	7507	距离传感器（内部—左前）
6303	乘员座椅调整总成	7508	距离传感器（外部—右前）
6316	驾驶员座椅仰角调节电机	7509	距离传感器（内部—右前）
6317	乘客座椅仰角调节电机	7510	距离传感器（外部—左后）
6320	驾驶员座椅滑轨电机	7511	距离传感器（内部—左后）
6322	（驾驶员座椅）升高调节电机	7512	距离传感器（外部—右后）
6323	（乘员座椅）升高调节电机	7513	距离传感器（内部—右后）
6325	乘员座椅滑轨电机	7515	驻车辅助切断开关
6350	驾驶员靠背倾斜电机	7516	左侧可用停车位测量传感器
6355	乘员靠背倾斜电机	7517	右侧可用停车位测量传感器
6358	驾驶员座椅腰部水平调节电机	7800	电子稳定程序计算机
6359	乘客座椅腰部水平调节电机	7801	电子稳定程序取消开关
6360	驾驶员座椅调整继电器	7804	加速度陀螺仪双传感器
6365	乘员座椅调整继电器	7810	左前电子稳定程序传感器
6411	左后视镜	7815	右前电子稳定程序传感器
6416	右后视镜	7820	左后电子稳定程序传感器
6440	电动变色内后视镜	7825	右后电子稳定程序传感器
6551	右侧气帘模块	8006	蒸发器热电阻
6552	左侧气帘模块	8007	压力开关
6562	右前侧安全气囊模块	8020	空调压缩机
6563	左前侧安全气囊模块	8024	左座舱气温传感器
6564	乘员侧安全气囊模块	8025	空调面板
6565	驾驶员侧安全气囊模块	8033	日光照射温度传感器
6569	乘员气囊中性开关	8045	风机控制模块（若为分离式）
6573	驾驶员侧卫星	8046	风机转速电阻（若为分离式）
6574	乘客侧卫星	8048	风机继电器
6575	驾驶员侧爆燃安全带	8050	风机电机（若为分离式）
6576	乘员侧爆燃安全带	8063	右混风门电机

编码	名称	编码	名称
8064	左混风门电机	8420	（驾驶员侧）前车门扬声器
8070	进气风门电机	8425	（乘员侧）车门扬声器
8071	配风风门电机	8430	（左后）扬声器
8077	鼓风机速度开关（后）	8435	（右后）扬声器
8078	鼓风机电机（后）	8440	左前高音扬声器
8080	空调电控单元	8445	右前高音扬声器
8100	前点烟器	8602	容积式防侵入报警盒
8105	后点烟器	8603	防盗报警开关
8120	后加热玻璃	8605	防侵入报警笛
8209	应答器天线	8607	超声发射器
8410	收放机	8608	超声接收器
8415	CD 换碟机	8611	发动机罩防侵入警报开关

❷ 电器零件的编码解析：电器零件的编码与它的电气功能相关联，即一般用四个字符来表示一个电器零件。其中前两个字符表示该电器的功能，后两个字符表示该电器的编号。

例：1010，该电器的功能为启动、发电；该电器的编号为起动机。

所有电器的功能分为 8 类：

1—动力组；2—信号（外部照明）组；3—内部照明组；4—驾驶员信息组；

5—清洗刮扫组；6—其他辅助机构组；7—驾驶帮助组；8—驾驶舒适组。

❸ 特殊编码解析。

a. 电源器件的特殊编码：

BB00：蓄电池；

BB10：蓄电池正极盒；

CA00：点火开关；

BF00：熔断丝盒。

b. 指示灯的编码前有字母 V，如：V1000 表示充电指示灯。

c. 中间插接器（用于连接两个线束）的编码方法是在编码的两位数字前加字母 IC，如 IC20。对于同一中间插接器的不同连接，在编码的两位数字后加字母以区别，如 IC05A，IC05B。

d. 有特殊功能的自由插接器（如用于某功能的测试）作为电器零件进行编码时，其编码前加字母 C，如"C001"表示诊断插头。

e. 接地（搭铁）点编码是在编码前加字母 M，如 M000；另外 MC 表示车身接地，ME 表示电子接地，MM 表示发动机接地。

f. 铰接点（用于连接两根以上导线的点）编码是在编码前加字母 E，如 E107；对于同一铰接点的不同连接，编码后加字母以区别，如 E005A，E005B。

（7）电路图的识读

❶ 电路图的识读（图 4-4-8）。

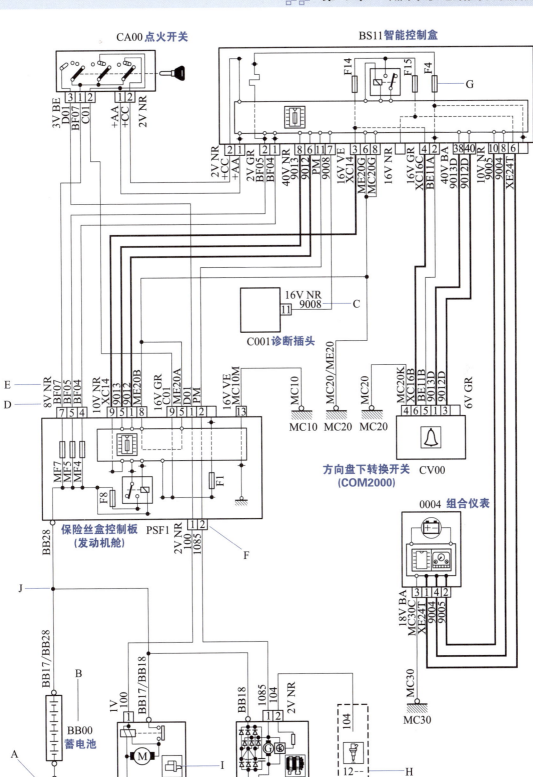

图 4-4-8 电路图识读

A—地线符号；B—电气编号；C—导线编码；D—插接器插脚数；E—插接器颜色；F—插接器插脚编号；G—熔丝编号；H—表示分向另一功能的信号；I—电气示意图；J—表示一个绞接点

汽车电路 原理·识读·检测·维修

❷ 电路接线图的识读（图4-4-9）。

电路接线图中"倒角朝下"就在该线束中向下找到对应的导线，如导线编码、颜色对应。

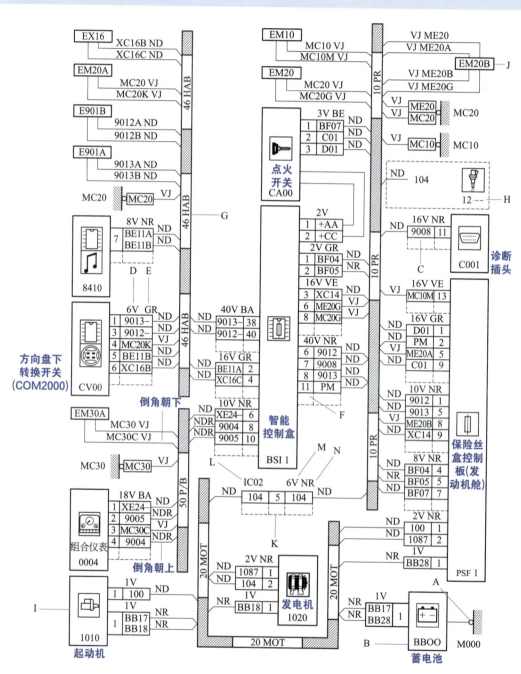

图4-4-9　电路接线图识读

A—地线符号；B—电气编号；C—导线编码；D—插接器插脚数；E—插接器颜色；F—插接器插脚编号；G—线束编码；H—表示分向另一功能的信号；I—电气示意图；J—表示一个铰接点；L—中间插接器的编号；M—中间插接器的通道数；N—中间插接器的颜色

4.5 路虎汽车电路识读指南

(1) 电池接线盒 电源分配图 4-5-1 电源分配显示了从蓄电池至发动机和乘客舱保险丝盒之间的连接。它也显示保险丝盒的内部连接。

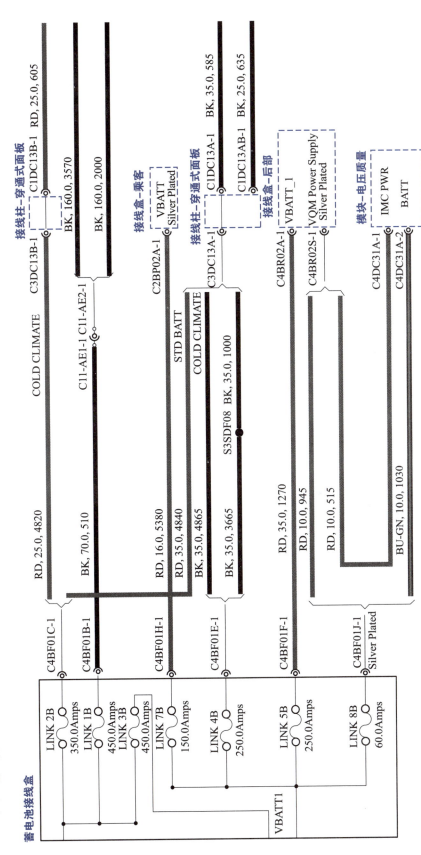

图 4-5-1 电源分配示意图

列出了保险丝盒的详细情况后，列出功能独立的各条电路。

（2）导线属性　附加的信息（用一个"，"分开）显示在导线颜色的旁边。导线规格（导线截面积的单位是平方毫米）有助于在维修时选择正确的导线。

有些导线没有列出导线的规格，这些导线具有统一的规格并且在颜色标识代码之后用一个3个或4个字母的代码表示，例如MAB。在制造导线时，可以用代码来识别导线的类型。在售后服务中，通常只有前两个字母有意义。但是在某些情况下，第3位字母也有意义。

（3）导线代码　表4-5-1列出了导线代码以及代码的意义解释。

表4-5-1　导线代码以及代码的意义解释

代码	描述	代码	描述
D	单芯DIN导线	ML*，MAK，MAR	四芯屏蔽导线
F	单芯软导线	MR*	六芯屏蔽软导线
H	单芯高温导线	MS*	四芯屏蔽软导线
SA*	单芯有电阻的导线（0.9欧姆/米）	MT*	单芯屏蔽软导线
SB*，SC*，SD*	单芯双股绞合导线	MV*	双芯扁线
SE*，SF*	单芯可熔断导线	MW*	三芯圆形导线
MAC，MAD，MAE，MAF，MAG，MAH	同轴屏蔽导线	MX*，MY*	七芯圆形导线
MB*，MO*，MAK	单芯屏蔽导线	MZ*	三芯屏蔽软导线
MC*，MI*，MP*，MQ*，MAB，MAP	双芯屏蔽导线	MAJ	双芯圆形电缆
MD*，MI*，MAM	双芯ABS传感器导线	MAQ，MAU	三芯屏蔽软导线
ME*，TA*，TB*，MM*，MN*，MU*，MAI	双股绞合导线	MAS	单芯双护套导线
MF*	氧传感器加热（HO2S）屏蔽导线	MAT	双芯双护套导线
MG*	双芯绞合屏蔽导线	MAL	辅助安全系统导线
MH	四芯绞合屏蔽导线	MAN	双芯编织屏蔽导线
MK*	三芯辅助安全系统传感器导线		

（4）连接器　连接器后面有带编号的后缀，可以用它来识别导线的针脚编号，例如：C500-17表示插头500，针脚编号17。导线的绝缘颜色可通过普通的方式识别。如果导线有主要颜色和颜色条纹，则主要颜色放在前面，例如"YR"表示黄色并带红色条纹（图4-5-2）。

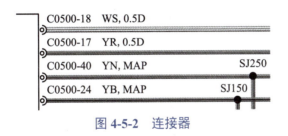

图 4-5-2　连接器

（5）导线类型　这表示本导线连接至另一条电路（图 4-5-3）。

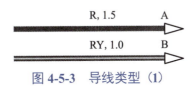

图 4-5-3　导线类型（1）

杯形和球形符号分别表示阳连接器和阴连接器（图 4-5-4）。
A：可直接插入部件的带导线的连接器（飞线）。
B：可直接插入部件的 连接器 。

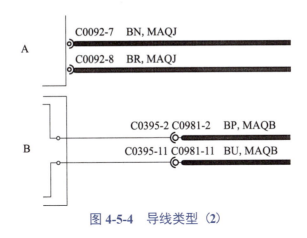

图 4-5-4　导线类型（2）

（6）部件　部件的名称和描述被显示。虚线方框表示此处没有显示出部件的全部内容（图 4-5-5）。

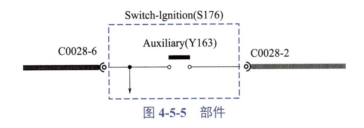

图 4-5-5　部件

（7）接地点　接地点用一个双圈符号和 连接器 编号表示，如果部件的接地是通过紧固件进行的，则仅用双圈符号表示（图 4-5-6）。

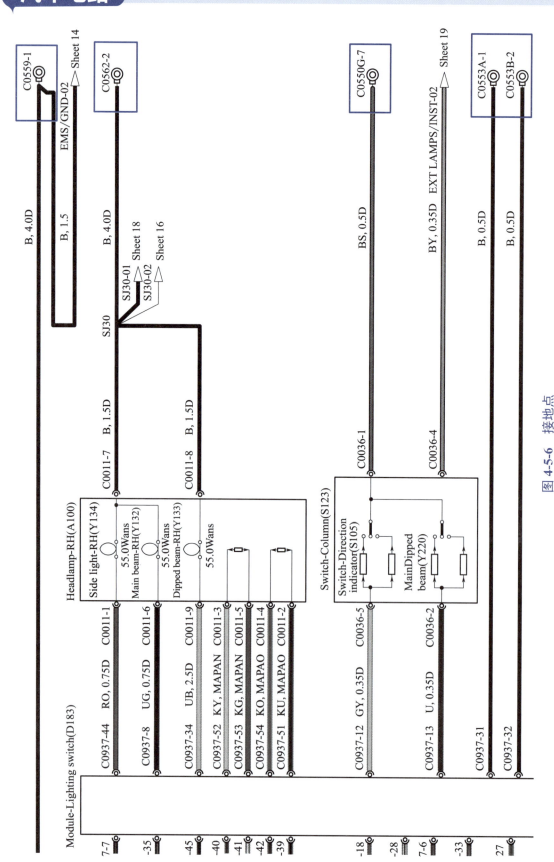

图 4-5-6 接地点

（8）保险丝和二极管　熔断丝（A）和额定电流保险丝（B）可按照图示识别，二极管符号（C）中的箭头方向表示电流的流动方向。稳压二极管（D）可以限制电流的流动从而保持精确的电压（图 4-5-7）。当电流流过发光二极管（LED）时，发光二极管亮。

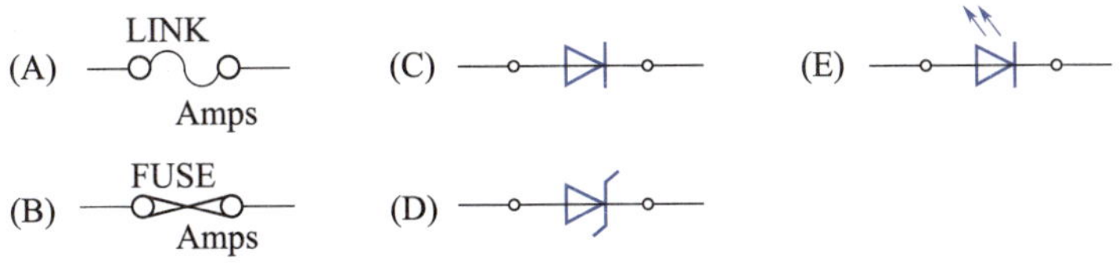

图 4-5-7　保险丝和二极管

（9）路虎汽车电路图编号元件中文名称（表 4-5-2）

表 4-5-2　编号元件中文名称

编号	名称	编号	名称
A100	右前照灯	A130	左倒车灯
A101	左前照灯	A139	左尾灯单元
A108	右前雾灯	A140	右尾灯单元
A109	左前雾灯	A155	牌照灯和尾门开关灯
A110	右后雾灯	B100	前内灯
A111	左后雾灯	B101	右内灯
A114	右尾灯	B102	左内灯
A115	左尾灯	B104	后内灯
A116	右前转向灯/危险警示灯	B109	手套箱灯
A117	左前转向灯/危险警示灯	B110	化妆镜灯
A118	右后转向灯/危险警示灯	B112	点烟器照明
A119	左后转向灯/危险警示灯	B113	自动变速箱选挡器灯
A120	右前侧转向灯	B140	后备箱灯
A121	左前侧转向灯	B146	内饰镜
A124	右制动灯	B152	左化妆镜
A125	左制动灯	B153	右化妆镜
A126	高位制动灯	B154	阅读灯
A127	右后牌照灯	B169	中央内灯
A128	左后牌照灯	D110	报警器单元
A129	右倒车灯	D117	天窗 ECU

续表

编号	名称	编号	名称
D119	座椅记忆模块 ECU	D241	冷却风扇控制单元
D123	电子自动变速器 ECU	D245	巡航控制接口
D125	防抱死系统（ABS）ECU	E107	通过紧固件接地
D126	互锁单元	E110	接地
D128	安全气囊 ECU	F100	卡带式收音机播放器
D131	发动机控制模块（ECM）	F102	CD 自动换碟机
D133	点火线圈	F103	右前喇叭
D137	超声波模块	F104	左前喇叭
D138	真空控制箱	F105	右后喇叭
D139	发动机锁止 ECU	F106	左后喇叭
D149	空调压缩机离合器	F109	右前高音喇叭
D154	带备用电池的报警器	F110	左前高音喇叭
D156	发射器线圈	F111	卡带式收音机放大器
D160	空气温度控制（ATC）ECU	F113	天线
D162	车身控制单元（BCU）	F116	天线放大器
D171	安全气囊 DCU	F121	远程收音机控制
D179	油箱单元	F136	后卡带式收音机播放器
D181	视频模块	F137	喇叭
D182	导航系统 ECU	F142	车内娱乐系统（ICE）功率放大器
D183	灯光开关模块	F145	副低音放大器
D184	停车距离控制 ECU	F155	导航接收器
D185	显示器	F158	后收音机同轴电缆
D189	牵引力控制 ECU	F159	导航装置同轴电缆
D216	蝶形阀	F160	视频装置同轴电缆
D217	平衡阀 1	F161	导航喇叭
D218	后视镜折叠执行器	F162	右后高音喇叭
D220	视频放大器	F163	左后高音喇叭
D221	挂车 ECU	F164	右前高音喇叭
D233	点火线圈 1	F165	左前高音喇叭
D234	点火线圈 2	F166	右后中音喇叭

续表

编号	名称	编号	名称
F167	左后中音喇叭	M103	冷却风扇电机 2
F168	右前中音喇叭	M105	挡风玻璃刮水器电机
F169	左前中音喇叭	M106	后风窗刮水器电机
F173	前收音机有差异同轴电缆	M108	后风窗洗涤器电机
F174	前收音机无差异同轴电缆	M109	右前车窗电机
F176	后收音机有差异同轴电缆	M110	左前车窗电机
F188	前 CD 自动换碟机	M111	右后车窗电机
F189	后 CD 自动换碟机	M112	左后车窗电机
G107	电阻器组件	M115	行李箱/尾门开启电机
G109	功率晶体管	M116	燃油箱盖开启电机
G150	抑制器	M119	右后门锁电机
H100	后风窗加热器单元	M120	左后门锁电机
H101	右后视镜加热器单元	M121	后视镜水平调节电机
H102	左后视镜加热器单元	M122	后视镜垂直调节电机
H104	左加热型座椅	M123	坐垫前部高度电机
H118	左坐垫加热器	M125	坐垫后部高度电机
H119	右坐垫加热器	M132	前鼓风机电机
H121	加热型洗涤器喷嘴	M138	新鲜/循环空气档电机
H122	暖风机	M142	空气分布档电机
J100	仪表盘组件	M151	燃油泵
J107	盘式时钟	M153	挡风玻璃洗涤器泵
J112	前点烟器	M156	电动洗涤泵
J165	点烟器	M161	巡航控制泵
J172	安全气囊 LED	M166	右后 CDL 电机
K109	接头	M167	左后 CDL 电机
L102	左喇叭	M168	驾驶员侧后视镜
L103	右喇叭	M169	乘客侧后视镜
M100	交流发电机/发电机	M182	左侧座椅靠背电机
M101	启动电机	M183	右侧座椅靠背电机
M102	冷却风扇电机 1	M184	左侧座椅向前/向后电机

续表

编号	名称	编号	名称
M185	右侧座椅向前/向后电机	R132	点烟器继电器
M189	右前CDL电机	R133	喇叭继电器
M190	左前CDL电机	R137	后刮水器继电器
M198	遮阳帘电机	R138	加热后风窗继电器
M203	左空气温度档电机	R139	电动洗涤继电器
M204	右空气温度档电机	R142	巡航控制继电器
M230	驾驶员坐垫后部高度电机	R176	鼓风机继电器
M231	驾驶员坐垫前部高度电机	R181	空调压缩机离合器继电器
M232	驾驶员座椅靠背电机	R203	附件插座继电器
M235	行李箱门锁电机	R217	倒车继电器
M257	右侧前照灯调水平电机	R226	冷却风扇低速继电器
M258	左侧前照灯调水平电机	R227	冷却风扇高速继电器
N109	废气再循环（EGR）电磁阀	R228	冷却风扇中速继电器
N117	换挡互锁电磁阀	R231	刮水器继电器1
N119	净化控制阀	R232	刮水器继电器2
N121	分动箱电磁阀	R233	中等压力继电器
N122	变速箱电磁阀	R240	挂车插座继电器
P100	蓄电池	S103	倒车灯开关
P101	乘客舱保险丝盒	S104	喇叭开关
P108	发动机舱保险丝盒	S105	转向灯开关
P110	保险丝固定架	S115	前刮水器开关
P124	挂车连接	S117	挡风玻璃洗涤/刮水开关
P136	挂车保险丝	S121	危险警示开关
R100	主继电器	S123	转向柱开关
R102	起动机继电器	S124	巡航控制开关
R103	燃油泵继电器	S138	右前车窗开关
R117	冷却风扇继电器	S139	左前车窗开关
R118	冷却风扇继电器1	S140	右后车窗开关
R122	报警继电器	S141	左后车窗开关
R130	前雾灯继电器	S142	右后车窗/座椅开关

续表

编号	名称	编号	名称
S156	后视镜开关	S250	尾门开启开关
S158	座椅开关	S254	阅读灯开关
S159	右座椅开关组件	S258	离合器踏板位置开关
S160	左座椅开关组件	S259	设置/加速开关
S161	右座椅加热器开关	S260	停止/复位开关
S162	左座椅加热器开关	S289	停车开关
S164	右座椅/记忆模块开关组件	S297	牵引力控制开关
S171	天窗开关	S298	灯光开关模块
S172	右侧安全带锁扣开关	S299	变速器挡位开关
S174	刮水器转向柱开关	S300	遮阳帘开关
S175	灯光转向柱开关	S304	前内灯开关
S176	点火开关	S306	右化妆镜开关
S179	后备厢/燃油箱盖开启开关	S307	左化妆镜开关
S181	后备厢/尾门开关	S309	离合器踏板开关
S184	鼓风机电机开关	S310	向前/雪地/运动开关
S188	三向开关	S323	座椅记忆模块开关
S194	空调系统开关组件	S324	导航系统开关
S201	主空调开关组件	S326	主光/近光/前照明灯闪烁开关
S206	惯性开关	S328	右外侧停车距离控制（PDC）开关
S210	自动变速器选挡起动机控制器/倒车灯开关	S329	左外侧停车距离控制（PDC）开关
S212	制动液液面开关	S330	右内侧停车距离控制（PDC）开关
S213	手制动开关	S331	左内侧停车距离控制（PDC）开关
S215	制动踏板开关	S348	阻风门开关
S216	油压开关	S351	玻璃开启开关
S224	发动机罩开关	T100	爆震传感器
S227	旋转耦合器	T102	曲轴位置传感器
S228	自动变速器选挡器	T107	凸轮轴位置传感器
S230	燃油温度开关	T111	节气门位置传感器
S244	座椅安全带开关	T114	发动机速度传感器
S247	中央门锁开关	T115	空气质量流量传感器

续表

编号	名称	编号	名称
T118	空气温度传感器	T217	右后内侧停车距离控制（PDC）传感器
T119	环境温度传感器	T218	左后内侧停车距离控制（PDC）传感器
T121	发动机冷却液温度传感器	T219	牵引力控制传感器
T128	燃油温度传感器	T222	驾驶员侧安全气囊传感器
T131	加热型氧传感器	T223	乘客侧安全气囊传感器
T133	前加热型氧传感器	T224	右后预张紧器
T135	后加热型氧传感器	T225	左后预张紧器
T141	增压传感器	T226	中央后侧预张紧器
T149	右前 ABS 传感器	T237	右后高度传感器
T150	左前 ABS 传感器	T238	右前高度传感器
T151	右后 ABS 传感器	T244	动力助力转向（PAS）负载传感器
T152	左后 ABS 传感器	T247	油压调节器
T153	制动块磨损传感器	T249	右传感器
T165	蒸发器传感器	T250	左传感器
T166	日照传感器	T258	温度传感器
T168	洗涤器低液面传感器	T259	车辆信息通信系统（VICS）传感器
T172	燃油喷射器 1	T263	霍尔效应传感器
T173	燃油喷射器 2	T264	燃油管压力传感器
T174	燃油喷射器 3	U102	乘客侧安全气囊
T175	燃油喷射器 4	U104	左侧预张紧器
T176	燃油喷射器 5	U105	右侧预张紧器
T177	燃油喷射器 6	U106	驾驶员侧安全气囊
T189	油箱压力传感器	U107	右侧安全气囊
T203	射频接收器	U108	左侧安全气囊
T204	雨量传感器	U109	右前安全气囊
T206	驾驶员侧防夹传感器	U110	左前安全气囊
T208	进气温度和进气歧管绝对压力传感器	V100	诊断插座
T210	加热器冷却液温度传感器	V106	K 总线接口
T215	右后外侧停车距离控制（PDC）传感器	V107	点火插座
T216	左后外侧停车距离控制（PDC）传感器	Y104	IGN（运行）位置

续表

编号	名称	编号	名称
Y132	右远光	Y157	点动刮水
Y133	右近光	Y159	洗涤开关
Y134	右侧灯	Y161	远程巡航控制
Y135	左远光	Y162	CRA（起动）位置
Y136	左近光	Y163	AUX（辅助供电）位置
Y137	左侧灯	Y185	高
Y142	冷却风扇	Y186	中
Y152	间歇刮水	Y220	远光/近光
Y153	低	Y223	脉冲宽度调节（PWM）变换器
Y155	慢速刮水	Y230	座椅加热

（10）线束颜色代号（图4-5-3）

表4-5-3 线束颜色代号

代号	线束颜色	代号	线束颜色
B	Black 黑色	P	Purple 紫色
G	Green 绿色	R	Red 红色
K	Pink 粉红色	S	Slate（Grey）灰色
LG	Light Green 淡绿色	U	Bule 蓝色
N	Brown 棕色	W	White 白色
O	Orange 橙色	Y	Yellow 黄色

（11）双绞线　表示两条导线绞在一起，作用在于防干扰等（图4-5-8）。

图4-5-8　双绞线

第 5 章

日韩车系电路图识读指南

5.1 丰田（雷克萨斯）汽车电路识读指南

丰田车系电路图中的电气元件通常用文字直接标注。在电路总图中，各系统电路按横轴方向逐个布置，并在电路图上方标出各系统电路的区域和代表该电路系统的符号及文字说明。电路图中绘出了搭铁点，并标注代号与文字说明，可以从电路图了解电路搭铁点。部分电路图中还直接标出电路插接器的端子排列和各端子的使用情况，给识图和电路故障查询提供了方便。

（1）电路图术语和符号表（表 5-1-1）。

表 5-1-1 电路图术语和符号表

符号	名称及说明	符号	名称及说明
	蓄电池 存储化学能并将其转化为电能。给汽车的各个电路提供直流电		搭铁 指配线连接车身的点，给电路提供回路；如果没有搭铁，则电流不能流动
	电容器 小型临时电压保持装置	(1) 单丝	前大灯 电流使前大灯灯丝加热并发光。前大灯既可以有一根灯丝（1），也可以有两根灯丝（2）
	点烟器 电阻加热元件	(2) 双丝	

续表

符号	说明	符号	说明
	断电器 断电器是一根可再次使用的保险丝，如果流经的电流过大，断电器将变热并断开。冷却之后部分装置自动重新设定，而另一部分必须重新手动设定		喇叭 发出高频音频信号的电子设备
	二极管 仅允许电流单向流通的半导体		点火线圈 将低压直流电转换为点燃火花塞的高压点火电流
	二极管，稳压二极管 此二极管只在规定电压时允许电流单向流通并阻止逆向流通。超过该电压，则由其分流余压。可以简单起到调压器的作用		灯 流经灯丝的电流加热灯丝并使之发光
	光敏二极管 光敏二极管是根据光线数量控制电流的半导体		LED（发光二极管） 基于电流，这些二极管不同于一般的灯，它发光但不产生热量
	分电器，IIA 将高压电流从点火线圈引到每个火花塞		模拟型仪表 电流将起动一个电磁线圈，这将会导致指针的移动，从而，提供一个与背景刻度相对照的相关显示
	保险丝 这是一薄的金属片，如果流经的电流过大，则会熔断，从而切断电流来保护电路免受损坏 （中等电流保险丝）	FUEL	数字型仪表 电流起动 LED、LCD 或荧光显示屏中的一个或数个，将提供相关显示或数字显示
	熔断丝 这是位于大电流电路中的粗导线，如果电负荷过大，则会熔断，从而保护电路。数字表示导线的横截面面积 （大电流保险丝或保险熔丝）		电动机 这是将电能转换为机械能的电源装置，特别是对于旋转运动
	（1）正常关闭		扬声器 这是可以根据电流产生声波的机电设备
	（2）正常打开 继电器 基本上，这是可以正常关闭（1）或打开（2）的电子操作开关 流经小线圈的电流将产生电磁场，会打开或关闭附属的开关		（1）正常打开
	双掷继电器 这是电流流经一组接点或其他组的继电器		（2）正常关闭 手动开关 打开或关闭电路，从而停止（1）或流通（2）电流

续表

符号	说明	符号	说明
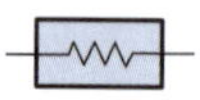	电阻器 这是具有固定电阻的电子元件，安装在电路中来将电压降低到规定值	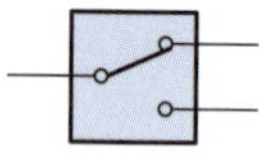	双投开关 这是电流持续流经一组接点或其他组的开关
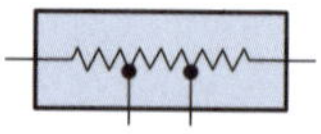	抽头电阻器 这是有两个或多个不同不可调电阻值的电阻器	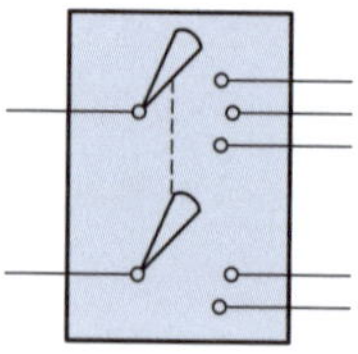	点火开关 这是键操作开关，它有数个位置允许各个电路变为可操作，特别是初级点火电路
	滑变电阻器或可变电阻器 这是可调电阻比的可控电阻器。有时也将之称为电位计或变阻器		
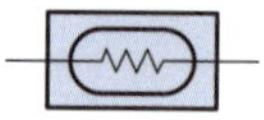	传感器（热敏电阻） 此电阻器可以根据温度而改变其电阻	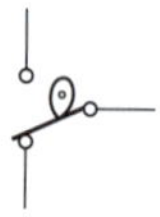	刮水器停止开关 关闭刮水器开关时，此开关自动经刮水器返回到停止位置
 （舌簧开关式）	转度传感器 此传感器使用电磁脉冲来打开和关闭产生启动其他部件的信号的开关	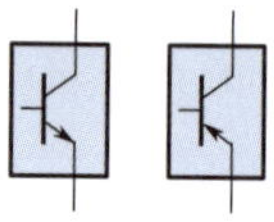	晶体管 这是典型的被用作电子式继电器的固体电路设备；根据"基数"提供的电压切断或流通电流
	短接销 用于在接线盒中提供不可断的连接	(1) 未接合	配线 在电路图中，配线通常用直线表示
	电磁阀 这是电磁线圈，当电流流经时，会形成一个磁场来移动活塞等	(2) 接合	在汇合处没有黑色圆点的交叉配线（1）没有接合 在汇合处有黑色圆点或八角形（〇）标记的交叉配线（2）接合

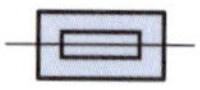

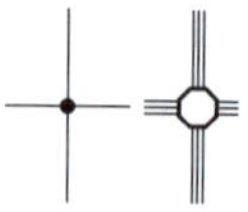

（2）电路图识读指南（图5-1-1）

A：系统名称。

B 表示继电器盒。

例：①表示1号继电器盒。

C：当车辆型号、发动机类型或规格不同时，用（ ）来表示不同的配线和连接器。

D 表示相关系统。

E 表示用以连接两根线束的（阳或阴）连接器的代码。该连接器代码由两个字母和一个数字组成（图5-1-2）。

连接器代码的第一个字符表示带阴连接器的线束的字母代码；第二个字符表示带阳连接器的线束的字母代码；第三个字符表示在出现多种相同的线束组合时，用于区分线束组合的系列号（如 CH1 和 CH2）。

第5章 日韩车系电路图识读指南

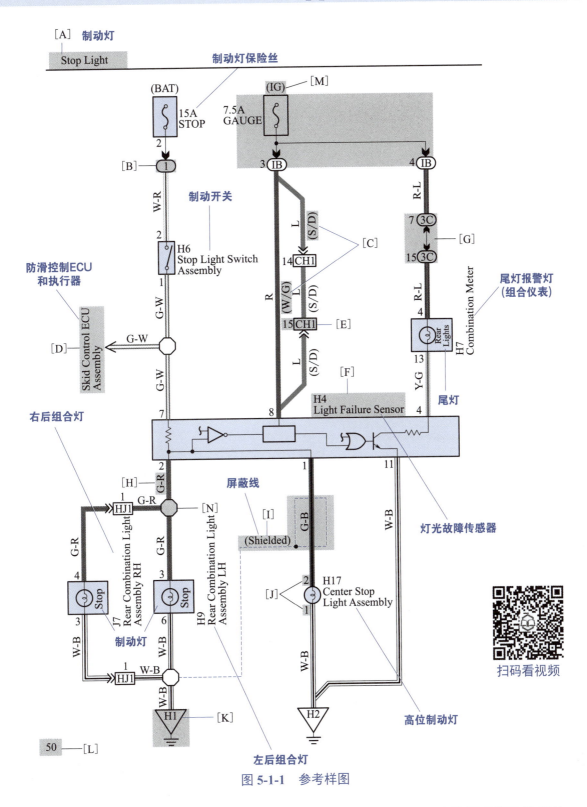

图 5-1-1 参考样图

符号（⇥）表示阳端子连接器。连接器代码外侧的数字表示阳连接器或阴连接器的引脚编号。

F 表示零件（所有零件用天蓝色表示）。此代码与零件位置图中所用的代码相同。

G：接线盒（圈内的数字是接线盒号，旁边为连接器代码）。接线盒用阴影标出，以便将它与其他零件清楚地区别开来（图 5-1-3）。

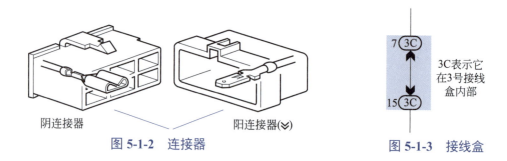

图 5-1-2　连接器　　　　　　　　　图 5-1-3　接线盒

H 表示配线颜色。配线颜色用字母表示（图 5-1-4）：B—黑色；W—白色；BR—褐色；L—蓝色；V—紫色；SB—天蓝色；R—红色；G—绿色；LG—浅绿色；P—粉色；Y—黄色；GR—灰色；O—橙色。

第一个字母表示基本配线颜色，第二个字母表示条纹的颜色。

I 表示屏蔽电缆（图 5-1-5）。

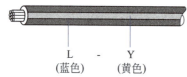

图 5-1-4　配线颜色用字母表示　　　　图 5-1-5　屏蔽电缆

J 表示连接器引脚的编号。阳连接器和阴连接器的编号系统各异（图 5-1-6）。

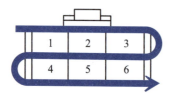
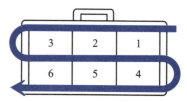

图 5-1-6　阳连接器和阴连接器的编号

K 表示搭铁点。该代码由两个字符组成：一个字母和一个数字。该代码的第一个字符表示线束的字母代码。第二个字符表示在同一线束有多个搭铁点时作区别用的系列号。

L：页码。

M 表示保险丝通电时的点火开关位置。

N 表示配线接点（图 5-1-7）。

（3）连接器含义（图 5-1-8）

图 5-1-7　配线接点

第 5 章　日韩车系电路图识读指南

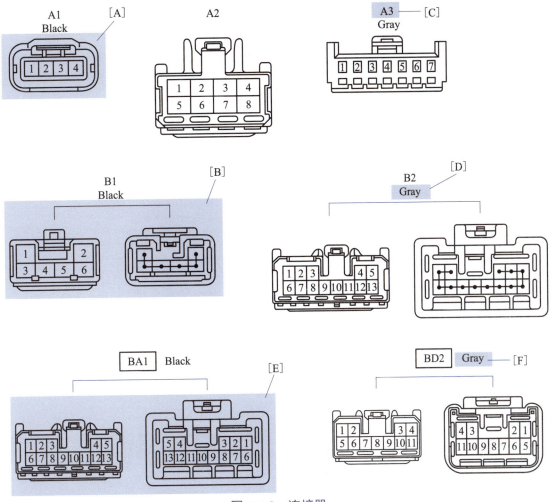

图 5-1-8　连接器

A 表示连接到零件的连接器（数字表示引脚号）。

B：接线连接器（图 5-1-9），表示连接到短路端子的连接器。

C：零件代码。代码的第一个字符是零件的第一个字母，数字表示此零件在以相同字母开始的零件序列中的位置。

D：连接器颜色（未标明颜色的连接器均为乳白色）。

E 表示用于连接线束的连接器的外形。

居左：阴连接器外形；

居右：阳连接器外形。

数字表示引脚号。

F 表示连接器颜色（未标明颜色的连接器均为白色）。

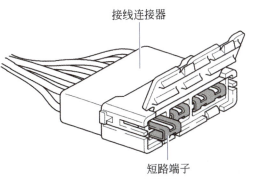

图 5-1-9　接线连接器

连接器零件号见表 5-1-2。

表 5-1-2 连接器零件号

代码	零件名	零件号	代码	零件名	零件号
A1	左侧转向信号灯总成	90980-11019	B22	左侧前大灯总成	90980-12470
A2	左侧转向信号灯总成	90980-11163	B23	左侧前大灯总成	90980-12253
A3	前大灯清洗器电动机和泵总成	90980-12292	B24	左侧前大灯总成	90980-10463
A4	接线连接器	90980-10845	B25	动力转向 ECU 总成	90980-12253
A5	前刮水器除冰器（挡风玻璃）	90980-10943	B26	环境温度传感器	90980-12470
A6	右侧前大灯总成	90980-11156	B27	高音喇叭总成	90980-10841
A7	左侧前大灯总成	90980-11314	B28	安全门控灯开关	
A8	左前气囊传感器	90980-11016	B29	废气传感器	90980-10735
A9	冷却风扇 ECU	90980-11252	B30	毫米波雷达传感器总成	90980-11003
A10	左前转速传感器	90980-11207	B32	低音喇叭总成	90980-10789
A11	挡风玻璃刮水器电动机总成	90980-11599	B33	右侧前大灯总成	90980-10121

[A] [B] [C]

注：[A] 表示零件代码；[B] 表示零件名（圆括号中的文字为附加的零件信息）；[C] 表示零件号（显示丰田零件号）。

5.2 本田（讴歌）汽车电路识读指南

（1）本田车系电路图特点　本田汽车电路图中的各类符号一般都有文字说明，当理解文字的含义后，识读电路图就比较容易了。每条导线上都标有颜色，分单色线和双色线，以英文缩写来表示。同一电气系统中颜色相同但导线不同的用上标加以区别，如 BLU^2、BLU^3 是不同的导线（图 5-2-1）。

本田汽车的电路图与其他车系的不同点还在于导线并没有标出截面积，只是根据和导线相连的熔断丝的通电电流的大小来判断导线的截面积大小。

（2）本田车系电路图中导线颜色代码对照　如表 5-2-1 所示。

表 5-2-1 导线颜色代码

代码	颜色	代码	颜色	代码	颜色
WHT	白	YEL	黄	BLK	黑
BLU	蓝	GRN	绿	RED	红
ORN	橙	PNK	粉红	BRN	棕
GRY	灰	PUR	紫	TAN	茶色
LTBLU	淡蓝	LTGRN	淡绿		

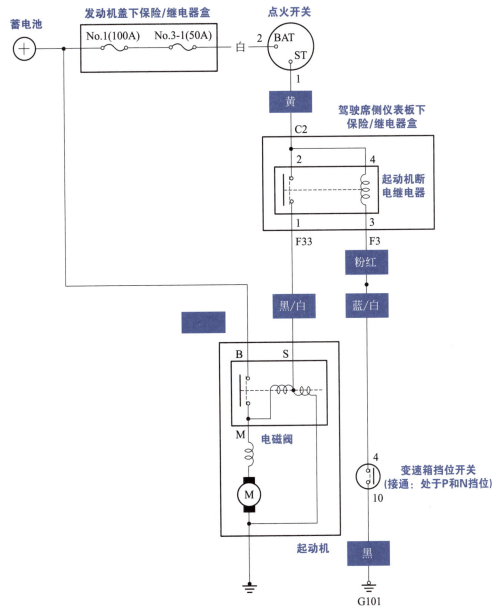

图 5-2-1　本田车系电路图

导线绝缘层由一种颜色或者一种颜色和另一种颜色的条纹组成。第二种颜色为条纹状（图 5-2-2）。

图 5-2-2　导线

扫码看视频

(3)本田车系汽车电路图识读指南（图 5-2-3）

自动变速箱挡位指示灯

电路图

R20A4型发动机

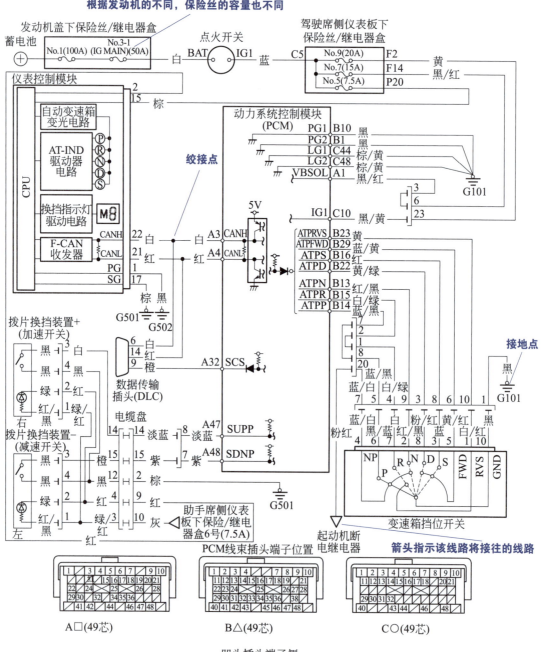

图 5-2-3　电路图识读指南

5.3 日产（英菲尼迪）汽车电路识读指南

日产车系电路图中大多数接头符号都表示为端口侧视图。

（1）连接器视图　端口侧视图的接头符号用单线框和方向标记共同表示。线束侧视图的接头符号用双线框和方向标记共同表示。

从端子侧显示的接头符号有单线圆圈并跟随一个方向标记（图5-3-1）。

从线束侧表示的接头符号有双线圆圈并跟随一个方向标记（图5-3-2）。

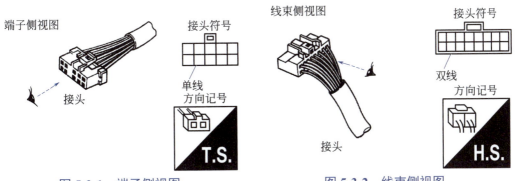

图5-3-1　端子侧视图

图5-3-2　线束侧视图

某些系统和部件，特别是那些与OBD有关的部件可能会使用一种新型的滑片锁止式线束接头。

（2）阳端子和阴端子　阳端子的接头在电路图中以黑色表示，而阴端子的接头则以白色表示（图5-3-3）。

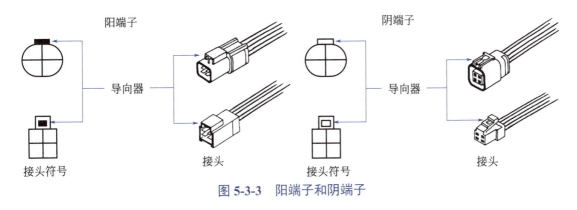

图5-3-3　阳端子和阴端子

（3）开关位置　电路图里显示的开关位置（车辆处于"正常"情况下）如图5-3-4所示。

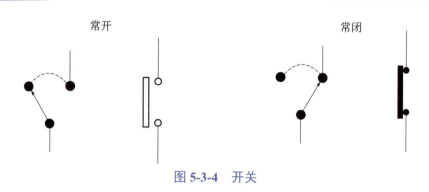

图 5-3-4 开关

（4）多路开关 多路开关的导通性以两种方式说明（图 5-3-5），示意图中使用开关表；电路图中使用开关图。

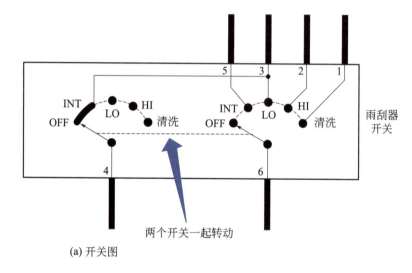

(a) 开关图

雨刮器开关电路导通性

位置开关	电路导通性
OFF	3-4
INT	3-4, 5-6
LO	3-6
HI	2-6
清洗	1-6

(b) 开关表

图 5-3-5 多路开关

（5）接头信息（图 5-3-6）

❶ 接头编号：英文字母表示接头所在的线束，数字表示接头的识别编号。

❷ 接头类型如图 5-3-7 所示。

❸ 端子号码：表示一个接头的端子数。

第 5 章 日韩车系电路图识读指南

 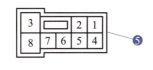

端子号	导线颜色	信号名称[规格]
1	W	BAT
2	G	开关B
4	V	开关A
5	L	CAN-H
6	P	CAN-L

端子号	导线颜色	信号名称[规格]
9	B	GND
10	B	GND

图 5-3-6　接头信息

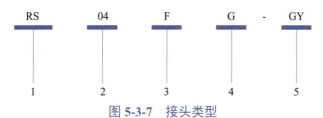

图 5-3-7　接头类型

1—接头型号；2—空腔；3—阳（M）和阴（F）端子；4—接头颜色；5—特殊类型

❹ 电线颜色：当线色为条纹状时，会先表示底色，然后才表示条纹的颜色。例如：L/W= 蓝底白条纹。

B= 黑色
W= 白色
R= 红色
G= 绿色
L= 蓝色
Y= 黄色
LG= 浅绿色
BG 或 BE= 米黄色
LA= 淡紫色

BR= 棕色
OR 或 O= 橙色
P= 粉色
PU 或 V（Violet）= 紫色
GY 或 GR= 灰色
SB= 天蓝色
CH= 深棕色
DG= 深绿色

❺ 接头：
a. 表示接头信息。
b. 这个单元侧以接头符号来说明。

165

（6）电路图识读指南（图5-3-8）

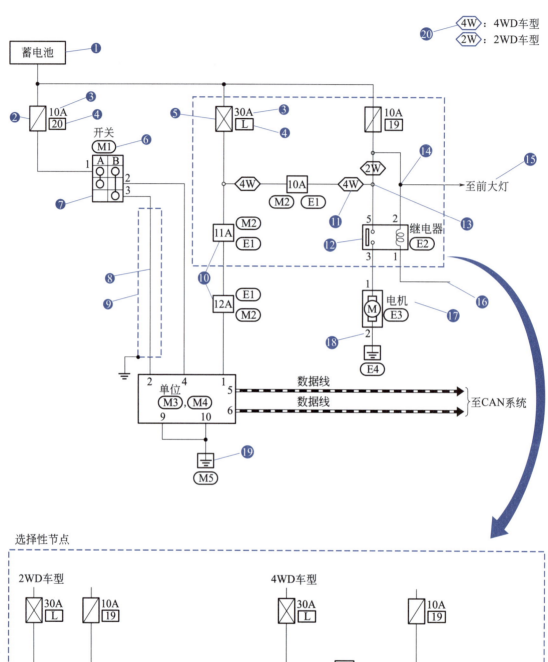

图 5-3-8 电路图示例

第 5 章 日韩车系电路图识读指南

❶ 电源：表示熔断线或保险丝的电源。
❷ 保险丝："/"表示保险丝。
❸ 熔断丝/保险丝的额定值：表示熔断丝或保险丝的额定值。
❹ 熔断丝/保险丝的编号：表示熔断丝或保险丝的位置编号。
❺ 熔断丝："X"表示熔断丝。
❻ 接头编号：英文字母表示接头所在的线束（表 5-3-1）。数字表示接头的识别编号。

表 5-3-1 接头编号

接头编号	线束	接头编号	线束
B	车身线束	F	发动机控制线束
C	底盘线束	M	主线束
D	车门线束	R	车内灯线束
E	发动机舱线束	T	尾部线束

❼ 开关：这表示在开关处于 A 位置时，端子 1 和 2 之间导通；当开关在 B 位置时，端子 1 和 3 之间导通。
❽ 电路（配线）：表示配线。
❾ 屏蔽线：以虚线包围的线路表示屏蔽线。
❿ 接头：表示一条传输线旁通两个接头以上。
⓫ 选装缩写：表示将电路布局在 "○" 之间的车辆规格。
⓬ 继电器：表示继电器的内部表现。
⓭ 选择性分叉点：空心圈表示此分叉点为根据车型选配的。
⓮ 分接点：有底纹的实心圆 "●" 表示接合。
⓯ 系统分支：表明电路分支到其他系统。
⓰ 跨页：电路延续至下一页。
⓱ 部件名称：表示部件的名称。
⓲ 端子号码：表示一个接头的端子数。
⓳ 接地（GND）：表示接地的连接。
⓴ 选配说明：表示本页所使用的选配缩写的说明。

扫码看视频

5.4 马自达汽车电路识读指南

（1）马自达车系电路图线束名称及电路符号（表 5-4-1 ～表 5-4-3）

表 5-4-1　马自达车系电路图线束名称

线束的名称	符号及图标	线束的名称	符号及图标
前部线束	(F) ▨	车门 1 号线束	(DR1)
前部 2 号线束	(F2)	车门 2 号线束	(DR2)
发动机线束	(E) ◆◆◆◆	车门 3 号线束	(DR3)
前围板线束	(D) ○○○	车门 4 号线束	(DR4)
后部线束	(R) ▨	地板线束	(FR) —
后部 2 号线束	(R2)	车内灯线束	(IN) —
后部 3 号线束	(R3) —	2 号车内灯线束	(IN2)
后部 4 号线束	(R4)	A/C 线束	(AC)
后部 5 号线束	(R5)	喷射线束	(INJ)
仪表板线束	(I) —	手制动器线束	(HB) —
排放线束	(EM)		
排放 2 号线束	(EM2) —		
排放 3 号线束	(EM3)		

表 5-4-2　马自达车系电路图电路符号

符号	含义	符号	含义
蓄电池　⊖ ⊕	• 通过化学反应产生电 • 向电路提供直流电	照明灯　3.4W	• 当电流流经电阻丝时发光、发热
接地(1)　G03	• 若有电流从蓄电池的正极向负极流动,则将点连接到车体或其它接地线 • 接地(1) 表明一个接地点通过线束与车身搭铁之间的连接 • 接地(2) 表明部件直接与车身搭铁接地的点 备注 • 若接地有故障,则电流不会流过电路	电阻	• 电阻值恒定的电阻器 • 主要通过保持额定电压,来保护电路中的电气部件
接地(2)		电机　M	• 把电能转变成机械能

第 5 章　日韩车系电路图识读指南

续表

符号	含义	符号	含义
保险丝	• 当电流超过电路的规定电流值时，发生熔断并中断电流警示 • 不要使用超过规定容量的保险丝进行更换 〈插片型熔断器〉 〈筒型保险丝〉	泵	• 吸入、排放气体与液体
		点烟器	• 产生热的电线圈
		附件插座	• 内部电源
保险丝（适用于强电流的保险丝）/熔断丝	〈滤芯式〉 〈熔性连接〉	喇叭	• 当有电流通过时发出声音
		扬声器	
晶体管(1) 集电极(C) 基极(B) NPN 发射极(E)	• 电气开关的部件 • 当有电压加在基极（B）上时，开关打开 集电极指示标记 B E E ECB C B	加热器	• 当有电流通过时产生热量
晶体管(2) 集电极(C) 基极(B) PNP 发射极(E)	• 查阅代码 2 S C 828 A 半导体 修订版标记 端子数量 A：高频PNP型 B：低频PNP型 C：高频PNP型 D：低频PNP型	点火开关 ST B2 B1 IG2 OFF OFF IG1 ACC	• 转动点火钥匙，使电路驱动各部件 注意： 在柴油车辆上，点火开关称为发动机开关

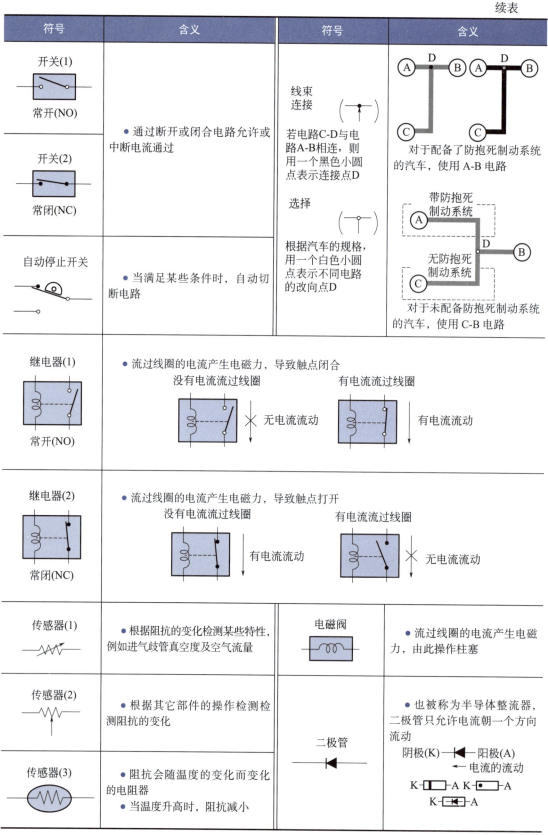

第 5 章 日韩车系电路图识读指南

续表

符号	含义	符号	含义
传感器(4) 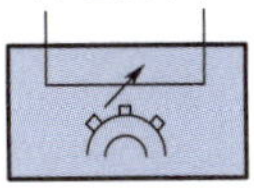	• 检测旋转物体发出的脉冲信号	发光二极管(LED) 	• 当有电流流过时能够发光的二极管 • 二极管与普通的灯泡不同，发光时不产生热量 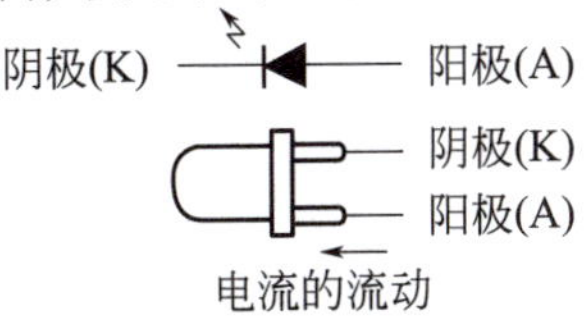 阴极(K) 阳极(A) 阴极(K) 阳极(A) 电流的流动
传感器(5) 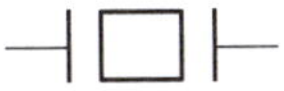	• 当施加张力或压力时，会产生电势差		
电容器 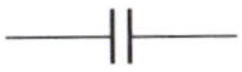	• 能够暂时存储电荷的部件	参考二极管 (齐纳二极管) 	• 允许电流朝一个方向流动直至达到某个电压值，一旦电压超过该电压值则允许电流朝另一个方向流动

表 5-4-3 马自达车系电路图线束颜色

颜色	代码	颜色	代码
黑色	B	橙色	O
蓝色	L	粉红色	P
棕色	BR	红色	R
深蓝色	DL	天蓝色	SB
深绿色	DG	黄褐色	T
灰色	GY	紫色	V
绿色	G	白色	W
浅蓝色	LB	黄色	Y
浅绿色	LG		

（2）马自达车系电路图接线变化范围（表 5-4-4）

表 5-4-4 马自达车系电路图接线变化范围

符号	含义	符号	含义
接线位置的变化范围（1） 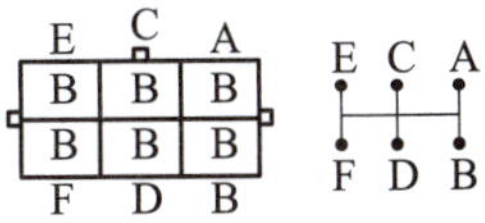	• 接线位置可以在连接器内自由互换	接线位置的变化范围（3） 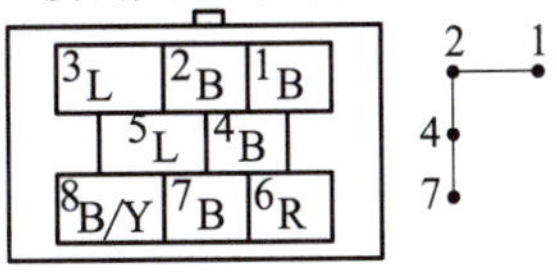	• 接线位置只能按照下面的组合变换位置：在 1，2，4 和 7 之间 • 接线位置也可以用某些连接器的号码来表示
接线位置的变化范围（2） 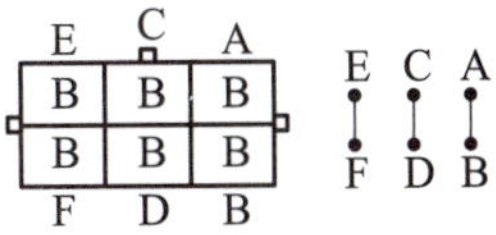	• 接线位置只能按照下面的组合变换位置：在 A 和 B 之间，C 和 D 之间，E 和 F 之间	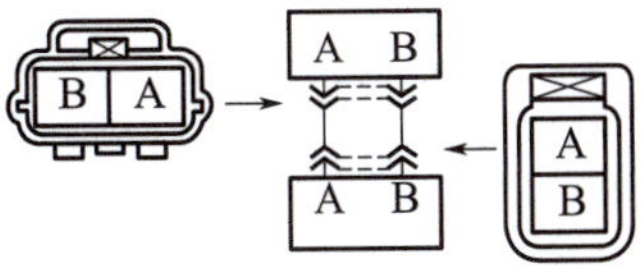	• 对于没有接线颜色指示的区域，将不进行说明，因为有关接线颜色信息未被确认

（3）马自达车系电路图识读指南　电路图如图 5-4-1 所示，以下对示意图中的各个点进行解释。

汽车电路 原理·识读·检测·维修

系统名称

这个号码是指示电路下一步将要连接到的相关的系统图的号码

{ }：名称标注在保险丝盒盖上

连接器代码

前缀字母表示应用连接器的系统

- F：保险丝盒连接器
- J：接线盒/接线盒连接器
- C：共用连接器
- G：接地点连接器
- D：数据线连接器
- 0112：冷却系统连接器
- 0113：进气系统连接器
- 0114：燃油系统连接器
- 0117：充电系统连接器
- 0118：点火系统连接器
- 0119：启动系统连接器
- 0120：巡航控制系统连接器
- 0140：发动机控制系统连接器
- 0212：车轮与轮胎连接器
- 0318：四轮驱动连接器
- 0412：电子4WD控制系统连接器
- 0413：防抱死制动系统连接器
- 0414：牵引力控制系统连接器
- 0415：动态稳定控制连接器
- 0418：动态稳定控制连接器
- 0513：自动变速器连接器
- 0514：自动变速器换挡机构连接器
- 0517：自动变速器连接器
- 0518：自动变速器换挡机构连接器
- 0519：CVT(连续可变变速驱动桥)连接器
- 0613：电动助力转向系统(EPS)连接器
- 0614：动力转向装置连接器
- 0740：暖风、通风与空调(HVAC)控制系统连接器
- 0810：安全气囊系统连接器
- 0811：座椅安全带连接器
- 0912：玻璃/车窗/后视镜连接器
- 0913：座椅连接器
- 0914：安全与锁连接器
- 0915：天窗连接器
- 0916：外饰连接器
- 0918：照明系统连接器
- 0919：雨刮器/洗涤器系统连接器
- 0920：娱乐连接器
- 0921：动力系统
- 0922：仪表/驾驶员信息连接器
- 0940：控制系统

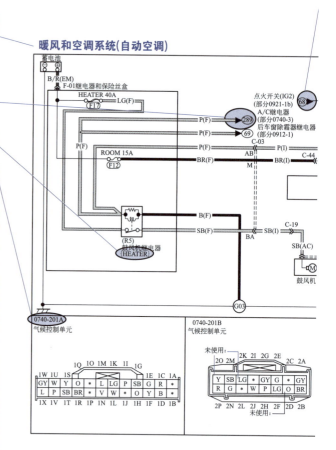

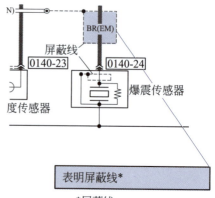

表明屏蔽线*

*屏蔽线：
保护信号免受电气干扰
导线用金属网包裹接地

图 5-4-1 电

第5章 日韩车系电路图识读指南

电流符号	多路通信
电流按箭头所指的方向流动	表示与相连部件的通信 信号在两个被连接的部件之间来回传送

系统代码

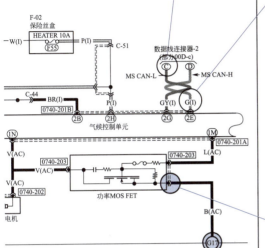

拉线颜色代码(线束符号)

- 双色拉线用一个由两个字母组成的符号表示。第一个字母表示拉线的基色，第二个字母表示条纹的颜色
  例如：
  W/R表示有红色条纹的白色线
  BR/Y表示带黄色条纹的棕色电线

符号
(示例)

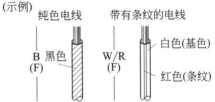

- 根据线束符号的规定，线束符号在( )里面

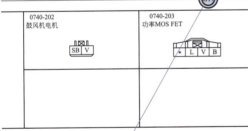

连接器符号

- 在电路与连接器示意图中，阴、阳连接器用下述符号表示

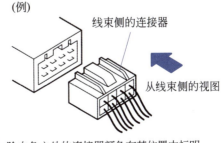

接地编号

线束接地与装置接地的表示方法不同

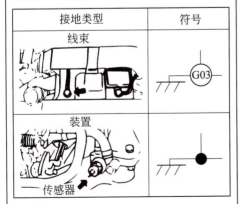

- 相同的连接器在连接器符号之间用短划线连在一起
- 连接器示意图所示为线束侧的连接器。接线端所示为线束侧的视图
  (例)

- 除白色之外的连接器颜色在其位置中标明
- 未使用的接线端用*表示

路图示例

(4)马自达车系线路图的识读方法 线路图通过引出线的连接头的符号来显示电气元件在系统电路图中的位置（图5-4-2）。

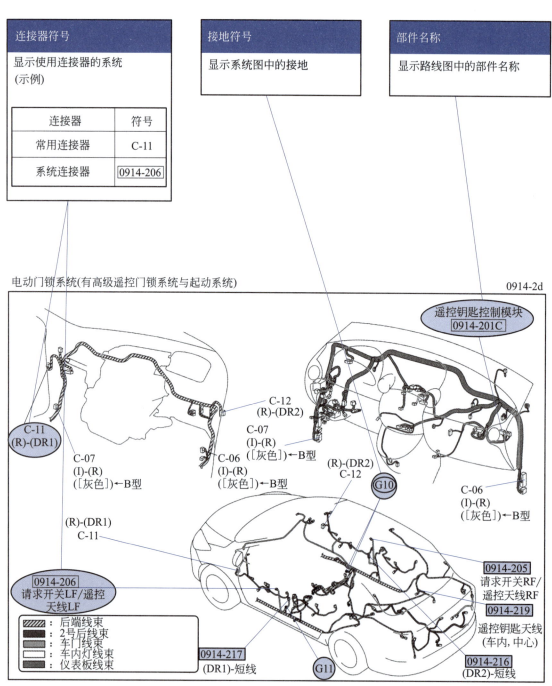

图5-4-2 马自达车系线路图的识读

(5)马自达车系电路图接地点的识读方法 接地点在电路图与示意图的表达如图5-4-3所示。

第 5 章 日韩车系电路图识读指南

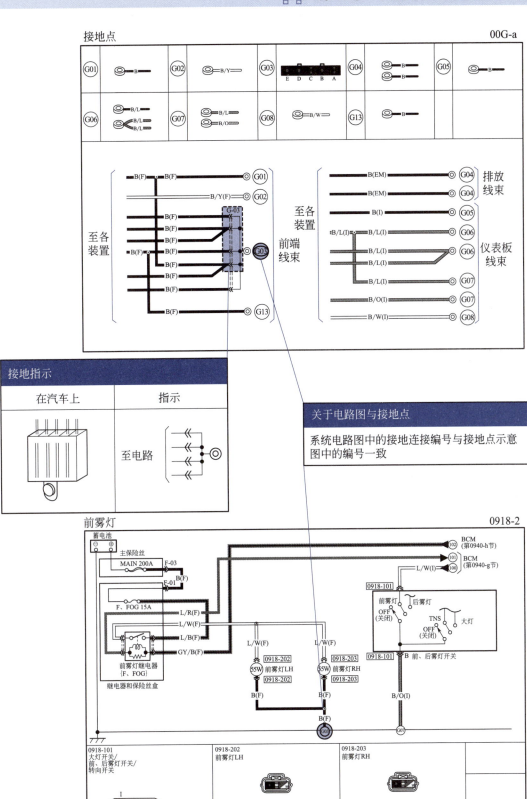

图 5-4-3 马自达车系电路图接地点的识读

（6）马自达车系电路图缩略语（表5-4-5）

表5-4-5　马自达车系电路图缩略语

A	安培	CPU	中央处理器
A/C	空调	CVT	连续可变变速驱动桥
A/F	空燃比	DEF	除霜器
AAS	自动调节悬架	DI	分电器点火
ABS	防抱死制动系统	DLC	数据线连接器
ACC	附件	DLI	无分电器点火
ACV	空气控制阀	DOHC	双顶置凸轮轴
ADD	附加	DPF	柴油机微粒滤清器
AFS	自适应前灯光系统	DRL	日间行车灯
AIS	空气喷射系统	DSC	动态稳定控制
ALL	自动负载均衡	DTC	诊断故障码（S）
AM	调幅	DTM	诊断测试模式
AMP	放大器	ECPS	电控动力转向装置
ANT	天线	ECT	发动机控制温度
ASV	供气阀	EGR	废气再循环
AT	自动变速器	EHPAS	电动液压助力转向装置
ATX	自动变速器	EI	电子点火
B+	蓄电池正极电压	ELR	紧急锁紧式安全带卷缩装置
BAC	旁路空气控制	EPS	电动转向装置
BCM	车身控制模块	ET	电子节气门
BSM	盲点监控	ETC	电子节气门控制
BZ	蜂鸣器	EVAP	燃油蒸发排放物
CAN	控制器局域网络	F	前
CIGAR	点烟器	F/I	燃油喷油器
CIS	连续喷油系统	FBCM	前车身控制模块
CKP	曲轴位置传感器	FICB	快怠速阻风门强制开启系统
CM	控制模块	FM	调频
CMP	凸轮轴位置传感器	FP	燃油泵
COMBI	结合	FPR	燃油泵继电器

续表

FSC	前方感测摄像头	MIL	故障指示灯
GEN	发电机	MIN	最小
GND	接地	MIX	混合气
GPS	全球定位系统	MPX	多路传输
HBC	远光控制	MS	中速
HI	高	MT	手动变速器
HO2S	加热式氧传感器	MTX	手动变速器
HS	高速	N	空档
HU	液压装置	O/D	超速传动
IAC	怠速空气控制	OBD	车载故障诊断系统
IAT	进气温度	OFF	关闭
IG	点火	ON	打开
ILLUMI	照明	P/S	动力转向装置
INFO	信息	P/W	电动车窗
INT	间歇	PCM	动力传动控制模块
JB	接线盒	PCV	正曲轴箱通风
KS	爆震传感器	PJB	乘客分线盒
LCD	液晶显示屏	POWER MOS FET	电动金属氧化物半导体场效应晶体管
LDWS	车道偏离报警系统	PRC	压力调节器控制
LED	发光二极管	PRG	清污电磁阀
LF	左前方	PSP	动力转向装置压力
LH	左侧	PTC	正温度系数发热器
LO	低	PWM	脉宽调制
LR	左后方	QSS	快速启动系统
M	电动机	R	后
MAF	集中型空气流量	RBCM	后车身控制模块
MAP	进气歧管绝对压力	REC	再循环
MAX	最大	REG	调节器
MFI	多点喷油	RF	右前方
MIC	麦克风	RH	右侧
MID	中间	RPM	每分钟转数

续表

RR	右后方	TPMS	轮胎压力监控系统
RVM	车后监视器	TWS	总接线系统
SAS	高级安全气囊传感器	V	伏特
SFI	顺序多点喷油	VAF	容积空气流量传感器
SOL	电磁阀	VENT	通风
SPV	溢出阀	VICS	可变惯性进气系统
ST	启动	VOL	容积
SW	开关	VR	电压调节器
TC	涡轮增压器	VRIS	可变谐振进气系统
TCC	液力变矩器离合器	VSS	车速传感器
TCM	变速器(变速器)控制模块	VTCS	可变涡流控制系统
TCS	牵引力控制系统	W	瓦特
TEMP	温度	WGN	WAGON
TFT	变速器液温度	4WD	4轮驱动
TICS	三通管进气控制系统	4SD	4门轿车
TNS	牌照灯	5HB	5门厢型小客车
TP	节气门位置传感器		

5.5 三菱汽车电路识读指南

三菱汽车电控单元各插脚处画有代表其内部电路的符号。具体说明如下：
"▽"、"△"代表电流流向，"～"代表下面连接的电路省略。
（1）外部给电控单元供电（图5-5-1）

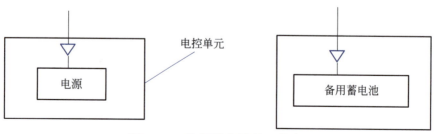

图 5-5-1　外部给电控单元供电

(2)电控单元接地(图 5-5-2)
(3)电控单元给外部器件供电,未注明电压值的为 5V(图 5-5-3)

图 5-5-2　电控单元接地

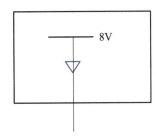

图 5-5-3　电控单元给外部器件供电

扫码看视频

(4)外部器件经电控单元接地(图 5-5-4)
(5)电控单元的信号输入端一般画法(图 5-5-5)

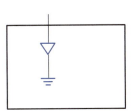

图 5-5-4　外部器件经电控单元接地

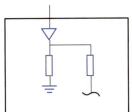

图 5-5-5　电控单元的信号输入端

由电控单元提供电源时,外部一般为可变电阻(压敏、热敏、光敏元件等)或开关(图 5-5-6)。

外部元件以触发电控单元内电子开关的形式向电控单元输入信号(图 5-5-7)。

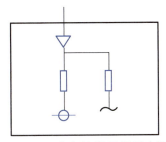

图 5-5-6　由电控单元提供电源

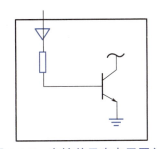

图 5-5-7　电控单元内电子开关

电控单元供给电源时,外部元件与电控单元内电阻构成串联电路,外部元件以触发电控单元内电子开关的形式向电控单元输入信号(图 5-5-8)。

(6)电控单元控制外部器件工作　电控单元通过电子开关控制外部元件电路的接通和断开,外部元件到电控单元接地(图 5-5-9)。

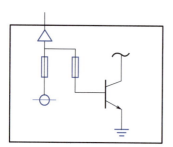
图 5-5-8　电子开关接收输入信号

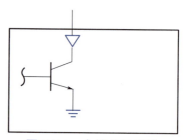
图 5-5-9　电控单元接地

电控单元控制信号输出（图 5-5-10）。

外部元件和电控单元内电阻串联，受电子开关的控制（图 5-5-11）。

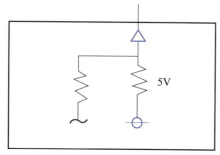
图 5-5-10　电控单元控制信号输出

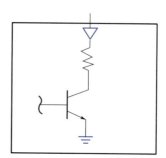
图 5-5-11　电控单元控制电路电阻

电子开关控制供给外部元件电源，电子开关导通时，输出低电压；电子开关截止时，输出高电压（图 5-5-12）。

电子开关控制供给外部元件电源，电子开关导通时，输出高电压；电子开关截止时，输出低电平（图 5-5-13）。

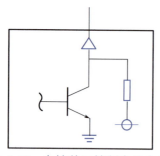
图 5-5-12　电控单元控制电路电压（1）

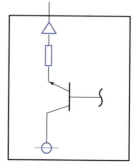
图 5-5-13　电控单元控制电路电压（2）

三菱汽车电路图线束颜色如下：

B—黑色；BR—紫色；G—绿色；GR—灰色；L—蓝色；LG—浅绿色；O—橙色；P—粉红色；R—红色；SB—天蓝色；V—紫罗兰色；W—白色；Y—黄色。

三菱汽车电路图识读如图 5-5-14 所示。

第5章 日韩车系电路图识读指南

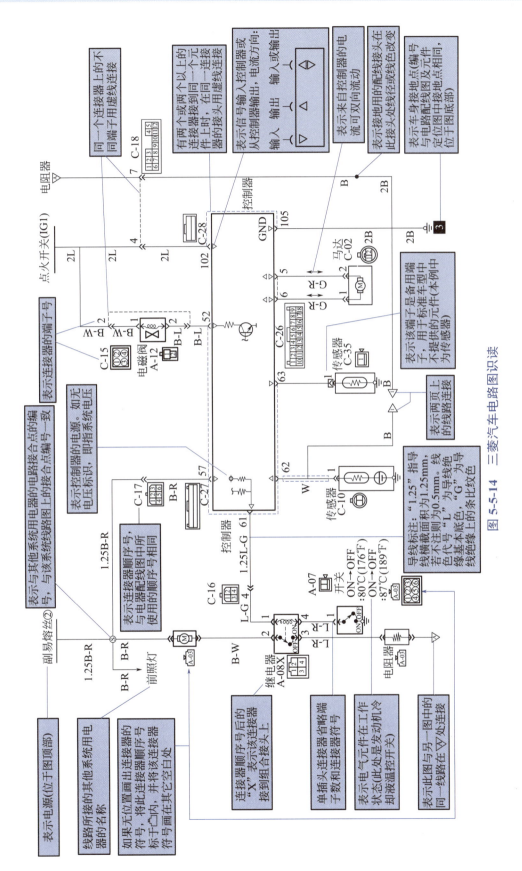

图 5-5-14 三菱汽车电路图识读

5.6 斯巴鲁汽车电路识读指南

（1）连接器　每个系统都有布线图图示，你可以了解电流从蓄电池流出后的路线。布线图中使用的草图及编码，其意思表述如下：

每个连接器及其端子的位置用草图来表示，是从前面看过去处于断开状态下的情况（图5-6-1）。

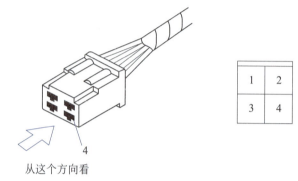

图 5-6-1　连接器及其端子

每个连接器的草图中指示出插针数或管脚数、锁片以及每个端子的管脚数。草图中的最大插针数字表示连接器的插针数目。例如，表5-6-1中的连接器草图表示此连接器有9个插针。

表 5-6-1　连接器

汽车中使用的连接器	布线图中所示的连接器		
	草图	符号	管脚编号
（双框连接器图示）	双框；表示带有一个锁片 4 3 2 1 9 8 7 6 5 表示管脚编号	（向上箭头符号）	按照从右上到左下的顺序编号
（单框连接器图示）	表示有一个锁片 1 2 3 4 5 6 7 8 9 单框	（向下箭头符号）	按照从左上到左下的顺序编号

从前面看一套连接器时,此连接器的插针编号与另一连接器的管脚编号对应。当这两个连接器连接成一个单元时,连接编号相同的连接器和管脚(图 5-6-2)。

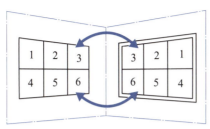

图 5-6-2 连接器插针与管脚

(2)电气线束 在附表中,对连接器、插针、外部颜色及配对的连接器进行编号。布线图中每个连接器草图一般显示连接器的(A)面。图中显示了导线颜色、端子编号以及连接器的相互关系(图 5-6-3)。

 有时,从一连接器端子引出的导线可能与从该端子引向另一方向的导线颜色不同。

在布线图中,没有端子编号的连接器是单插针型的连接器。这些连接器的草图是故意省略的(图 5-6-4)。

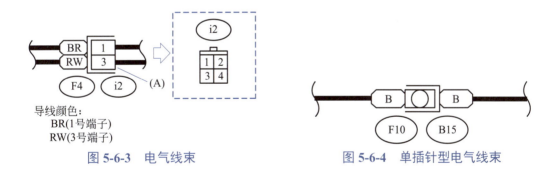

导线颜色:
BR(1号端子)
RW(3号端子)

图 5-6-3 电气线束   图 5-6-4 单插针型电气线束

用下面的颜色代码表示所用的导线颜色(表 5-6-2)。

表 5-6-2 线束颜色

颜色代码	颜色	颜色代码	颜色
L	蓝色	W	白色
B	黑色	Br	棕色
Y	黄色	Lg	浅绿色
G	绿色	Gr	灰色
R	红色	P	粉色

续表

颜色代码	颜色	颜色代码	颜色
Or	橙色	SA	不定（内侧）
Lb	浅蓝色	SB	不定（外侧）
V	紫色		

线束颜色布置（图 5-6-5）。

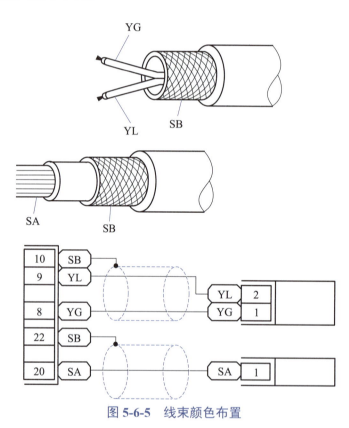

图 5-6-5　线束颜色布置

包含两个字母（或三个字母包括棕色或浅绿色）的导线颜色代码中，第一个字母是指标准颜色（导线护套的基本颜色），第二个或第三个字母是指导线条纹颜色（图 5-6-6）。

图 5-6-6　导线颜色代码

每个元件都是通过车身直接接地，或者通过线束接地端子间接接地。在布线图中使用不同符号来区分这两种接地系统（图 5-6-7）。

第 5 章　日韩车系电路图识读指南

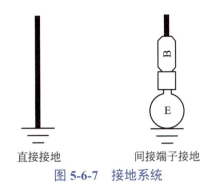

图 5-6-7　接地系统

布线图中的接地点标识（图 5-6-8）

 所有线束都有一个应牢固连接的接地点。

图 5-6-8　布线图中的接地点标识

布线图中的每个连接器编号与线束中的连接器编号相对应。通过看连接器的第一个字母（例如，F8 中的"F"，i16 中的"i"等）和线束类型，就可断定实际汽车中的每个连接器的位置。每个连接器编号的第一个字母指的是汽车的位置或系统（表 5-6-3、图 5-6-9）。

表 5-6-3　线束编号

符号	线束及电缆
F	车身前部线束
B	前隔板线束
E	发动机线束
T	变速器电缆，后氧传感器电缆
D	左侧和右侧门内电缆 左后车门侧和右后车门电缆，后举升门电缆
i	仪表板线束
R	车身后部线束，燃油箱电缆，顶部电缆
AB	安全气囊导线线束

185

（3）继电器　将继电器分成常开或者常闭两种类型。常闭型继电器有一个或多个触点（表 5-6-4）。

布线图显示继电器励磁电路关闭时的模式。

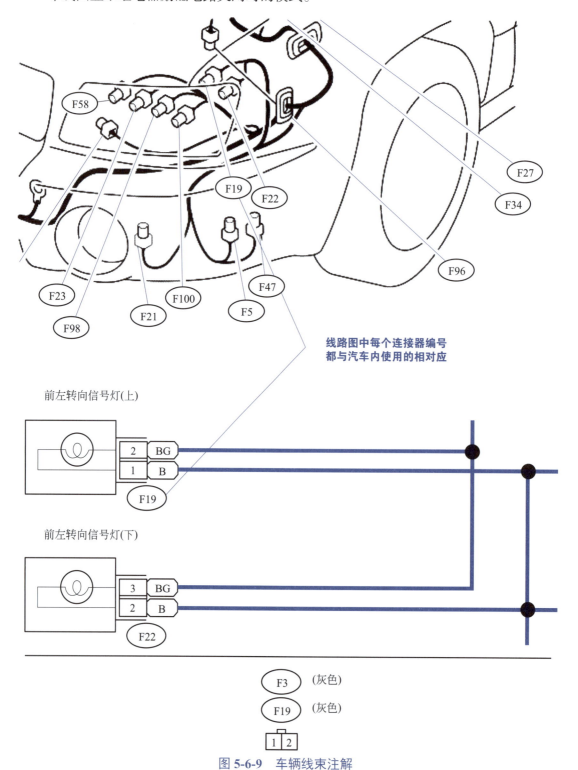

图 5-6-9　车辆线束注解

表 5-6-4 继电器分类

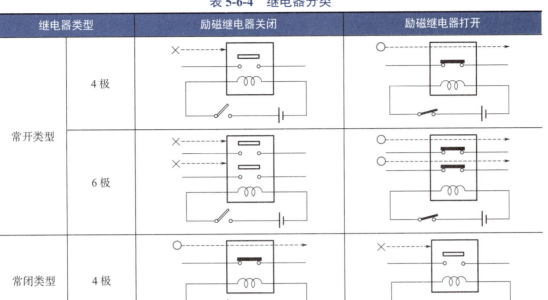

符号含义：○--→：有电流通过。×--→：没有电流通过。

（4）布线图中的符号 每个布线图都使用了许多符号，可以容易地区分零件或电路（图 5-6-10）。

❶ 继电器。一个符号表示一个继电器。

❷ 连接器 -1。此连接器草图表示单插针型连接器。

❸ 导线连接。为方便起见，有些布线图放置在插页中，在必要的位置用相应的符号指示导线的目标位置（如需两页说明时）。

❹ 保险丝编号及等级。保险丝编号及等级（总保险丝盒、保险丝和接线盒）内所用的编号和等级相一致。

❺ 连接器 -2。

a. 每个连接器都用一个符号表示；

b. 在相应的布线图中以缩略形式表示每个端子编号；

c. 例如，连接器草图中显示的端子编号"G4"指的是连接器（G：F41）的第 4 个端子。

❻ 连接器图。

a. 每个连接器图都清晰地标明了端子的位置以及连接器的形状和颜色。没有标明颜色的连接器表示此连接器为本色。

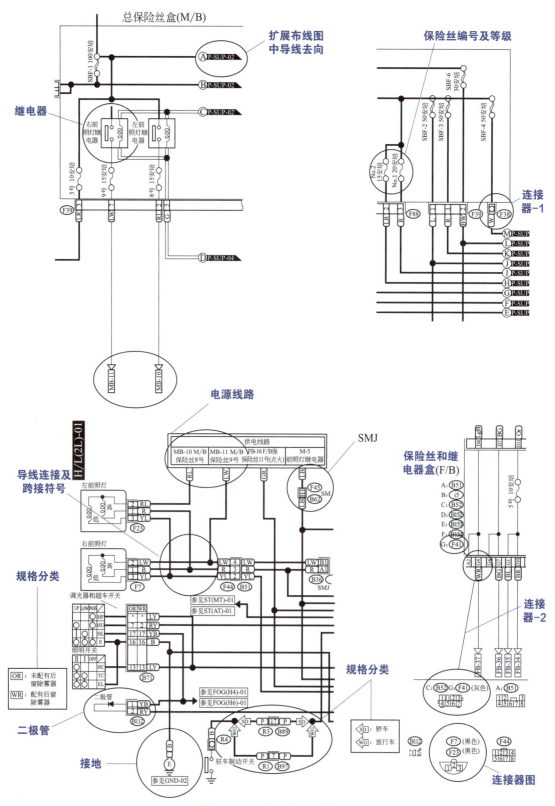

图 5-6-10　布线图中的符号

b. 当连接器图中出现两种以上类型的连接器编码时，表示使用的是同一种类型的连接器。

❼ 接地。通过查阅相应的线束，可以容易地确定每个接地点的位置。

❽ 二极管。一个符号代表一个二极管。

❾ 扩展布线图中导线去向。当一个布线图有两页或两页以上时，用一个符号（带有箭头的同一字符）就可方便地从一页到另一页进行导线去向标识。

A ⟷ A，B ⟷ B

❿ 导线连接及跨接符号（图5-6-11）。

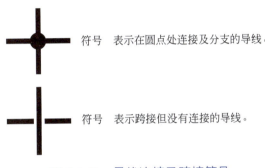

图 5-6-11　导线连接及跨接符号

⓫ 电源线路。每个布线图中用一个符号表示电源。"MB-5"，"MB-6"等，这些代码在全文中用作电源符号，与布线图中的电源线路部分的符号保持一致。因而，通过使用电源线路和布线图，维修人员可以了解一个系统的整个电路布置情况。

⓬ 规格分类。布线图依照汽车规格会有所不同，用缩略语表示不同的规格，用选装件编码（EK，EC，等）表示不同用途。选装件编码标在发动机室型号板上。

（5）布线图中的缩写词（表5-6-5）

表 5-6-5　布线图中的缩写词

缩写词	全名	缩写词	全名
ABS	防抱死制动系统	A/F	空燃比（空气燃料比传感器）
ACC	附件	ATF	自动变速器油液
A/C	空调系统	AWD	全轮驱动
AD	自动下降	B,BAT	蓄电池
AT	自动变速器	CPC	炭罐净化控制
AU	自动上升	D	前进挡
A/B	安全气囊	DN	向下的

续表

缩写词	全名	缩写词	全名
E	接地	MT	手动变速器
ELR	紧急锁紧式安全带卷收器	N	空挡
F/B	保险丝和连接盒	OCV	油液流量控制电磁阀
FL1.5	熔断丝截面 $1.5mm^2$	OP	选装件
H/L	前照灯	P	驻车挡
I/F	接口	PASS	超车
IG	点火装置	R	倒车挡
Illumi.	照明	RH	右手侧
INT	间歇的	RHD	右驾车型
LH	左手侧	SBF	低速鼓风机保险丝
LHD	左驾车型	ST	起动机
Lo	低挡	SW	开关
M	电机	TGV	换向阀
M/B	总保险丝盒	U,UP	向上
MG	磁铁	VDC	车辆动态控制
Mi	中挡	WASH	洗涤器

5.7 现代汽车电路识读指南

（1）现代汽车电路图的特点　现代汽车电路原理图可清楚地反映出电气系统各部件的连接关系和电路原理，电源在图上方，搭铁点在图下方，电流方向自上而下。电路较少迂回曲折，电路图中电器串联、并联关系十分清楚，电路图易于识读（图5-7-1、图5-7-2）。

各电器不再按在车上的实际位置布局，而是依据工作原理，在图中合理布局，使各系统处于相对独立的位置，从而易于对各用电设备进行单独的电路分析（图5-7-3）。

（2）现代汽车电路图内符号识别　用电器符号来表示各种电器部件，各电器旁边通常标注有电器名称及代码（如控制器件、继电器、过载保护器件、用电器、较接带点及搭铁点等）（表5-7-1）。

第5章 日韩车系电路图识读指南

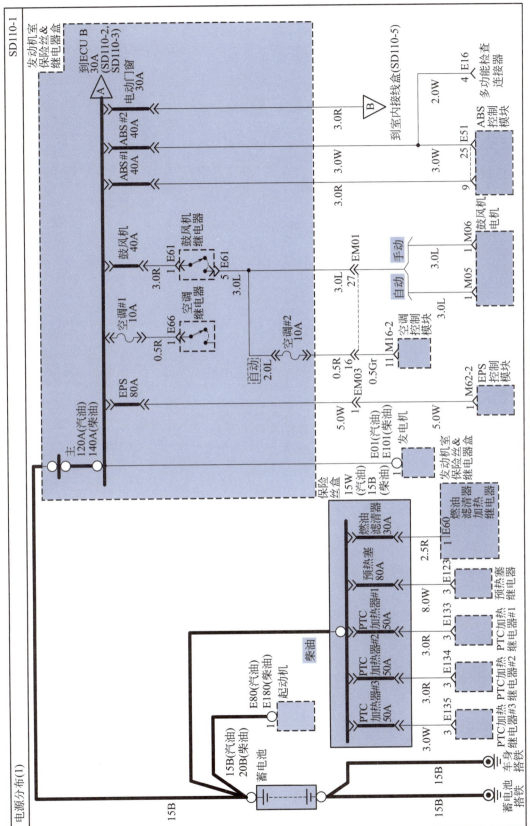

图 5-7-1 电源分布电路图

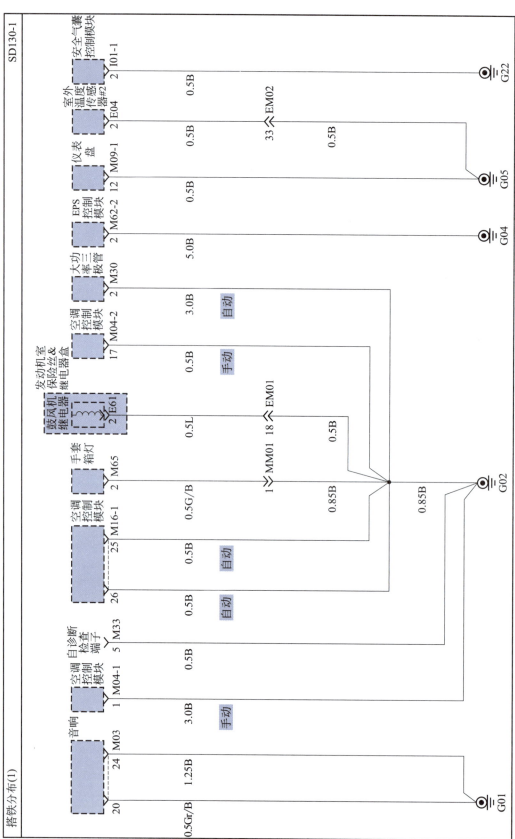

图 5-7-2 搭铁分布电路图

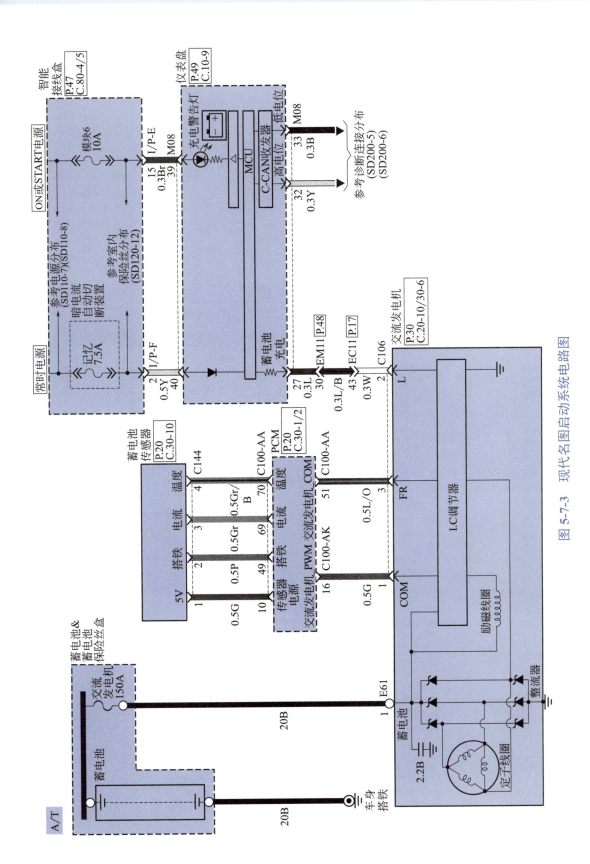

图 5-7-3 现代名图启动系统电路图

表 5-7-1 现代汽车电路图内符号识别

区分	符号	说明	区分	符号	说明
部件	▭	表示部件全部	连接器	10 ↙公连接器 M05-2 ←母连接器	表示在部件位置索引上的连接器编号 表示对应端子编号（仅置于相关端子）
	▯（虚线）	表示部件一部分		R Y/L 3≪ 1≪ E35 R Y/L	虚线表示2个导线同一在E35导线连接器上
	▭（上有连线）	表示导线连接器在部件上	WIRE	B⌒ Y/R	表示下页继续连接 表示黄色底/红色条导线（2个以上颜色的导线）
	▭（带箭头）	表示导线连接器通过导线与部件连接		从左侧页 ▽A △A 到右侧页	表示这根导线连接在所显示页。箭头表示电流方向
	▭（带螺丝）	表示导线连接器用螺丝固定在部件上		R↓ 电路图名称	箭头表示导线连接到其他线路
	▭（搭铁符号）	表示部件外壳搭铁		自动变速器 手动变速器 G G	表示根据不同配置选择线路（指示判别有关选择配置为基准的电路）
	制动灯开关 FN010 03	部件名称：上部展示部件名称 表示部件位置图编号	编接	L← L L	表示参照显示完整线路的电路图
			搭铁	⏚ G06	表示导线末端在车辆金属部分搭铁
编接导线	┆ ⏚ G06	表示为防波套，防波套要永久搭铁。（主要用在发动机和变速器的传感器信号线上）	灯	⬭ ⊙	双丝灯泡 单丝灯泡

第 5 章　日韩车系电路图识读指南

续表

区分	符号	说明	区分	符号	说明
短接连接器		表示多线路短接的导线连接器	二极管		二极管 - 单向导通电流 发光二极管 - 导通电流时发光 稳压二极管 - 流过反方向规定以上电流
易熔丝	常时电源 易熔丝 30A 发动机室保险丝&继电器盒	电源名称 容量	TR	B C NPN E B C PNP E	开关或增加作用
保险丝	ON电源 保险丝 10A 室内保险丝&继电器盒	表示点火开关"ON"时的电源 表示短路片连接到每个保险丝编号 容量	通用部件符号		开关（双触点） - 表示开关沿虚线摆动，而细虚线表示开关之间的连动关系
电源连接器		蓄电池电源			开关（单触点）
通用部件符号		传感器			加热器
		传感部	通用部件符号		电容器
		喷油嘴			扬声器
		电磁阀			警音器、喇叭、蜂鸣器、警报器
		电机	继电器		常开式
		蓄电池			常闭式
					内装二极管的继电器
					内装电阻的继电器

195

（3）现代汽车电路图识读指南　以现代汽车启动系统电路为例，介绍现代汽车电路图识读的方法（图5-7-4）。

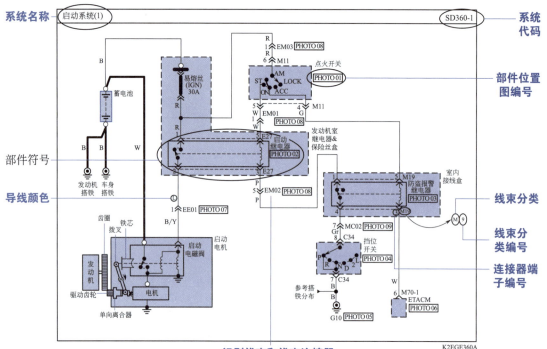

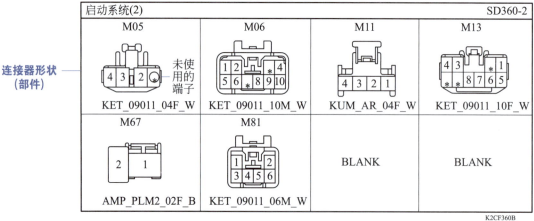

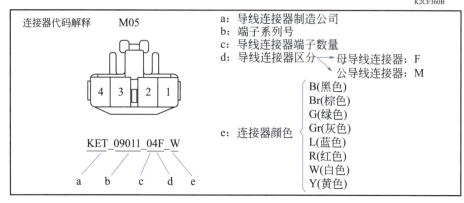

图5-7-4　现代名图电路图识读

注解：

❶ 系统分页 / 示意图的名称。

a. 每一页由系统电路组成。示意图包括电流的路径，各个开关的连接状态以及当前其他相关电路的功能。它适用于实际的维修工作中。

b. 在故障检修前正确的理解相关电路是非常重要的。

c. 系统的电路依据部件编号并表示在电路示意图索引上。

❷ 连接器配置（部件）。系统各部分示意图组成部件的连接器图表示在示意图的最后一页。在没有将部件连接到线束连接器时，它表明线束侧连接连接器。使用端子号依据路径获得编号，不使用的端子标记为（*）。

❸ 连接器配置（线束间的连接状态）。在线束间连接的连接器，它分为公、母连接器，并表示在连接器的形状上（图 5-7-5）。

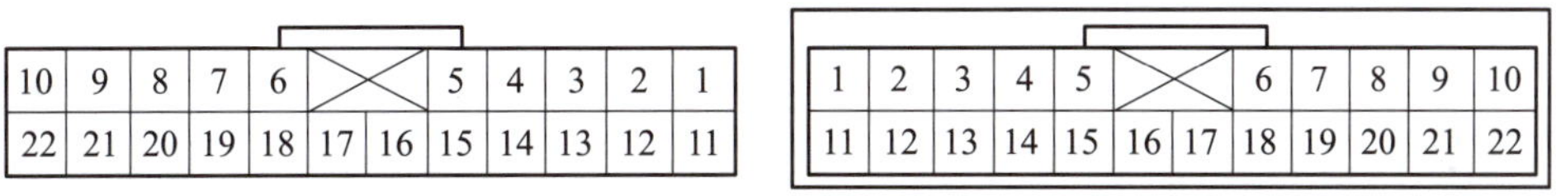

EM02

10	9	8	7	6		5	4	3	2	1
22	21	20	19	18	17	16	15	14	13	12	11

1	2	3	4	5		6	7	8	9	10
11	12	13	14	15	16	17	18	19	20	21	22

图 5-7-5　线束间连接的连接器

❹ 结构图。

a. 为了方便寻找部件，在示意图上用"PHOTONO"表示在部件名称的下面。

b. 为了方便区别连接器，图片内的连接器显示为安装到车上的状态。

❺ 导线连接器形状和端子号排列（表 5-7-2）。

表 5-7-2　现代汽车导线连接器形状和端子号排列

母导线连接器（线束侧）	公导线连接器（部件侧）	备注
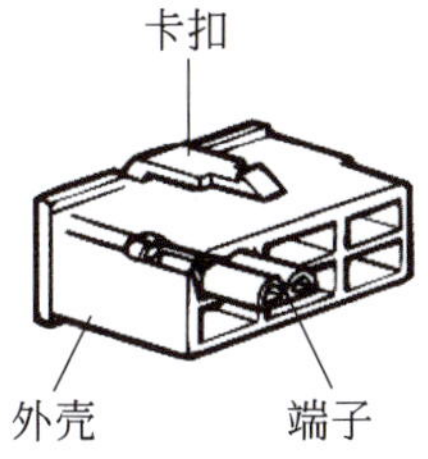 卡扣 外壳　端子	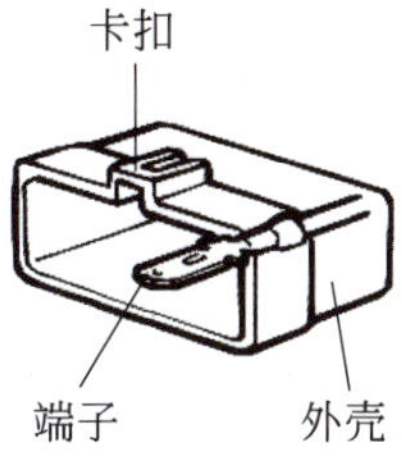 卡扣 端子　外壳	这里不是说明导线连接器外壳形状，而是说明辨别公导线连接器和母导线连接器上的端子排列表示法 某些导线连接器端子不使用这种表示方法，具体情况请参考导线连接器形状图
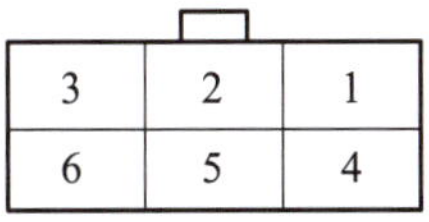 3 2 1 6 5 4	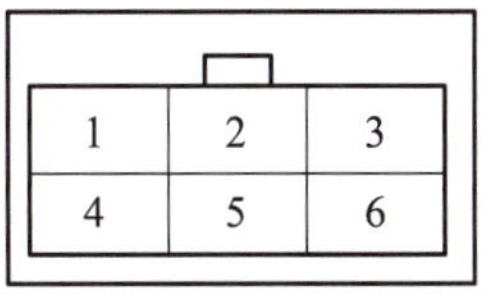 1 2 3 4 5 6	
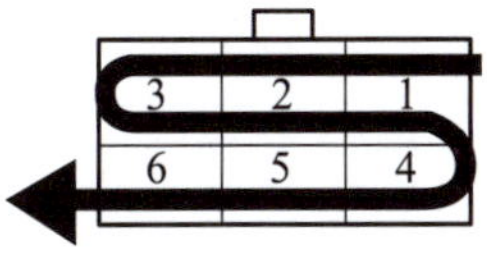 ←3 2 1 　6 5 4	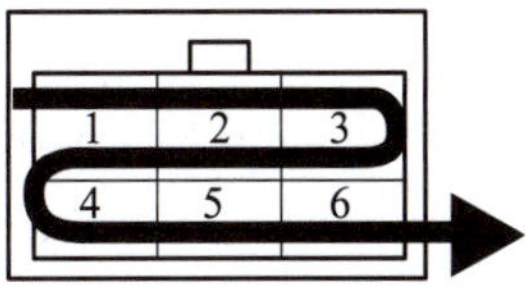 　1 2 3→ 　4 5 6	母导线连接器从右上侧开始往左下侧的顺序读号码 公导线连接器从左上侧开始往右下侧的顺序读号码

❻ 导线颜色缩写。线路图中识别导线颜色的缩写字母（表 5-7-3）。

表 5-7-3　现代汽车导线颜色缩写

缩写字母	颜色	缩写字母	颜色
B	黑色（Black）	O	橙色（Orange）
Br	棕色（Brown）	P	粉色（Pink）
G	绿色（Green）	R	红色（Red）
Gr	灰色（Gray）	W	白色（White）
L	蓝色（Blue）	Y	黄色（Yellow）
Lg	浅绿色（Light Green）	Pp	紫色（Purple）
T	褐色（Tawny）	Ll	浅蓝色（Light Blue）

* Ⓨ/Ⓑ：黄色底黑色线条(2种颜色)

↑　　↑
底色　线条色

❼ 线束识别标记。

根据导线的不同的位置，把线束分成表 5-7-4 所列的几类。

表 5-7-4　现代汽车线束识别标记

符号	线束名称	位置
E	发动机线束	发动机室，室内
M	主线束	室内
A	安全气囊线束，空调线束	室内，防撞装饰板
R	后备厢线束，天窗线束	后备厢，天窗
D	车门线束	车门
C	控制线束，喷油嘴线束	发动机
F	底板线束	室内底板
S	座椅线束	座椅

* 为了详细了解符号，参考线束布置图上的线束名称符号是必要的。

❽ 导线连接器识别。导线连接器识别代号由线束位置识别代号和导线连接器识别代号组成。

与部件和导线连接如图 5-7-6 所示。

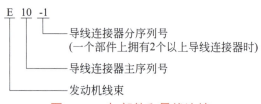

图 5-7-6　与部件和导线连接

与导线间的连接如图 5-7-7 所示。

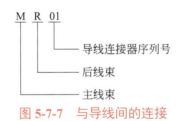

图 5-7-7　与导线间的连接

与接线盒的连接如图 5-7-8 所示。

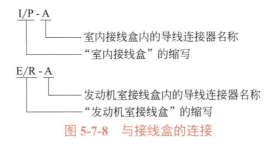

图 5-7-8　与接线盒的连接

实线表示整个部件如图 5-7-9 所示。

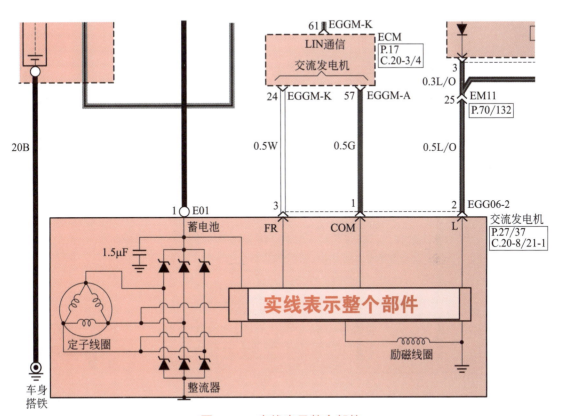

图 5-7-9　实线表示整个部件

部件功能说明位置如图 5-7-10 所示。

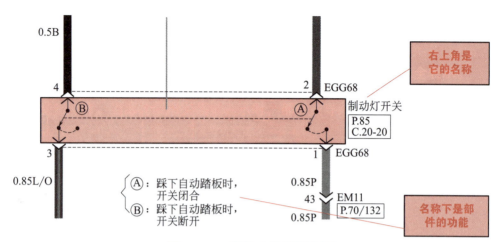

图 5-7-10　部件功能说明位置

虚线表示部分部件如图 5-7-11 所示。

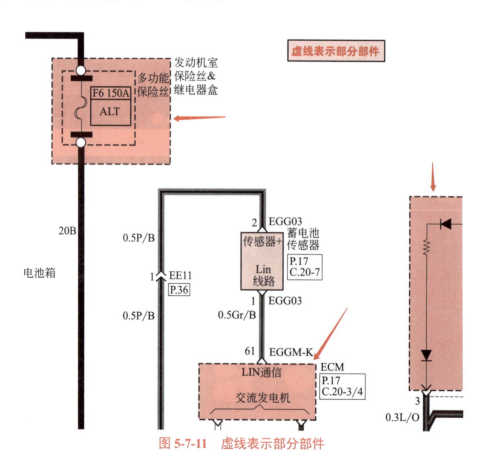

图 5-7-11　虚线表示部分部件

连接器直接与部件连接如图 5-7-12 所示。

第 5 章 日韩车系电路图识读指南

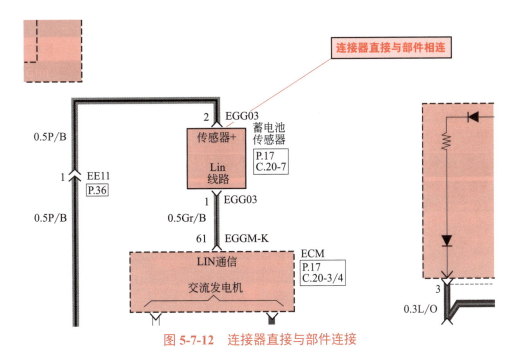

图 5-7-12 连接器直接与部件连接

电源条件的表示如图 5-7-13 所示。

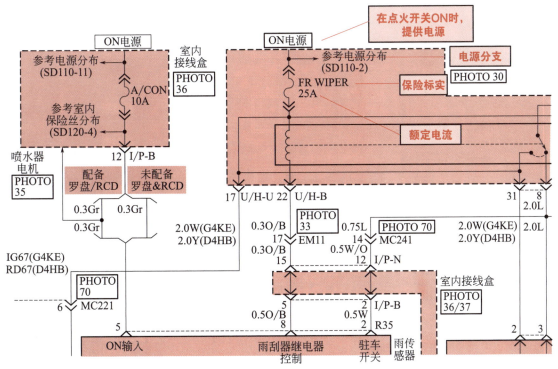

图 5-7-13 电源条件的表示

某些部件的虚线表示可继续连接，如图 5-7-14 所示。

201

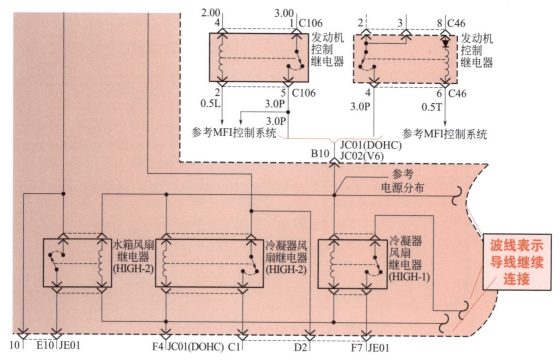

图 5-7-14 某些部件的虚线表示可继续连接

箭头表明电流流动的方向，如图 5-7-15 所示。

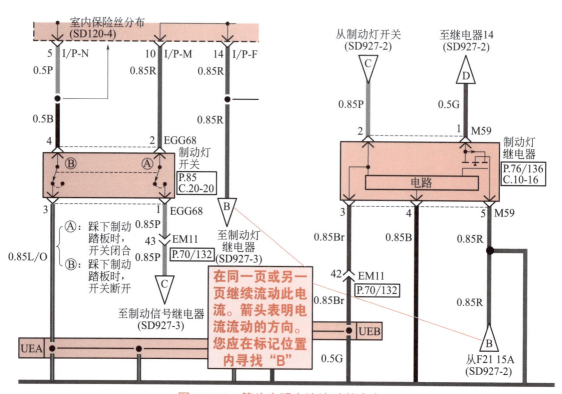

图 5-7-15 箭头表明电流流动的方向

某些虚线表示同用连接器，如图 5-7-16 所示。

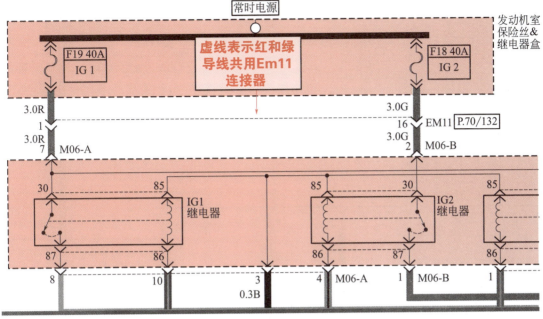

图 5-7-16　某些虚线表示同用连接器

编号接头用圆点显示，在车辆中这些接头的连接状态和正确位置会有所改变（图 5-7-17）。

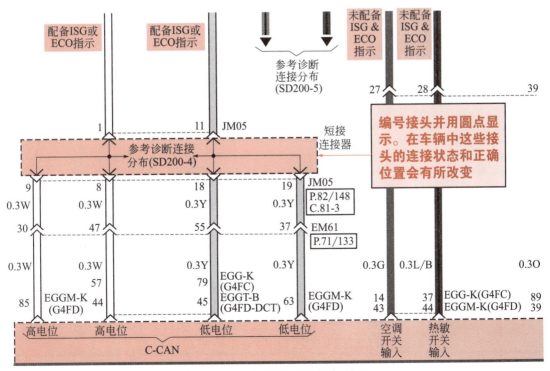

图 5-7-17　接头的连接状态说明

接地点的说明（图 5-7-18）。

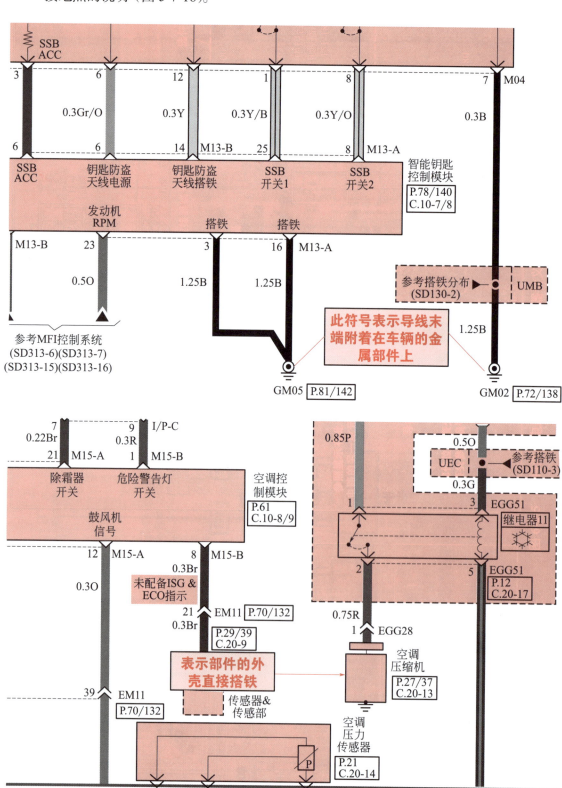

图 5-7-18　接地点的说明

第 5 章 日韩车系电路图识读指南

屏蔽线的位置（图 5-7-19）。

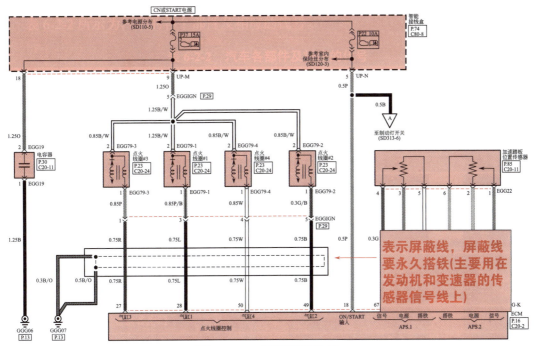

图 5-7-19 屏蔽线的位置

第 6 章

美国车系电路图识读指南

6.1 通用汽车电路识读指南

（1）通用车系电路图特点　通用车系中，汽车电路图按系统可分为电源分配图、熔丝图、系统电路图和搭铁电路图。其中系统电路图又将供电、搭铁、总线、传感器、执行器等分开单独画出，可快速查找相关电路图。

系统电路图中电源线从上方进入，通常从熔断丝处开始，并于熔断丝上方用黑线框标注此处与电源之间的通断关系，用电器在中部，接地点在最下方。如果是由电子控制的系统，电路图中除该系统的工作电路外，还会包括与该系统工作有关的信号电路（如传感器等）。

在电路图中，各导线除了标明颜色和横截面积外，通常还标有该电路的编码，通过电路编码可以知道该电路在汽车上的位置，以方便识图和故障查询。

（2）通用汽车电路图符号及线束认识

❶ 通用汽车电路图符号（表 6-1-1 ～表 6-1-8）。

表 6-1-1　电压指示灯

符号	说明	符号	说明
B+	蓄电池电压	IGN Ⅱ	点火开关 - 运行位置
IGN 0	点火开关 -OFF 位置	IGN Ⅲ	点火开关 - 启动位置
IGN Ⅰ	点火开关 - 附件位置		

第 6 章　美国车系电路图识读指南

表 6-1-2　一般图标

符号	说明
LOC	主要部件列表图标 示意图上的图标用于链接"主要电气部件列表"
DESC	说明与操作图标 示意图上的图标用于链接"特定系统的说明与操作"
⚠	告诫图标 该图标提醒维修技师维修该部件时应小心
↑↓	串行数据通信功能 该图标用于向维修技师表明该串行数据电路详细信息未完全显示。也能提供一个有效链接至该电路的数据通信图表完全显示
🔧	计算机编程图标 示意图上的图标用于链接"控制模块参考",确定更换时需要编程的部件
→	下页示意图图标 示意图上的图标用于进入子系统的下一个示意图
←	前一页示意图图标 示意图上的图标用于进入子系统的前一页示意图
⚠	安全气囊系统（SIR）或（SRS）图标 该图标用于提醒技术人员,系统内含有安全气囊系统部件,在维修前需要特别注意
ⓘ	信息图标 该图标用于提醒技术人员查阅相关的附加信息,以帮助维修某个系统
⚠	危险 - 高压图标 该图标用于提醒维修技师该部件 / 系统包含 300 伏电压电路
⚡	高压图标 该图标用于提醒维修技师该部件 / 系统包含高于 42 伏但低于 300 伏的电压

表 6-1-3　开关位置图标

符号	说明	符号	说明
← < ◁	常规向左箭头	→ > ▷	常规向右箭头

207

续表

符号	说明	符号	说明
↓↓	常规快速向下箭头	⊞ ⊞ ⊞ ⊞	常规车窗开关位置-4门
⏻	接通/关闭图标	▭ ▭	常规车窗开关位置-2门
🔒	常规锁止图标	↑ ∧ △	常规向上箭头
🔓	常规解锁图标	↓ ∨ ▽	常规向下箭头

表 6-1-4 模块电路功能图标

符号	说明	符号	说明
	输入/输出下拉电阻器（-）		输入/输出双向开关（+/-）
	输入/输出上拉电阻器（+）	⎍⎍	脉宽调制符号
	输入/输出高压侧驱动开关（+）	B+	蓄电池电压
	输入/输出低压侧驱动开关（+）	IGN	点火电压
↑↓	串行数据	5V	参考电压
	车内天线信号	5V AC	空调电压
	车外天线信号		低电平参考电压
	踩下制动器		搭铁

表 6-1-5 线束部件图标

符号	说明	符号	说明
	保险丝		断路器
PWR/TRN Relay	继电器供电的保险丝		易熔线

续表

符号	说明	符号	说明
	选装件断裂点		钝切线
	搭铁电路连接		不完整物理接头
	连接器短路夹		完整物理接头-2条线路
	搭铁		完整物理接头-3条或更多线路
	壳体搭铁		导线交叉
X100 12 Female Terminal / Male Terminal	直列式线束连接器	9	绞合线
X100 12 阳端子 / 阴端子	直列式线束连接器		屏蔽
X X	引线连接		电路参考
X100 12	引线连接		电路延长箭头
	临时或诊断连接器		

表 6-1-6 部件图标

符号	说明	符号	说明
	非完整部件： 当某个部件采用虚线框表示时，表明该部件或其导线并未完整显示		直接固定在部件上的连接器
	完整部件： 当某个部件采用实线框表示时，表明该部件或其导线已完整显示		引线连接器

表 6-1-7 开关和继电器

符号	说明	符号	说明
	附件电源插座		位置 5 开关
	点烟器		位置 6 开关
	位置 2 常开开关		推入式（瞬时）开关执行器
	位置 2 常闭开关		推入式（锁闩）开关执行器
	摇压式开关		拉出式（瞬时）开关执行器
	接触片开关 - （1 根导线）		拉出式（锁闩）开关执行器
	接触片开关 （2 根导线）		旋转式（瞬时）开关执行器
	位置 3 开关		旋转式（锁闩）开关执行器
	位置 4 开关		滑动式（瞬时）开关执行器

第6章 美国车系电路图识读指南

续表

符号	说明	符号	说明
	滑动式（锁闩）开关执行器	 L	音量（锁闩）开关执行器
 P	压力（瞬时）开关执行器	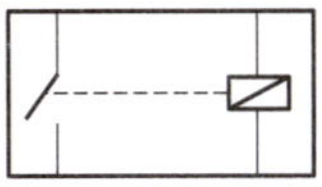	4-针单刀单掷继电器-常开
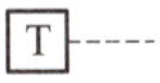 T	温度（瞬时）开关执行器	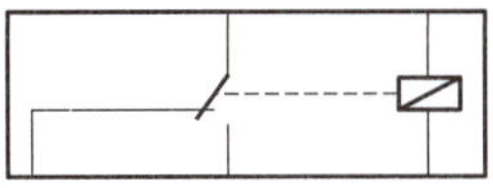	5-针继电器-常闭

表 6-1-8　装置和传感器

符号	说明	符号	说明
	安全气囊系统线圈		电容器
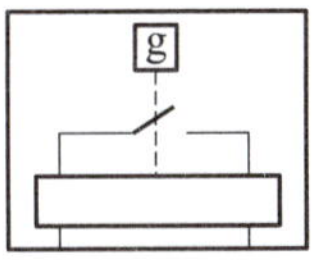	安全气囊系统碰撞传感器	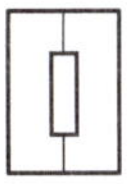	电阻器
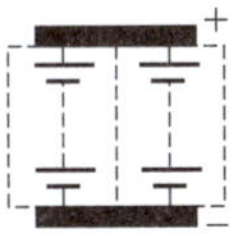	蓄电池总成-Hybrid	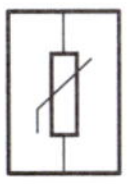	可变电阻器
	单丝灯泡		可变电阻器-NTC
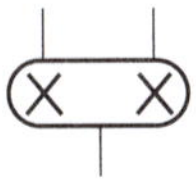	双丝灯泡		易断裂导线
	发光二极管（LED）	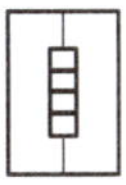	加热元件
	光电传感器	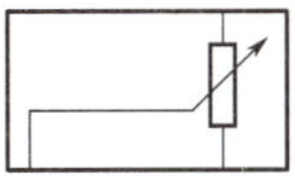	位置传感器
	计量仪表	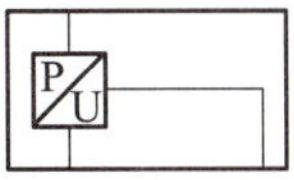	压力传感器
	二极管		爆震传感器

续表

符号	说明	符号	说明
	2-线式感应型传感器		离合器
	3-线式感应型传感器		电机
	2-线式霍尔效应传感器		正温度系数电机
	3-线式霍尔效应传感器		天线
	2-线式氧传感器		扬声器
	4-线式加热型氧传感器		喇叭
	执行器电磁阀		麦克风
	电磁阀		气囊

❷ 通用汽车电路图线束认识。

通用汽车电路图导线颜色见表 6-1-9、表 6-1-10。

表 6-1-9 单色导线对照表

颜色		通用	荣御	陆尊	新赛欧	君越	景程
黑	Black	BLK	BK	BLK	SW	BK	BK
棕	Brown	BRN	BN		BR		
棕黄			TN			TN	TN
蓝	blue	BLU	BU	BLU	BL	BU	BU
深蓝	Dark Blue	DK BLU	D-BU	BLN DK		D-BU	D-BU
浅蓝	light Blue	LT BLU	L-BU	BLNLT		L-BU	L-BU
绿	Green	GRN	GN	GRN	GN	GN	GN
灰	Groy	GRY	GY	ORA	OR	GY	GY
白	White	WHT	WH	WHT	WS	WS	WS

续表

颜色		通用	荣御	陆尊	新赛欧	君越	景程
橙	Orange	ORG	OG			OG	OG
红	Red	RED	RD	RED	RT	RD	RD
紫	Violet	VIO	PU	PPL		PU	PU
粉紫							
黄	Yellow	YEL	YE	YEL	GE		
褐	brown	TAN		TAN		BN	BN
深绿	Dark Green	DK GRN	D-GN	GRN DK		D-GN	D-GN
橘黄							
粉红	Pink	PNK					PK
透明	Clear	CLR					
浅绿	Light Green	LT GRN	L-GN	GRN LT		L-GN	L-GN
紫红	Purpie	PPL					

表 6-1-10　双色导线对照表

导线颜色	示意图中的缩写	导线示例	导线颜色	示意图中的缩写	导线示例
带白色标的红色导线	RD/WH		带白色标的深绿色导线	D-GN/WH	
带黑色标的红色导线	RD/BK		带黑色标的浅绿色导线	L-GN/BK	
带白色标的棕色导线	BN/WH		带黄色标的红色导线	RD/YE	
带白色标的黑色导线	BK/WH		带蓝色标的红色导线	RD/BL	
带黄色标的黑色导线	BK/YE		带蓝色和黄色标的红色导线	RD/BL/YE	
带黑色标的深绿色导线	D-GN/BK				

（3）车辆分区策略　所有搭铁、直列式连接器、穿线密封垫和接头都有与其在车辆上的位置相对应的识别编号。图 6-1-1、表 6-1-11 对编号系统进行了说明。

表 6-1-11　车辆分区策略

引出编号	区位说明
100-199	发动机舱 - 仪表板前方的所有区域 备注：001-099 是发动机舱的备用编号 - 仅在 100-199 的所有编号已用完时才使用
200-299	仪表板区域内
300-399	乘客舱 - 从仪表板到后轮罩
400-499	后备厢 - 从后轮罩到车辆后部

续表

引出编号	区位说明
500-599	左前门内
600-699	右前门内
700-799	左后门内
800-899	右后门内
900-999	后备厢盖或后掀门内

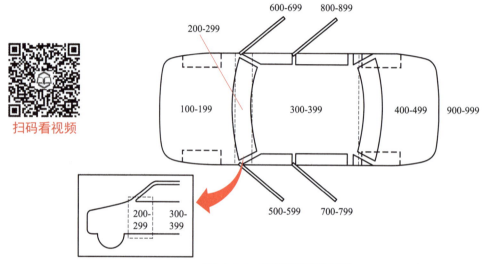

图 6-1-1　车辆分区策略图

（4）主要电气示意图图标（表 6-1-12）

表 6-1-12　主要电气示意图图标

图标	图标含义
⚠（安全气囊图标）	警告：本车装备了一个安全气囊系统（SIR）。如不遵循正确的操作程序会导致以下情况： ● 安全气囊展开 ● 人身伤害 ● 不必要的安全气囊系统维修 遵守以下准则，以免出现上述状况： ● 参见"安全气囊系统部件视图"，以确定您是否正在安全气囊系统部件上或其周围或其线路上进行维修操作 ● 如果正在安全气囊系统部件或其周围或其线路上进行维修操作，应解除安全气囊系统。参见"解除安全气囊系统"
（双绞线图示）	注意：双绞线可提供有效屏蔽，有助于保护敏感的电子元件免受电气干扰 为防止因电气干扰导致连接部件性能下降，在对双绞线进行维修时必须保持以下所示的正确规格 ● 沿着导线长度方向的任何位置进行测量时，每 31 厘米（12 英寸）导线至少要缠绕 10 圈 ● 双绞线的外径不得超过 6.0 毫米（0.25 英寸）

（5）通用汽车电路图识读指南　以凯越电动门窗电路图为例，进行识读（图 6-1-2）。

第 6 章 美国车系电路图识读指南

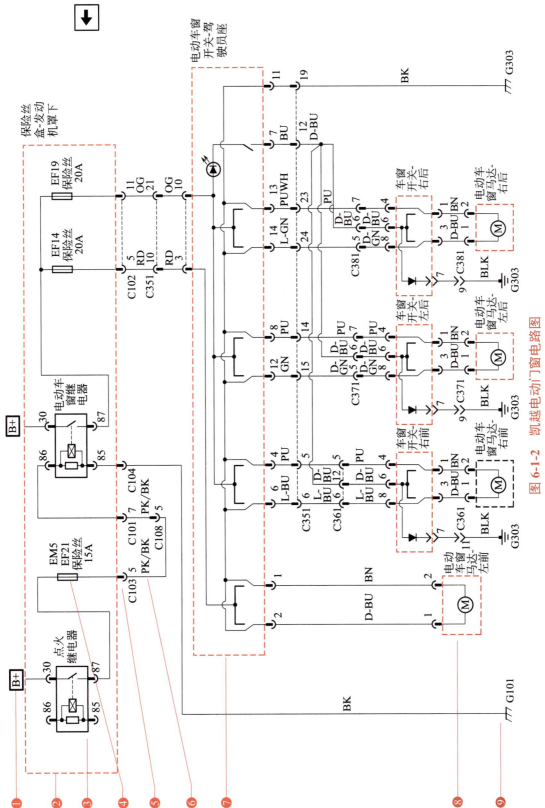

图 6-1-2 凯越电动门窗电路图

❶ B+ 表示常火线（随时通电），电压为蓄电池工作电压。

运行/启动 表示线路在点火开关处于点火或启动挡时有电，电压为蓄电池工作电压。

❷ ☐ 局部部件。当部件采用虚线框表示时，部件或导线均未完全表示。

☐ 完整部件。当部件采用实线框表示时，部件或导线均完全表示。

❸ 继电器。

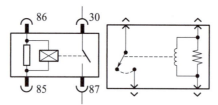

30—常火端子；87—通向负载；86—线圈始端；85—线圈末端

❹ 保险丝。

❺ 直列式线束连接器（表 6-1-13）。

表 6-1-13　线束连接器数字含义

连接器号	端子号	彩色	连接导线线束	连接器的位置
C103	10 针	白色	发动机 - 发动机熔断丝盒	发动机熔断丝盒
C112	2 针	黑色	前 - 喇叭	中心横面板

❻ PK/BK 表示带黑色色标的粉红色导线。

❼ 电动车窗开关 - 驾驶员侧。

❽ 负载：马达（直流电动机）。

❾ 接地点（表 6-1-14）。

第 6 章 美国车系电路图识读指南

表 6-1-14 接地点

搭铁号	导线束	搭铁的位置
G101	前	左前照灯后部
G301	车身	副驾驶员横梁地板下部
G302	车身	左 C 柱下部
G303	车身	驾驶员腿部左侧下部

6.2 福特汽车电路识读指南

（1）福特汽车电路图

❶ 福特汽车电路图符号（图 6-2-1）。

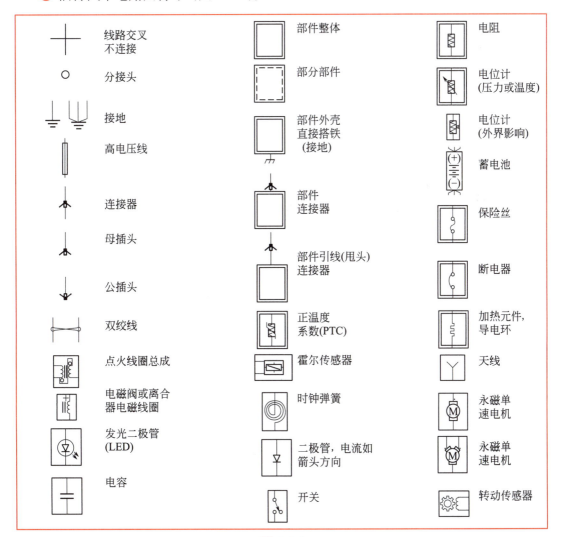

图 6-2-1

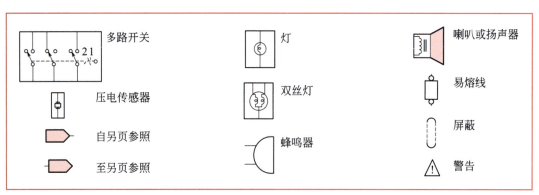

图 6-2-1　福特汽车电路图符号

❷ 福特汽车电路图中图标的应用。

a. 福特汽车电路图导线标注解析（图 6-2-2）。

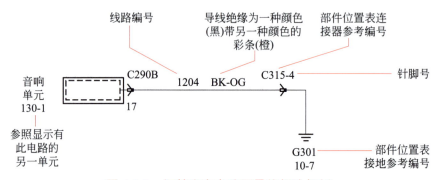

图 6-2-2　福特汽车电路图导线标注解析

b. 福特汽车电路图中短接条的标注（图 6-2-3）。

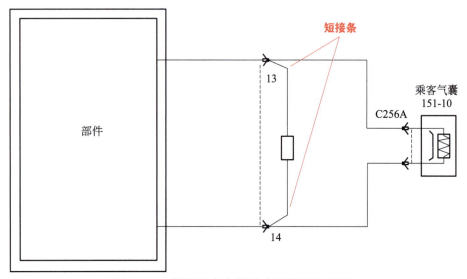

图 6-2-3　福特汽车电路图中短接条的标注

c. 福特汽车电路图导线颜色（表6-2-1）。

表6-2-1　接地点导线颜色

颜色缩写	中文	颜色缩写	中文
BK	黑	BN	棕
BU	蓝	DB	深蓝
DG	绿	GY	灰
LB	深蓝	LG	浅绿
NA	本色	OG	橙
PK	粉	RD	红
SR	银	TN	浅棕
VT	紫	WH	白
YE	黄		

d. 福特汽车电路图符号含义（图6-2-4）。

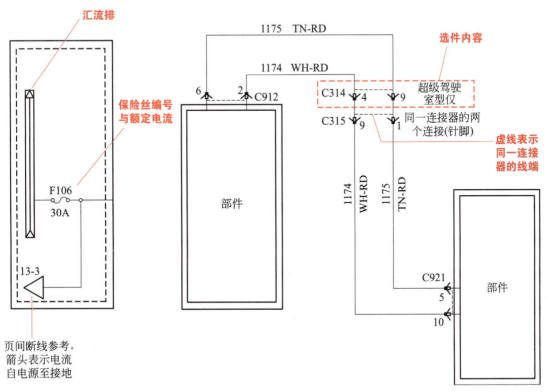

图6-2-4　福特汽车电路图符号含义

e. 福特汽车电路图开关符号、插接器含义（图6-2-5）。

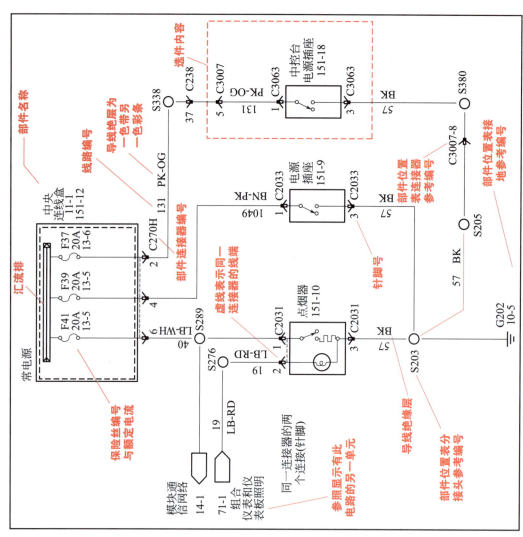

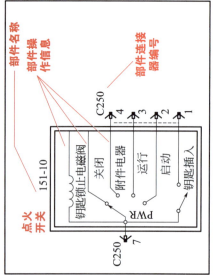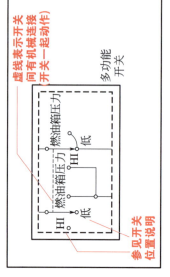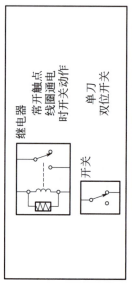

图6-2-5 福特汽车电路图开关符号、插接器含义

（2）车辆分区策略　所用的连接器、接地与分接头编号的第一位数字表示其在车上的位置。

表6-2-2所示为汽车的各个部件及相应的代号。

表 6-2-2　汽车各部件及相应的代号

代号	位置
100-199 1000-1999	发动机舱，动力系统（包括：变速器、前桥、差速器）
200-299 2000-2999	仪表板和中央控制台，方向盘总成
300-399 3000-3999	自仪表板至后座椅，包括门内饰板
400-499 4000-4999	后座椅至后保险杠，货台
500-599	驾驶员侧车门
600-699	前乘客车门
700-799	左后乘客车门
800-899	右后乘客车门
900-999	车门上装饰板与顶衬

（3）福特汽车电路图识读指南

各部件之间的所有线路连接都据实反映在线路图中，不过，众所周知线路图中无法将各部件与线路完全依照原样表示出来。比如说，一条一米长的线路，表示在线路图上只有几厘米而已。换句话说，为了方便读者理解电路原理，线路图中已将复杂的线路及部件进行了简化表示。

分章节或局部线路图中，对各组线路做了独立和完整的表现（图 6-2-6）。而与该组线路相连的其他部件，若与线路的工作关系不大，可能未予画出。

❶ 电流。

每个单元通常从回路供电部件开始，如保险丝或点火开关。电流方向从页面顶部的电源流向页面底部的接地。保险丝供电或从保险丝至各电气部件的配电在单元13"配电"中均有完整的表示。接地点的完整视图在单元10"接地"中给出。

❷ 开关位置。

在线路图中，所有开关、传感器与继电器都处于"休止"状态，如同点火开关关闭时的情况。

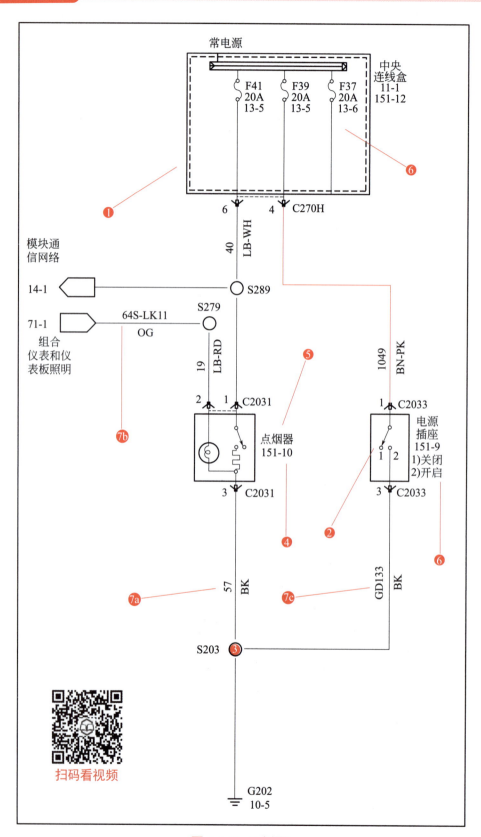

图 6-2-6　示例图

❸ 分接点。

与配电直接相连的分接头在单元 13 "配电"的配电图中有清楚的表示。与接地相连的分接头在单元 10 "接地"中有完整的表示。

❹ 部件参考

线路图中的电气部件带有部件位置图或全图页码参考，参考位于每个部件的右侧。

❺ 部件名称

部件名称尽可能标在部件的右侧。在适用的情况下，还包括了有关部件内部的说明。

❻ 内部名称与功能标号

各页中的有些部件带有内部符号，符号内有标号。通过查找部件名称下面相应的编号就可识别其内部符号或功能。

❼ 回路编号和线路识别

福特汽车公司有 3 种不同的回路编号准则：普通回路编号系统，全球回路编号系统和新的全球回路编号系统（NGCNS）。每一种回路的编号（以识别某指定回路功能）与线的颜色相对应（图 6-2-7）。

图 6-2-7　回路编号和线路识别

 连接器视图线识别是基本色还是条纹色，是由线路环路编号来决定。线路图中，线的颜色表示在线路的旁边。颜色的简写依照国际标准 IEC757。

6.3　克莱斯勒汽车电路识读指南

电路图是这样安排的：电路的电源（B+）侧一般放在靠近一页的上面，而电路的接地点（B-）一般放在靠近这一页的底部位置。

电路图显示的所有开关、元件和模块都在静止位置（门关闭，钥匙从点火开关中拔出）。

电路图有两个方法显示元件。实线环绕的元件表示元件是完全的，而虚线环绕的元件表示元件是不完全的。不完全元件有一个参考号，表示元件在这一页上是完全显示的。

重要的是要明确，电路图上表示的元件和线路与实际汽车上看到的不一样。例如一根短导线和一根长导线画得一样长。另外，开关和其他元件表示得尽可能简单，仅考虑到所起的作用。

电路图中所使用的都是国际标准符号。这些符号世界通用。

（1）克莱斯勒汽车电路图图标符号（表 6-3-1）

表 6-3-1　图标符号

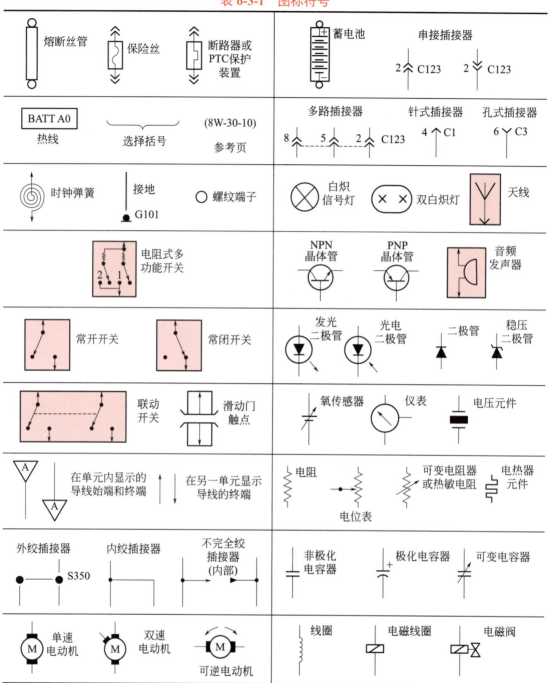

（2）克莱斯勒汽车电路图术语含义

LHD—左侧驾驶；

RHD—右侧驾驶；

ATX—自动变速器前轮驱动；

MTX—手动变速器前轮驱动；

AT—自动变速器后轮驱动；

MT—手动变速器后轮驱动；

SOHC—单顶置凸轮发动机；

DOHC—双顶置凸轮发动机；

Export—销往北美以外的车辆；

Except Export—在北美市场销售的车辆。

（3）克莱斯勒汽车电路图导线颜色代码表　电路图中的每根导线都有一个代码，用来确定主电路、主电路的某一具体部分、线规及颜色。例如：A 2 18LB/黄，表示是一个蓄电池供电电路，二级，线规为十八，淡蓝色，带有一个黄色的示踪物（表6-3-2）。

表6-3-2　导线颜色代码表

颜色代码	颜色	颜色代码	颜色
BL	蓝色	OR	橙色
BK	黑色	PK	粉色
BR	棕色	RD	红色
DB	深蓝色	TN	褐色
DG	深绿色	VT	紫色
GY	灰色	WT	白色
LB	浅蓝色	YL	黄色
LG	浅绿色	*	代条纹

（4）克莱斯勒汽车电路图电路识别代码表　电路图中的所有电路都使用字母/数字代码以识别导线及其功能。要确定一个系统使用了哪个电路代码（表6-3-3）。

表6-3-3　电路识别代码表

电路	功能	电路	功能
A	蓄电池供电	N	多个
B	制动控制	O	不使用
C	气候控制	P	电源选项（蓄电池供电）
D	诊断电路	Q	电源选项（点火供电）
E	变光照明电路	R	乘员保护装置
F	装有保险丝的电路	S	悬挂/转向
G	监控电路（仪表）	T	变速器/变速驱动桥/分动器
H	多个	U	打开
I	不使用	V	速度控制、刮水器/洗涤器
J	打开	W	刮水器
K	动力传动系控制模块	X	音响系统
L	外部灯	Y	临时
M	内部灯	Z	接地

（5）克莱斯勒汽车电路图识读指南　以克莱斯勒汽车电路图为例对电路图进行讲解（图 6-3-1）。

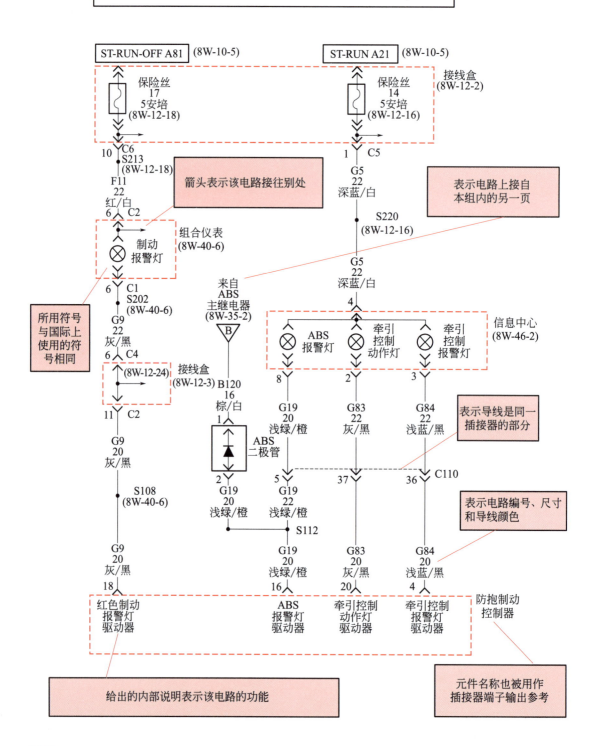

第 6 章 美国车系电路图识读指南

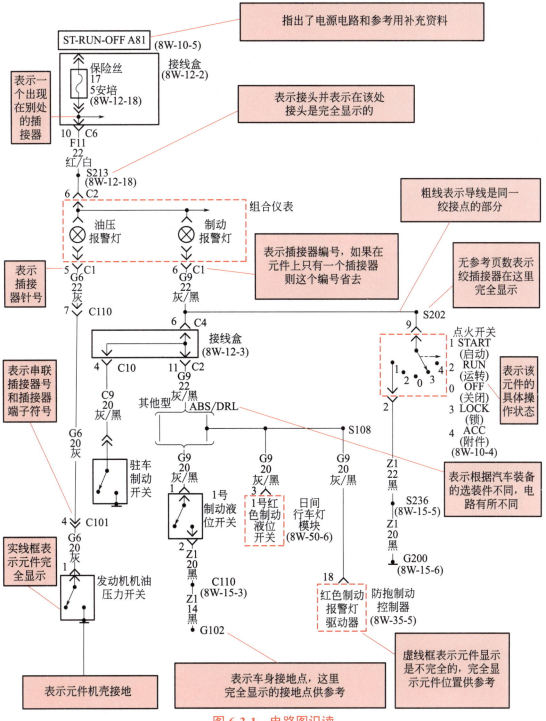

图 6-3-1 电路图识读

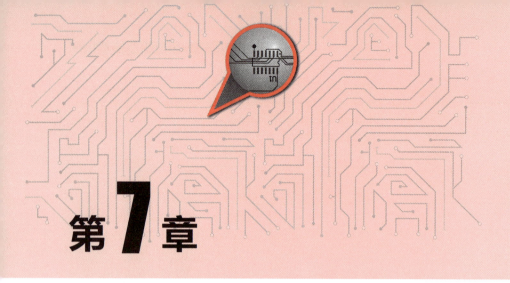

第7章

国产车系电路图识读指南

7.1 荣威汽车电路识读指南

电源分配电路图包括发动机舱电源分配和乘客舱电源分配,旨在了解车辆电源的分配情况。

维修电路图包括整车各系统的维修电路图、分支点电路图以及接地点电路图,旨在了解车辆各系统的电路原理。

(1)荣威汽车电路图缩略语的认识(表7-1-1)

表7-1-1 荣威汽车电路图缩略语

A	安培	CDL	中控门锁
A/C	空调	CHSML	高位制动灯
ABS	防抱死系统	CTRL	控制
ACFP	空调控制面板	CYL	气缸
ANT	天线	DI	转向
ATC	自动空调控制	DDSP	驾驶员侧电动车窗开关
AUH	自动驻车	EBS	蓄电池电流传感器
BCM	车身控制模块	EMS	发动机控制系统
BUS	数据总线	ECU	电子控制单元
CAN	控制区域网络	EDU	电驱动变速器

续表

EF	发动机舱保险丝	LVDS	低压差分信号传输
EPB	电子驻车制动	MS	中速
EPS	电子助力转向	NAV	导航
ESCL	电子转向锁	PASS	副驾驶
EVAP	蒸发器	PACM	行人警示模块
EVP	电子真空泵	PDC	驻车辅助控制
FB	反馈	PLCM	电动尾门控制模块
FCD	中央娱乐屏幕	PSI	碰撞传感器
FCW	前方碰撞预警	PTC	电加热器
FICM	前台娱乐控制模块	PWM	脉冲宽度调节
FL	左前	PWR	电源
Flap	风门	RLY	继电器
FR	右前	RLS	雨量传感器
FVCM	前视摄像头模块	Req	请求信号
GND	接地	RH	右侧
HDC	坡道缓降	RL	左后
HRW	后风窗加热	RR	右后
HS	高速	SCRN	屏蔽线
HSD	高速信号	SCS	动态稳定控制系统
HSU	门把手天线	SCU	换挡控制单元
IACU	空气净化器	SIG	信号
IGN	点火挡	SPK	扬声器
ILLUM	背光	SW	开关
IMMO	防盗	SYSTOT	通讯串口到通讯模块
INTS	集成热传感器	TBOX	通讯模块总成
ISG	集成起动发电机	TCCM	四驱控制模块
ITOS NTC Ref SNR	集成热指向参考传感器	TEMP	温度
ITOS NTC SNR	集成热指向传感器	TM	驱动电机
ITOS SUN SNR	集成热指向阳光传感器	TPMS	胎压监测模块
LDW	车道偏离报警系统	TTOSYS	通讯模块到通讯串口
LF	低频信号	UBR	经过主继电器的电压
LH	左侧	V	伏特

(2)荣威汽车电路图导线颜色代码和线束简称(表7-1-2)

表7-1-2 荣威汽车电路图导线颜色代码和线束简称

颜色代码	英文描述	中文描述
R	Red	红色
B	Black	黑色
O	Orange	橙色
S	Slate	灰色
K	Pink	粉色
N	Brown	棕色
Y	Yellow	黄色
U	Blue	蓝色
P	Purple	紫色
W	White	白色
G	Green	绿色
LG	Light Green	浅绿色
LU	Light Blue	浅蓝色
TAN	Tawny	黄褐色
DU	Dark Blue	深蓝色
DG	Dark Green	深绿色
线束简称	英文描述	中文描述
BY	Body Harness	车身线束
CE	Console Harness	中控台线束
DD	Driver Door Harness	驾驶员车门线束
DS	Driver Seat Harness	驾驶员电动座椅线束
ES	Steering Harness	电助力转向线束
FA	Facia Harness	仪表板线束
HV	Hign Voltage Harness	高压线束
PD	Passenger Door Harness	副驾驶车门线束
PS	Passenger Seat Harness	副驾驶员电动座椅线束
RD	Rear Door Harness	后车门线束
SR	Sunroof Harness	天窗线束

注:SCRN 为屏蔽线。

第7章 国产车系电路图识读指南

（3）荣威汽车电路图线束配置代码表（表 7-1-3）

表 7-1-3　荣威汽车电路图线束配置代码表

配置代码	配置描述	配置代码	配置描述
C06C	巡航控制	S10A	灯光自动控制系统
E102	两驱	S11D	日间行车灯
H10H	ESP+ARP+HDC	S14B	普通灯泡刹车灯
H11A	发光 Log	S15D	驾驶员侧电动玻璃一键自动上下
J17A	直接式胎压监测	S16D	仅驾驶侧玻璃防夹
K17B	AUTO HOLD	S19P	电动尾门
K20B	电动折叠电动调节带加热外后视镜	S25C	后视摄像头
M05D	遮阳板带照明灯	S30P	双免钥匙进入以及免钥匙启动
M10E	自动防眩目内后视镜	S31E	无钥匙发动机按键启动
M35A	后备箱电源插座	S35A	全景天窗
M52B	车门内饰氛围灯	S37B	蓝牙免提电话
N00A	驾驶员电动座椅	S40A	半自动泊车
N10D	副驾驶员电动座椅	S40P	后倒车雷达
N45W	前排座椅加热	S41L	车道偏离警示
Q00S	双安全气囊（驾驶员侧及乘客舱侧）+侧安全气帘	S45R	自动雨刮
		S53F	阿里娱乐系统
Q01B	胸及骨盆侧安全气囊	S57A	行人警示系统
Q105	带预紧的负载限制的紧急锁紧收紧装置的驾驶员安全带	S76X	仪表背光不可切换
		S78A	360°全景影像
Q11D	带预紧的负载限制的紧急锁紧收紧装置的副驾驶安全带	S79A	车门照地灯
		S85A	行车记录仪
Q20R	前安全带提示报警	T11H	自动恒温空调 - 双区域
R40A	12.3 寸全虚拟仪表	T21V	空气净化系统
S00A	带自动水平调节	U01D	双 USB 端口
S00H	投射式卤素大灯带水平调节	U058	8 扬声器
S02F	前雾灯	U11N	导航
S03F	后雾灯	U35R	方向盘带音量调节
S04A	带手套箱灯	U40D	10.4 英寸彩色显示屏

（4）荣威汽车电路图电源线路功能编号的含义　根据车辆上不同的供电状态，将电源分别编号为 KL30，KL15，KLR，KL50，KL58，KL31。

其中：

"KL30"表示蓄电池电源；

"KL15"表示当点火开关在 ON 位置时的蓄电池电源；

"KLR"表示当点火开关在 ACC 位置时的蓄电池电源；

"KL50"表示当点火开关在 ST 位置时的蓄电池电源；

"KL58"表示灯光控制开关在 1 和 2 位置时的蓄电池电源；

"KL31"表示接地。

（5）荣威汽车电路图识读指南

❶ 导线跨页。如图 7-1-1，表示导线连接至连接器号 EB002，针脚编号 6。

❷ 屏蔽线。屏蔽线在电路图上如图 7-1-2 所示。

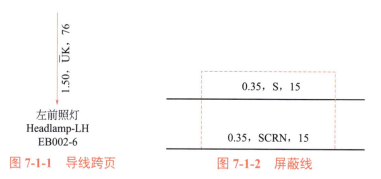

图 7-1-1　导线跨页　　　　　图 7-1-2　屏蔽线

❸ 分支点。分支点表示电路中各线路支路的连接点，用该线束简称后加 S 及序号定义各分支点。

如：BYS46 表示车身线束上第 46 号分支点（图 7-1-3）。

❹ 双绞线。双绞线在电路图中如图 7-1-4 所示。

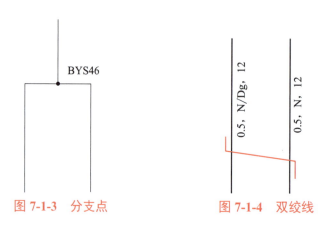

图 7-1-3　分支点　　　　　图 7-1-4　双绞线

❺ 部件。部件的名称和描述标示如图 7-1-5 所示，若与部件相连的连接器的针脚在该页全部显示出来，则用实框表示该部件，否则用虚框表示。

图 7-1-5 部件

❻ 导线属性。导线属性标示在电路图中导线上方,附加的信息(用一个",",分开)标示在导线颜色的旁边(图 7-1-6)。

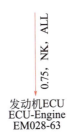

扫码看视频

"0.75"表示导线的截面积,单位是平方毫米;"NK"表示导线的颜色,如果导线有主要颜色和颜色条纹,则主要颜色放在前面,例如:"YR"表示黄色并带有红色条纹;"ALL"表示车型配置状况,在此表示适用任何车型

图 7-1-6 导线属性

7.2 名爵汽车电路识读指南

(1)名爵汽车电路图缩略语(表 7-2-1)

表 7-2-1 名爵汽车电路图缩略语

A	安培	CHSML	中央高位制动灯
ac	交流电	Col	颜色
ABS	防抱死制动系统	dc	直流电
A/C	空调	DDSP	驾驶员侧门组合开关
ATCU	自动变速器控制单元	EAT	电子自动变速器
ATF	自动变速器液	EBD	电子制动力分配
BUS	数据总线	ECM	发动机控制模块
CAN	控制区域网络	ECT	发动机冷却液温度
Cav	针(孔)	ECU	电子控制单元
CD	光盘	ESCL	电子转向管柱锁
CDL	中控门锁	F	保险丝

续表

FL	熔断丝	R	继电器
HFM	热膜式空气流量	rev/min	转／每分钟
HRW	后风窗加热	RF	射频
ITS	管状充气结构	RH	右侧
LCD	液晶显示屏	BCM	车身控制模块
LED	发光二极管	SRS	保护装置
LH	左侧	V	伏特
LSM	灯光控制模块	VICS	车辆信息通信系统
PDC	停车距离控制	VIN	车辆识别代号
PWM	脉冲宽度调节		

（2）名爵汽车电路图导线颜色（表7-2-2）

表7-2-2　名爵汽车电路图导线颜色代码

颜色代码	颜色	颜色代码	颜色
B	Black 黑色	R	Red 红色
G	Green 绿色	S	Slate（Grey）灰色
K	Pink 粉红色	U	Blue 蓝色
LG	Light Green 淡绿色	W	White 白色
N	Brown 棕色	Y	Yellow 黄色
O	Orange 橙色	SCR	Screen 屏蔽线
P	Purple 紫色		

（3）名爵汽车电路图线束简称（表7-2-3）

表7-2-3　名爵汽车电路图线束简称

简称	英文	中文	简称	英文	中文
FT	fuel tank	燃油箱线束	EB	engine bay	发动机舱线束
RD	rear door	后车门线束	RF	roof	车顶线束
DD	driver door	驾驶员车门线束	FC	facia	仪表板线束
PD	passenger door	乘客车门线束	EM	engine management	发动机线束
ST	seat（driver）	驾驶员座椅线束	HV	hevac	空调线束
BY	body	主线束	GB	gearbox	变速箱线束

续表

简称	英文	中文	简称	英文	中文
CL	ignition coil	点火线圈线束	PST	passenger seat	乘客座椅线束
IL	fuel injector	喷油器线束	CG	cigar light	点烟器线束
AT	atnenna	车顶天线线束			

（4）名爵汽车电路图识读指南

❶ 电源分配图。电源分配图（图7-2-1）显示了从蓄电池至发动机和乘客舱保险丝盒之间的连接。它也显示保险丝盒的内部连接。

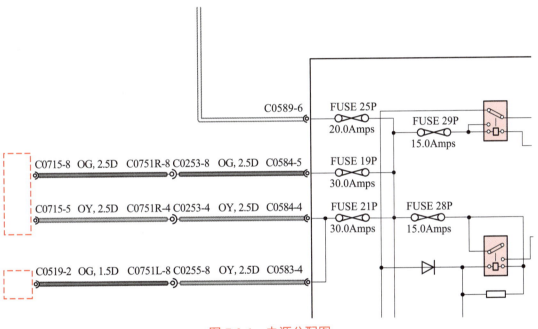

图 7-2-1 电源分配图

电源分配图显示保险丝盒详图后，接着是功能独立的专用电路，然后是接头和中心分接头部分，概述出线束内部接头和中心分接头如何分配电源。在诊断电器故障过程中需要这些信息以检测相关电路中的故障现象及缩小查找区域。

❷ 接地分布。接地分布部分包含许多接头和接点。它们的使用方法与电源分配相似，通过在相关电路中检查故障的现象来缩小查找区域（图7-2-2）。

❸ 接头和中心分接头。接头和中心分接头显示了首个零件的接合处和配线。接头通过带字母前缀的数字和电线的颜色来鉴别（图7-2-3）。

单独系统电路上显示的接头信息是不完整的。关于各接头的完整信息，参考相关的接头电路。

❹ 导线属性。导线属性标示在电路图中导线上方，附加的信息（用一个","分开）标示在导线颜色的旁边（图7-2-4）。

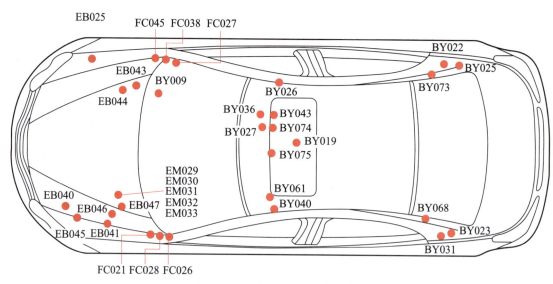

图 7-2-2 车辆各接地点位置

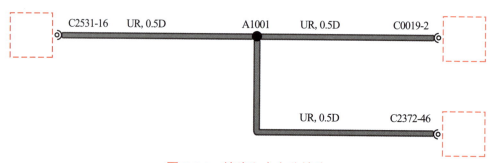

图 7-2-3 接头和中心分接头

图 7-2-4 导线属性

"580"—导线代号;"SLG"—导线颜色,此导线有主要颜色和颜色条纹,主要颜色放在前面,所以"SLG"表示灰色并带淡绿色条纹;"1.50"—导线的直径,单位是毫米;"2200"—导线长度,单位为毫米;"ALL"—车型配置状况,在此表示适用任何车型

❺ 连接器。连接器后面有带编号的后缀,可以用它来识别导线的针脚编号,例如:EM021-1 表示插头 EM021,针脚编号 1(图 7-2-5)。

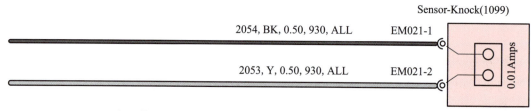

杯形符号"=C"表示母连接器;球形符号"O"表示公连接器。

图 7-2-5 连接器

❻ 导线跨页。如图 7-2-6，表示导线连接至第三页导线号为 WB008 的导线。

图 7-2-6　导线跨页

❼ 部件。部件的名称和描述显示如图 7-2-7 所示，一般用黑色方框表示。

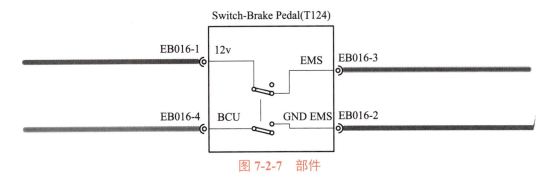

图 7-2-7　部件

❽ 屏蔽线。屏蔽线在电路图上如图 7-2-8 所示。

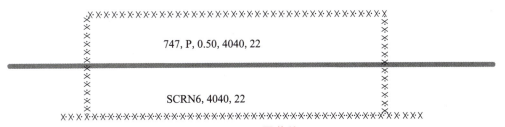

图 7-2-8　屏蔽线

❾ 保险丝和二极管。保险丝和二极管如图 7-2-9 所示。

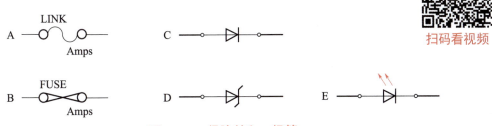

图 7-2-9　保险丝和二极管

扫码看视频

熔断丝（A）和额定电流保险丝（B）可按照图示识别；二极管符号（C）中的箭头方向表示电流的流动方向；稳压二极管（D）限制电流的流动从而保持精确的电压；当电流流过发光二极管 LED（E）时，发光二极管电亮。

❿ 双绞线。双绞线在电路图中如图 7-2-10 所示。

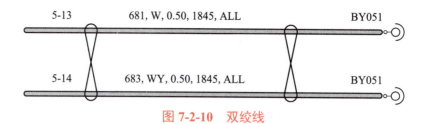

图 7-2-10 双绞线

7.3 传祺汽车电路识读指南

（1）传祺汽车电路图中的图标说明（图 7-3-1）

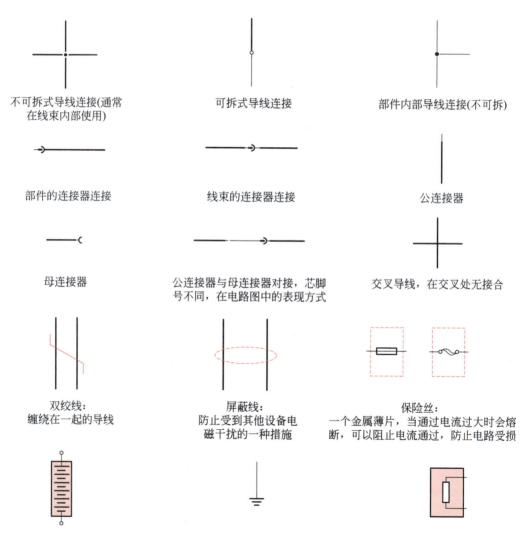

238

第7章 国产车系电路图识读指南

可变电阻：
一种带有可变电阻额定值的可控电阻器，也被称为分压器或变阻器

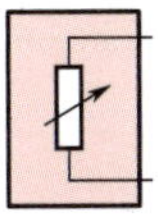

电容：
临时储存电压的小型存储单元

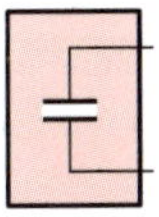

二极管：
只允许电流单向流通的半导体

发光二极管(LED)：
使用电流发光，但发光时不产生热量

灯泡：
电流流过灯丝，使灯丝变热并发光

开关：
打开或闭合电路，可允许或阻断电流通过

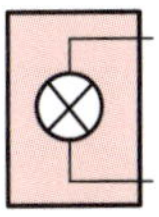

麦克风：
将声音信号转换为电信号的能量转换器件，也称话筒

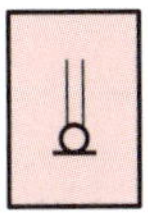

油压开关：
油压控制的开关，部件直接接地

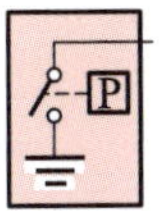

电机：
将电能转换为机械能

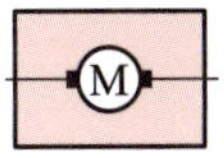

继电器：
一般指由电子控制的开关，电流流经线圈，产生磁场，可打开或闭合附接的开关

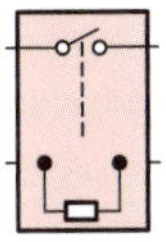

双掷继电器：
使电流流过两组触点中的任意一组触点，电流可通过的继电器

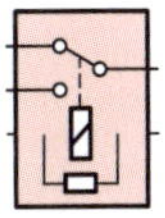

电磁阀：
一种电磁线圈，可在电流流过时产生磁场，用来移动金属柱塞等

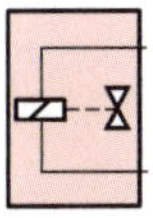

点火线圈：
把低压直流电，转换成高压脉冲电流，使火花塞点火的装置

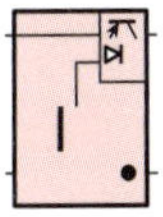

扬声器：
电流通过，产生声波的电气装置

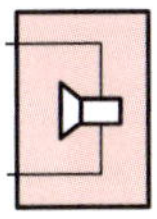

点烟器/加热丝：
一个电阻加热元件

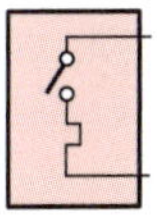

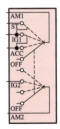
点火开关：
使用钥匙操作，且有多个位置的开关，可操作各种电路，特别是基本的点火电路

天线：
一种变换器，它把传输线上传播的导行波，变换成在自由空间中传播的电磁波，或者进行相反的变换

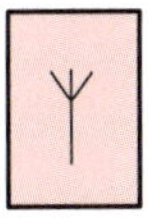

电子控制器

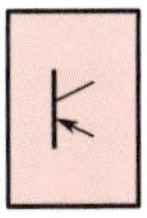

图 7-3-1 传祺汽车电路图图标说明

（2）传祺汽车电路图中的术语缩写（表 7-3-1）

扫码看视频

239

表 7-3-1　术语缩写

缩写	含义
ABS	制动防抱死系统
A/C	空调
AT	自动变速器
RMT	机械式自动变速器
ALS	前大灯自动调节系统
OBD	车载诊断系统
CAN-L	控制器局域网信号线 CAN-L 线
CAN-H	控制器局域网信号线 CAN-H 线
LIN	本地内联网
KL30	蓄电池电源
KL15	点火开关电源
KL87	主继电器电源
EBD	电子制动力分配系统
ESP	电子稳定程序系统
RPA	倒车雷达系统
GPS	车载卫星定位导航系统
SIG	信号
GND	接地
DEF	除雾装置
IP	仪表板线束
BD	车身线束
FB	前舱线束
EN	发动机线束
DD	左前车门线束
PD	右前车门线束
LD	左后车门线束
RD	右后车门线束
PCB	印刷电路板
TK	后备厢线束
RF	天窗线束
RB	后保险杠线束

（3）传祺汽车电路图识读指南

以广汽传祺 GS5 为例，讲解电路图中出现的图标及数字含义（图 7-3-2、表 7-3-2、图 7-3-3、表 7-3-3、图 7-3-4、表 7-3-4）。

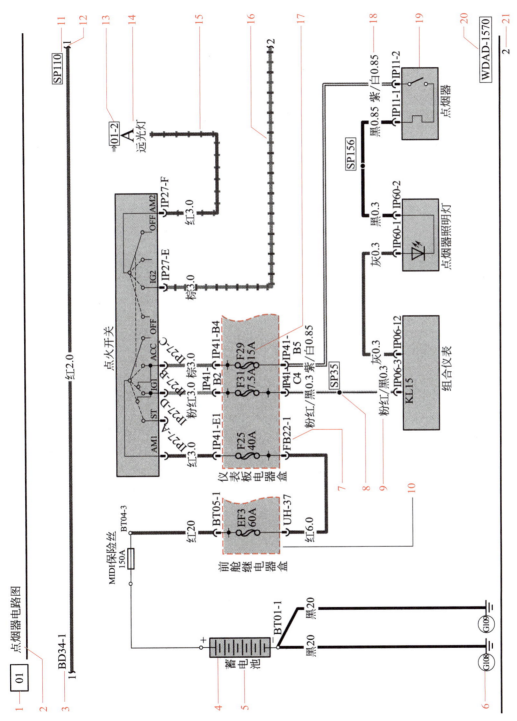

图 7-3-2 电路图识读（1）

表 7-3-2　电路图识读（1）

序号	说明
1	组别
2	系统标题
3	如在一页电路图中，没出现该导线的任一执行元件端/供电元件端，则用此方法标明该线束至上一电路页面的电气端子/连接代码
4	部件的内部图标
5	部件名称：通常标示部件代码和部件名称
6	接地点
7	连接器代码：例如 FB22-1 表示连接器 FB22 上第 1 个芯脚
8	连接代号：线束内部连接代号，不可拆
9	导线颜色：分为单色导线和双色导线例：双色导线颜色为"灰/白"主色颜色是"灰色"辅助颜色是"白色"
10	保险丝继电器盒（断头表示部件未完）
11	如在一页电路图中，没出现该导线的任一执行元件端/供电元件端，则用此方法标明该线束至下一电路页面的电气端子/连接代码
12	断接代码：转接页面的连接断点。指示导线的延续
13	跳接指向：指向同一系统下要跳接的系统页码
14	跳接代码：指示导线的延续，红色箭头延续到相同代号所在的页码
15	选项配置：表示此导线需注意车型配置（单一选配）
16	选项配置：表示此导线需注意车型配置（多种选配）
17	保险丝代码：图中"F29"表示仪表板继电器盒 29 号位保险丝 15A
18	导线截面积（单位：平方毫米）
19	电气部件
20	电路图图号
21	电路图页码

表 7-3-3　电路图识读（2）

序号	说明
22	断接代码：图示为图 7-3-2 的图例 12 中导线相对位置的对接示意。这种方式的断接导线上下页直接对接
23	系统元件断接符号：表示系统元件上下页间的关联关系
24	系统元件内部电路断接连接：通过系统元件断接示意，直接对接

表 7-3-4　电路图识读（3）

序号	说明
25	电源电路颜色区分：机械锁启动开关、无匙启动系统开关分别以蓝色、黄色的标题颜色在系统电路图里面标明，以区分两种电源电路
26	跳接指向：指向要跳接的系统页码
27	电源电路跳接说明：机械锁启动开关用方框示意；无匙启动系统开关用圆示意
28	跳接说明：用蓝色方框表示机械锁启动开关跳接符号
29	跳接说明：用黄色圆表示无匙启动系统开关跳接符号
30	跳接区域选项：在虚线内的所有跳接都采用图例 26 指向的系统页码

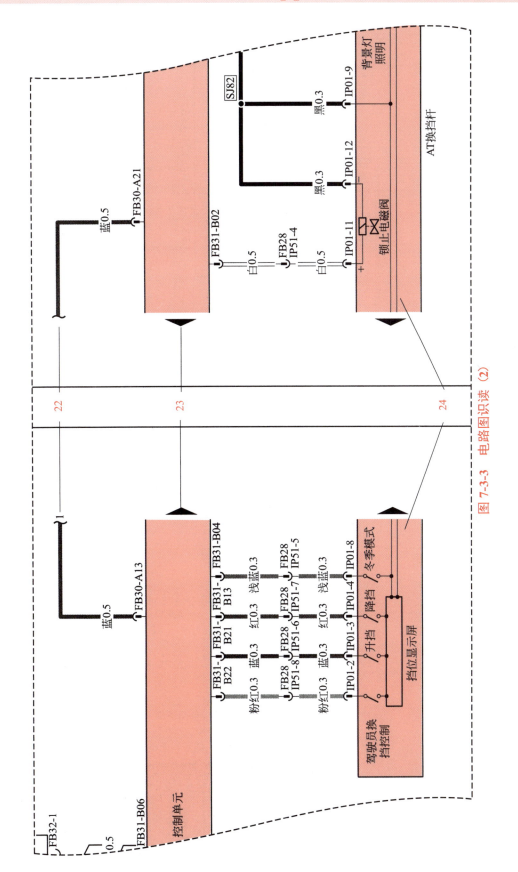

图 7-3-3 电路图识读 (2)

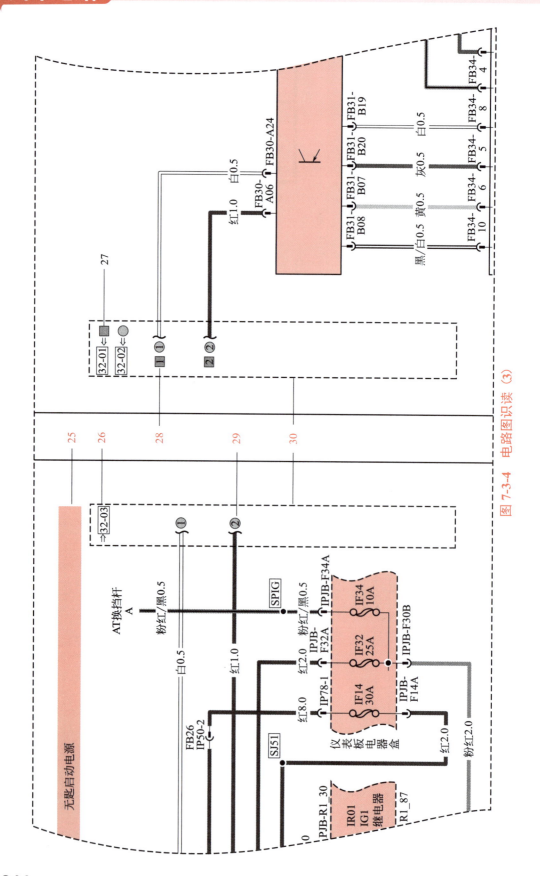

图 7-3-4 电路图识读（3）

7.4 吉利汽车电路识读指南

(1) 吉利汽车电路图图标符号（表 7-4-1）

表 7-4-1　图标符号

图标	说明	图标	说明	图标	说明
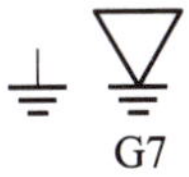	接地	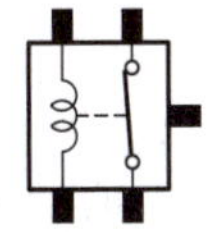	常闭继电器	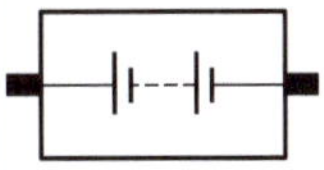	蓄电池
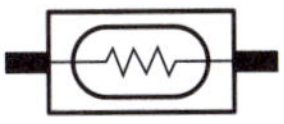	温度传感器	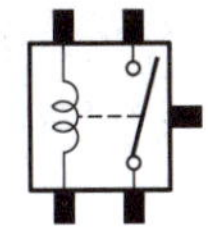	常开继电器	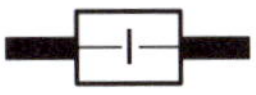	电容
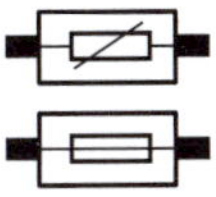	短接片	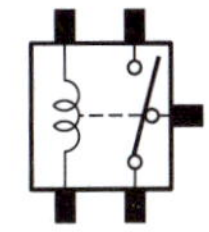	双掷继电器	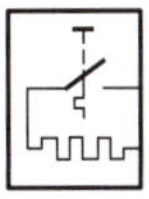	点烟器
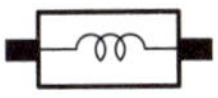	电磁阀	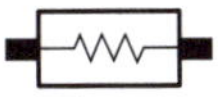	电阻		天线
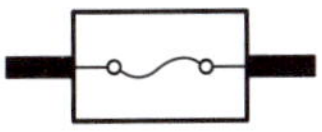	小负载保险丝	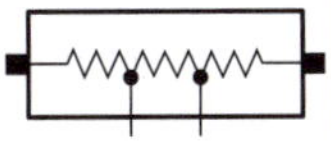	电位计	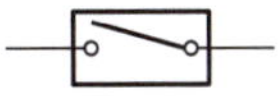	常开开关
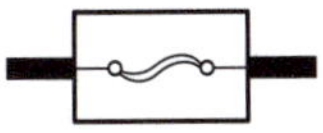	中负载保险丝		可变电阻器	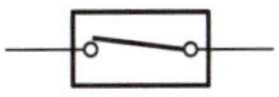	常闭开关
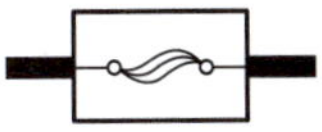	大负载保险丝	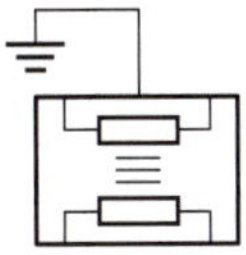	点火线圈	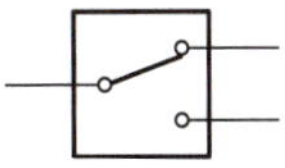	双掷开关
	加热器	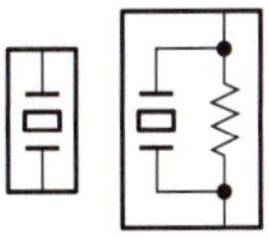	爆震传感器	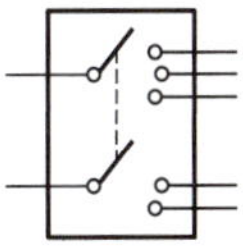	点火开关
	二极管		灯泡		双绞线
	光电二极管		线路走向	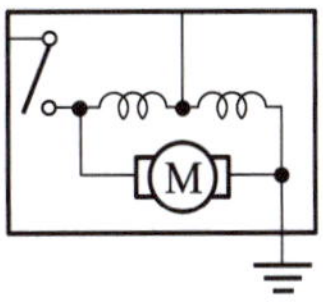	起动机

续表

图标	说明	图标	说明	图标	说明
	发光二极管		喇叭	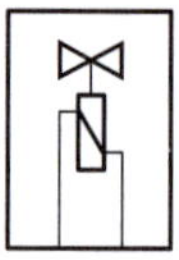	电磁阀
	电机	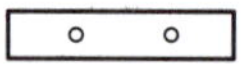	时钟弹簧	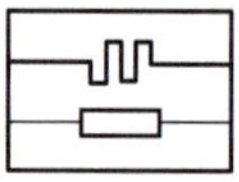	氧传感器
	限位开关	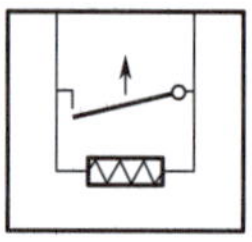	安全气囊	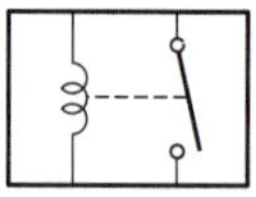	低速风扇继电器
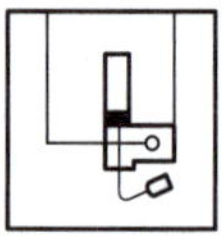	安全带预紧器	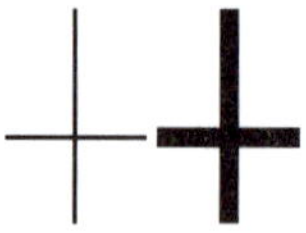	未连接交叉线路	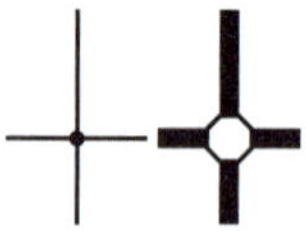	相连接交叉线路
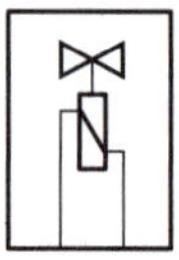	电磁阀				

（2）吉利汽车电路图名词术语缩略语（表7-4-2）

表 7-4-2 吉利汽车电路图名词术语缩略语

英文缩略语	中文说明	英文缩略语	中文说明
ABS	制动防抱死控制模块	EVAP	活性碳罐电磁阀
A/C	空调控制模块	HO₂S	氧传感器
ACU	安全气囊控制模块	IAC	怠速控制阀
ALT	发电机	IAT	进气温度传感器
BCM	车身控制模块	IMMO	发动机防盗系统控制模块
CAN	控制器区域网络	IPC	组合仪表
CKP	曲轴位置传感器	KS	爆震传感器
CMP	凸轮轴位置传感器	MAP	进气歧管绝对压力传感器
DLC	故障诊断接口	TPS	节气门位置传感器
ECM	发动机控制模块	VSS	车速传感器
ECT	冷却液温度传感器	PAID	倒车雷达控制模块

（3）吉利汽车电路图识读指南　以图7-4-1为例，讲解电路图中的图标和数字含义。

第7章 国产车系电路图识读指南

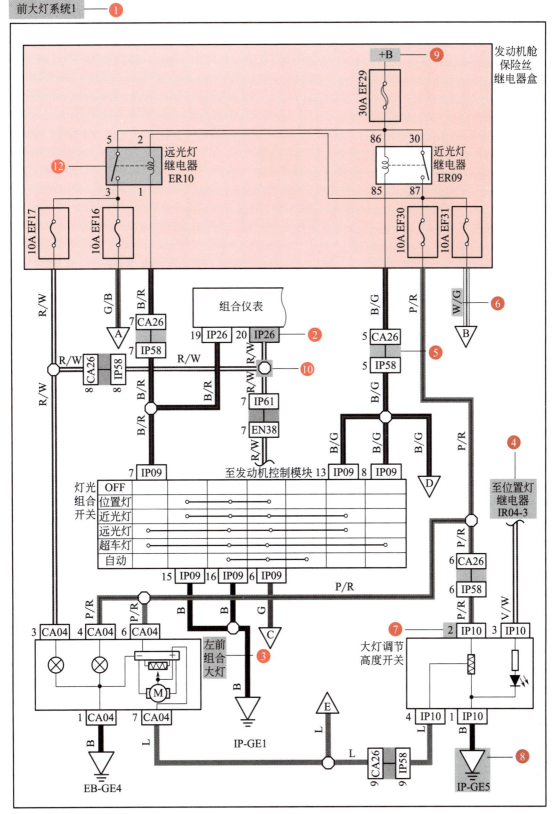

图 7-4-1

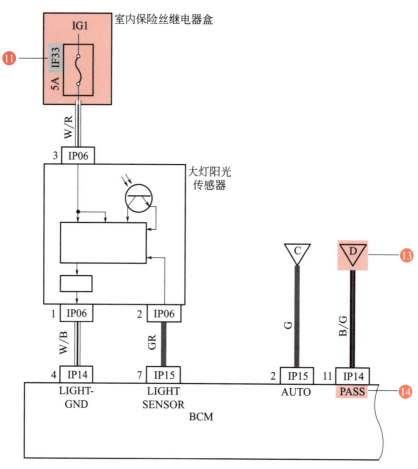

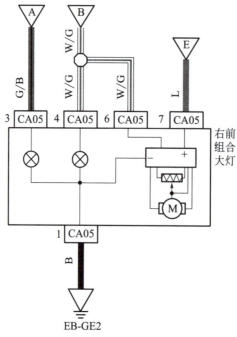

图 7-4-1 电路图识读

第 7 章　国产车系电路图识读指南

❶ 系统名称。

❷ 线束连接器编号。

线束连接器的编号规则以线束为基准,例如发动机舱线束中的空调压力开关线束连接器编号为 CA01,其中 CA 为线束代码,01 为连接器序列号。各代码代表的线束如表 7-4-3 所示。

表 7-4-3　线束代码

代码	线束名称	代码	线束名称
CA	发动机舱线束	SO	地板线束
EN	发动机线束	DR	门线束
IP	仪表线束	RF	室内灯（顶棚）线束

门线束定义包括四个车门线束；线束连接器编号详细参见线束布置图。

❸ 部件名称。

❹ 显示此电路连接的相关系统信息。

❺ 插头间连接采用细实线表示,并用灰色阴影覆盖,用于与物理线束进行区别。物理线束用粗实线表示,颜色与实际导线颜色一致。

❻ 显示导线颜色,颜色代码如表 7-4-4 所示。

表 7-4-4　线束颜色代码

颜色代码	导线颜色	示例
B	黑色	
Gr	灰色	
Br	棕色	
L	蓝色	
G	绿色	
R	红色	
Y	黄色	
O	橙色	
W	白色	
V	紫色	
P	粉色	
Lg	浅绿色	

如果导线为双色线，则第一个字母显示导线底色，第二个字母显示条纹色，中间用"/"分隔。

例如：标注为 G/B 的导线即为绿色底黑色条纹。

❼ 显示接插件的端子编号。注意相互插接的线束连接器端子编号顺序互为镜像，如图 7-4-2 所示。

图 7-4-2　接插件的端子编号

❽ 接地点编号。接地点序列编号除发动机线束接地点以 P 开头外，其余以 G 开头。接地点位置详细参见接地点布置图。

❾ 供给于保险丝上的电源类型。

❿ 导线节点（图 7-4-3）。

图 7-4-3　导线节点

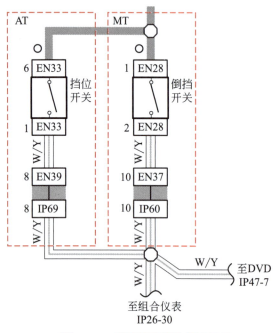

图 7-4-4　配置不同用虚线标示

⓫ 保险丝编号。由保险丝代码和序列号组成，位于发动机舱的保险丝代码为 EF，室内保险丝代码为 IF。保险丝编号详细参见保险丝列表。

⓬ 继电器编号。用单个英文字母标示，详细参见继电器列表。

如果由于车型、发动机类型或者配置不同而造成相关电路设计不同，在线路图中用虚线标示，并在线路旁添加说明（图 7-4-4）。

如果电路线与线之间有 8 字形标识，表示此电路为双绞线，主要用于传感器的信号电路或数据通信电路（图 7-4-5）。

⓭ 如果一个系统内容较多，线路需要用多页表示时，线路起点用图 7-4-6（a）表示，线路到达点则用图 7-4-6（b）表

250

示。如一张图中有一条以上的线路转入下页，则分别以 B、C 等字母表示，以此类推。

⑭ 端子名称。

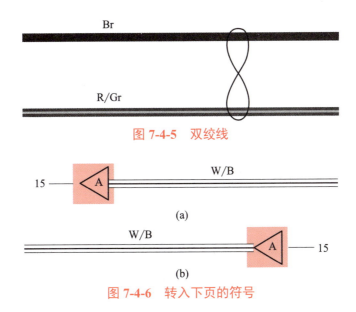

图 7-4-5 双绞线

图 7-4-6 转入下页的符号

7.5 北京汽车电路识读指南

电路图中每个系统电路图都有相应的配电线路，配电线路汇总信息在供电系统中集中表示。

电路图中所表示的所有开关、元件、模块都是处于静止位置（车门关闭，启动停止按键处于关闭状态）的。

电路图上表示的元件和线路可能与实际车辆上看到的不同，例如一根短导线和一跟长导线画得一样长。另外，开关和其他元件表示得尽可能简单，仅考虑所起到的作用。

插件端子定义图形为线束端图形（用电器端与线束端是对称的）。

（1）北京汽车电路图线束颜色代码（表 7-5-1）

表 7-5-1 线束颜色代码

线色	代码	线色	代码
红色	R	紫色	V
橙色	O	绿色	G
白色	W	蓝色	L
黑色	B	棕色	Br
黄色	Y	灰色	Gr

续表

线色	代码	线色	代码
粉色	P	深蓝色	Dl
浅绿色	Lg	黄紫色	YV
浅蓝色	Ll	深蓝棕色	DlBr
深绿色	Dg		

表 7-5-1 中最后两组为组合代码。例如：YV 表示为黄紫色，其中黄色为主色，紫色为辅色。

（2）电路图中的各种标号代表的含义 以图 7-5-1 为例讲解真实电路图中的各种标号代表的含义。

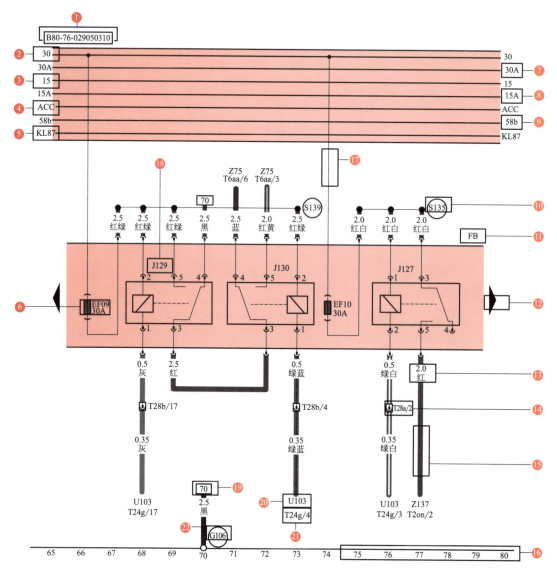

图 7-5-1　电路图中的各种标号

电路图中各标号的含义如下。

❶ 电路图图号，用以区分不同系统及不同页码的电路图。此图表示 B80C 车型第 29 组第 5 页的电路图。

❷ 电路图供电线，该供电线经由蓄电池给前舱继电器盒供电，不经过点火开关。

❸ 电路图供电线，该供电线经由点火开关 ON 挡 IG_1 供电。

❹ 电路图供电线，该供电线经由点火开关 ACC 挡供电。

❺ 电路图供电线，该供电线经由主继电器供电。

❻ 表示保险丝信息，其中 EF 表示保险丝代码，09 表示保险丝编号，30A 表示保险丝容量。

扫码看视频

❼ 电路图供电线，该供电线经由蓄电池给仪表板继电器盒供电，不经过点火开关。

❽ 电路图供电线，该供电线经由点火开关 ON 挡 IG_2 供电。

❾ 电路图供电线，该供电线经由背光调节开关（与室外照明开关一体）供电。

❿ 表示该线束的节点信息，此节点位于线束内部。

⓫ 表示所指元件的代码，图为前舱继电器盒代码 FB。

⓬ 表示前后页连接符号，此图代表元件 FB 在此页面没有完全显示并与下一页有关联。

⓭ 表示所指线路的线径和颜色，此图代表所指线路的截面为 $2.0mm^2$，颜色为红。

⓮ 对接插头，表示两套线束间的对接信息，T28a 为该对接插头代码，2 为该对接插头相应的针脚号。

⓯ 电路图供电线，粗线表示该供电线属于外部线束，有相应的线径及线色。

⓰ 表示所指页码的坐标系，也用作地线，此图代表此系统的第 5 页坐标系。

⓱ 电路图供电线，细线表示该供电线非外部线束，属于继电器盒内部线路。

⓲ 表示继电器代码。图为雨刮器低速继电器代码 J129。

⓳ 跳转标识，表示该线束与本组系统坐标号为 70 的线束相互连接。

⓴ 表示跳转指示的元件，此元件在本系统中不做主要介绍。

㉑ 表示跳转指示元件的针脚代码，代表所指元件 24 芯插头的第 4 针脚。

㉒ 接地点信息，G106 表示该接地点代码。

7.6 陆风汽车电路识读指南

（1）陆风汽车电路图线束代码（表 7-6-1）

表 7-6-1　陆风汽车线束代码

代码	线束名称	代码	线束名称
EN	发动机线束	ER	发动机舱线束

续表

代码	线束名称	代码	线束名称
IP	仪表板线束	RR	右后门线束
OL	左地板线束	RJ	尾门线束
OR	右地板线束	RF	顶棚线束
FL	左前门线束	TF	燃油箱线束
FR	右前门线束	RB	后保险杠线束
RL	左后门线束	AB	安全气囊线束

（2）陆风汽车电路图线束插头代码　线束插头编号规则以线束代码为基础（表7-6-2）。例如：

❶ 发动机线束中的插头 EN_01（插头直接到电气设备），其中 EN 为线束代码，插头序列号到从 01 开始。

❷ 线束与线束插头 EN-ER_01。其中 EN-ER 表示从发动机线束接到发动机舱线束插头，插头序列号到从 01 开始。

表 7-6-2　线束插头代码

代码	线束名称	代码	线束名称
EN_--	发动机线束插头	RL_--	左后门线束插头
ER_--	发动机舱线束插头	RR_--	右后门线束插头
IP_--	仪表板线束插头	RJ_--	尾门线束插头
OL_--	左地板线束插头	RF_--	顶棚线束插头
OR_--	右地板线束插头	TF_--	燃油箱线束插头
FL_--	左前门线束插头	RB_--	后保险杠线束插头
FR_--	右前门线束插头	AB_--	安全气囊线束插头

（3）陆风汽车电路图导线颜色代码（表7-6-3）

表 7-6-3　导线颜色代码

代码	导线颜色	图示
B	黑色	▬▬▬
W	白色	―――
R	红色	▬　▬
G	绿色	▬ ▬

续表

代码	导线颜色	图示
Lg	淡绿色	
Y	黄色	
L	蓝色	
P	粉红色	
V	紫色	
O	橙色	
Gy	灰色	
Br	棕色	
Sb	天蓝色	

如果导线为双色线，则第一个字母为导线底色，第二个字母为条纹色。

例如：标注为 LgR 的导线底色为淡绿色，红色条纹。

（4）陆风汽车电路图接地点说明　　系统原理图中以 G 开头的接地点编号表示电气设备引出导线接地。接地点说明详细参见接地点布置图（图 7-6-1、表 7-6-4）。

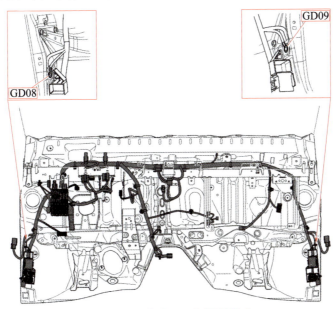

图 7-6-1　陆风 X5 车辆接地点

表 7-6-4　陆风 X5 车辆接地点说明

定义	位置	用途说明
GD08	左 A 立柱	左后视镜、后视镜调节开关、主窗开关、门锁开关、左前门锁电机、安全气囊、天窗、顶灯、诊断口、雨刮开关、灯光开关、转向角度传感器、后雨刮继电器
GD09	右 A 立柱	BCM、右后视镜、四驱 ECU、右前电动窗开关、点烟器、防盗、空调、AT 模式开关、CD、中央开关、仪表

(5) 陆风汽车电路图保险丝上的电源说明（图 7-6-2、图 7-6-3）

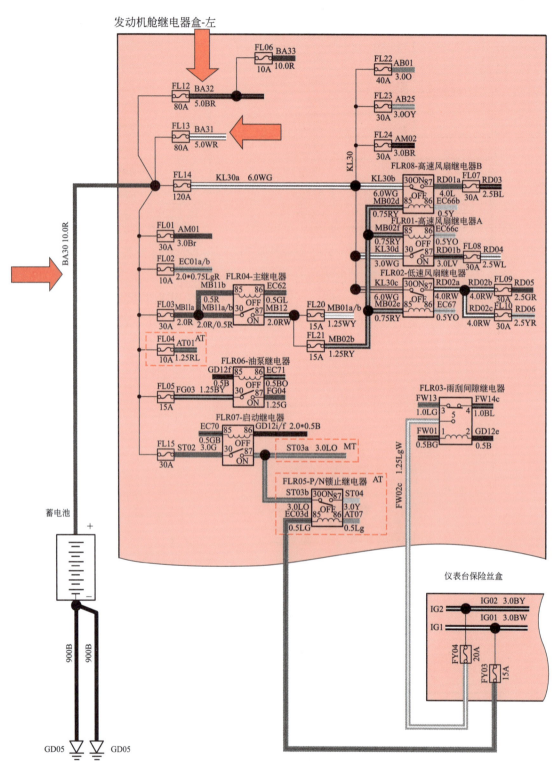

图 7-6-2　陆风 X5 车辆 BA30、BA31、BA32

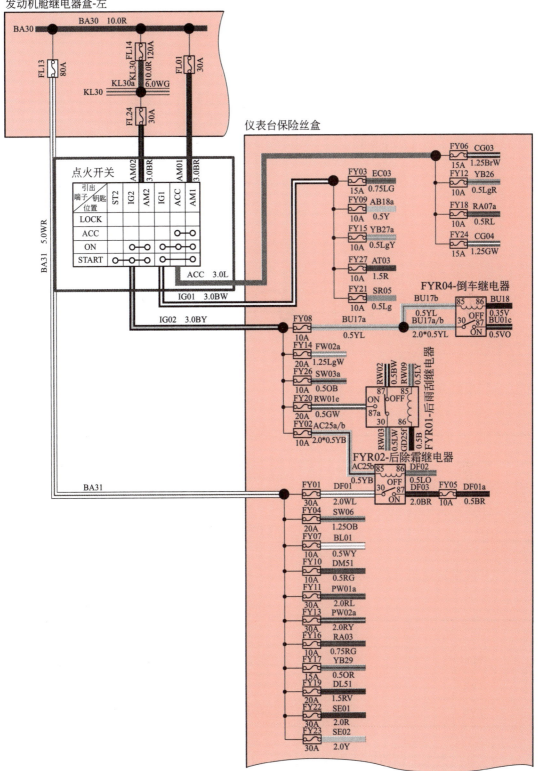

图 7-6-3 陆风 X5 车辆点火开关

- BA30：蓄电池电源。
- BA31：蓄电池电源通过主保险丝（80A）到仪表板保险丝盒的电源输出。
- BA32：蓄电池电源通过保险丝（80A）到发动机舱右侧保险盒的电源输出。
- KL30：发电机电源输出。
- IG2：点火开关处于"ON"挡时 5 号端子的电源输出。
- IG1：点火开关处于"ON"挡时 1 号端子的电源输出。
- ACC：点火开关处于"ACC"挡时的电源输出。

（6）导线节点（图 7-6-4）

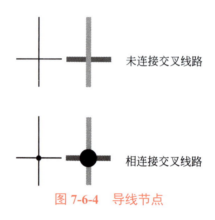

图 7-6-4　导线节点

（7）保险丝说明（表 7-6-5）

表 7-6-5　保险丝说明

代码	说明
FL	位于发动机舱左继电器盒内的保险丝
FR	位于发动机舱右继电器盒内的保险丝
FY	位于仪表板保险丝盒内的保险丝

（8）继电器说明（表 7-6-6）

表 7-6-6　继电器说明

代码	说明
FLR	位于发动机舱左继电器盒内的继电器
FRR	位于发动机舱右继电器盒内的继电器
FYR	位于仪表板保险丝盒内的继电器

（9）陆风汽车电路图识读指南　以陆风 X5 电路图为例，对电路图上的图标和标识进行讲解（图 7-6-5、表 7-6-7）。

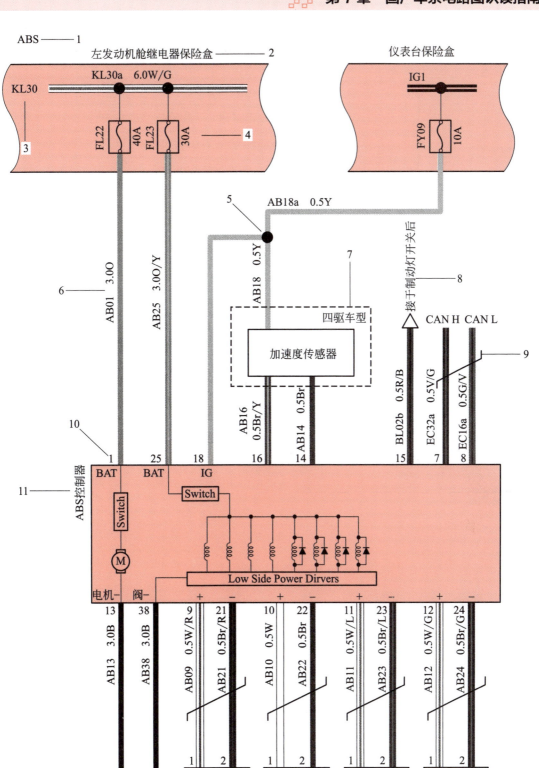

图 7-6-5 陆风 X5 电路图示意图

表 7-6-7　电路图解读

序号	说明
1	系统名称
2	淡蓝色填充表示电气中心（保险丝盒或继电器盒）
3	保险丝或继电器上的电源说明
4	保险丝说明
5	导线连接点
6	表示此电路的导线编号、线径及导线颜色
7	选配标识，表示该电气元件的选配条件
8	表示该电路连接的电器元件或元件端子号
9	此电路为双绞线，主要用于传感器的信号电路或数据通信电路
10	电气元件的端子（针脚）编号
11	电气元件名称
12	线路的接地点

扫码看视频

第 8 章 汽车电气系统原理

8.1 充电系统

以丰田卡罗拉电路图（图 8-1-1）为例进行讲解。

（1）发电机工作电路

❶ 发电机 IG 端子。当点火开关打至 ON 挡时，蓄电池通过端子 IG 给 IC 调节器提供工作电源。其电路为点火开关控制的继电器开关 IG 端子→ 1 号 GAUGE 熔断丝→发电机 B2 端子 IG。

❷ 发电机 S 端子。S 端子为蓄电池电压检测端子，检测电路为蓄电池正极→ ALT-S 熔断丝→发电机 B1 端子 S。

❸ 发电机 M 端子。M 端子接 C24（B）发动机 ECU，用于控制空调加热器元件的数量。

（2）充电电路　发电机 B 端子是发电机的输出端，充电电路为发电机 A1 端子 B → ALT 熔断丝→ FL MAIN 主熔断丝→蓄电池→蓄电池接地点→发电机接地点，给蓄电池充电。

（3）充电指示灯电路　接至点火开关电流（IG）→ 2 号 GAUGE 熔断丝→组合仪表 A13 端子 IG+ →充电指示灯→ A23 端子 CHG- →发电机 B4 端子 L。发电机没发电或充电量低时，指示灯两边会形成较大的电位差，遂指示灯会亮起以警示没充电。当发电机发电量正常时，L 端子会输出较大的电量，这时指示灯两边电位差基本相等，所以指示灯会熄灭。

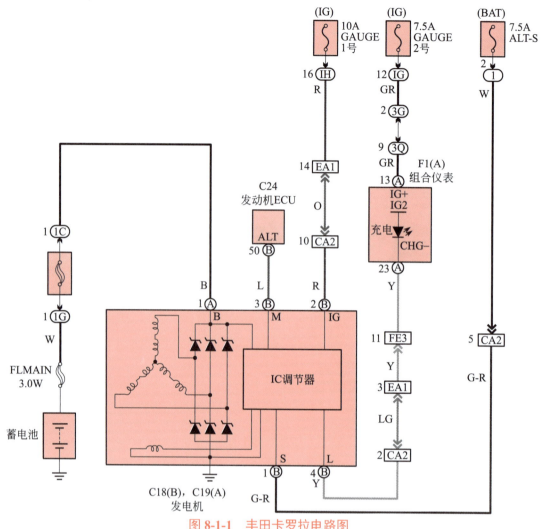

图 8-1-1　丰田卡罗拉电路图

8.2 启动系统

以丰田卡罗拉电路图（图 8-2-1）为例进行讲解。

❶ **起动机第一控制电路**　当点火开关置于 START 位置时，蓄电池正极→7.5A AM1 熔断丝→点火开关 2#→点火开关 1#→驻车/空挡位置开关或离合器启动开关→启动继电 1#→启动继电器线圈→启动继电器 2#→E1 接地点接地。此时启动继电器线圈得电，其触点闭合，启动继电器 5# 与 3# 导通（图 8-2-1）。

❷ **起动机第二控制电路**　蓄电池正极→30A AM2 熔断丝→点火开关 7#→点火开关 8#→启动继电器 5#→启动继电器 3#→起动机 B1 后分两路（一路经吸引线图→接地；另一路经保持线圈→起动机→接地）。此时线圈通电，电磁开关闭合。

❸ 主电路 蓄电池正极→起动机 A1 →电磁开关→起动机→起动机接地→蓄电池负极。此时起动机工作。

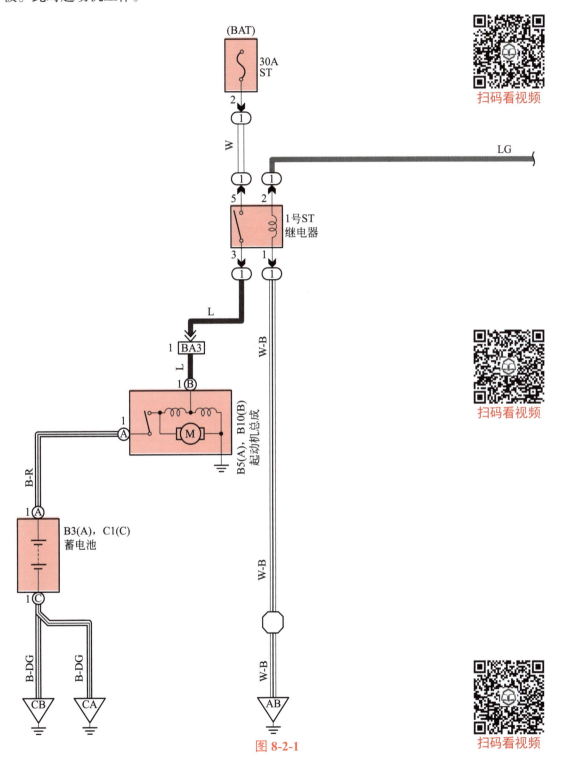

图 8-2-1

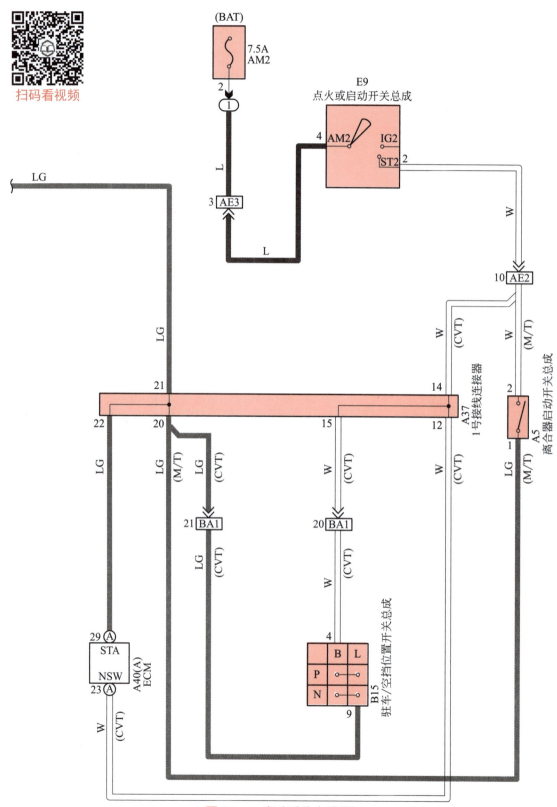

图 8-2-1 启动系统电路图

8.3 点火系统

扫码看视频

以大众帕萨特电路图（图8-3-1）为例，进行讲解。

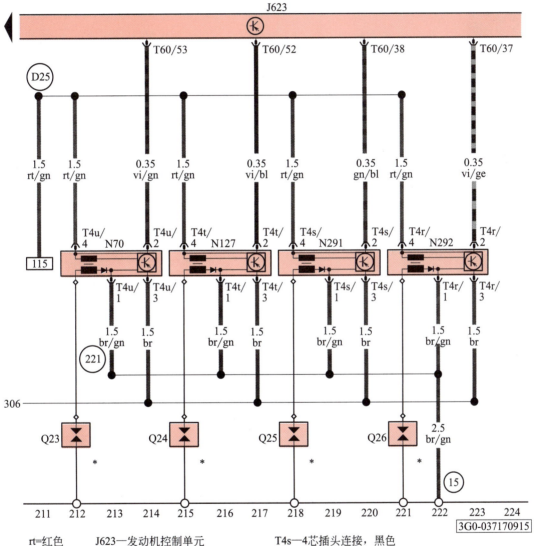

rt=红色
gn=绿色
bl=蓝色
vi=淡紫色
ge=黄色

J623—发动机控制单元
N70—带功率输出级的点火线圈1
N127—带功率输出级的点火线圈2
N291—带功率输出级的点火线圈3
N292—带功率输出级的点火线圈4
Q23—火花塞1
Q24—火花塞2
Q25—火花塞3
Q26—火花塞4
T4r—4芯插头连接，黑色

T4s—4芯插头连接，黑色
T4t—4芯插头连接，黑色
T4u—4芯插头连接，黑色
T60—60芯插头连接，黑色
15—气缸盖上的接地点
221—接地连接(发动机接地)，在发动机导线束中
306—接地连接(点火线圈)，在发动机预接线导线束中
D25—正极连接(15)，在发动机预接线导线束中
*—通过外壳接地

图 8-3-1　大众帕萨特独立点火系统电路图

点火线圈有两组绕组,即初级绕组和次级绕组。初级绕组由粗铜丝组成,接低电压,当电流流过初级绕组时,产生磁场。发动机控制单元触发点火线圈2端子和3端子的初级电路。由于电流流过初级线圈时产生一个磁场,点火时刻,初级电流被中断,引起次级线圈的磁场突然减弱,这时在次级线圈上产生点火电压。由于次级绕组的匝数比初级绕组多得多,因此,次级绕组中感应出高压电,通过火花塞产生电火花,从而点燃可燃混合气。每一个点火线圈安装一个二极管,这是为了抑制输出端关闭时产生的附加电压。点火线圈4号脚连接线为常电源,2号脚由发动机控制单元供电,1、3号脚为接地点。

扫码看视频

8.4 照明及信号系统

8.4.1 近光灯电路

当 E36A 主车身 ECU 接收到近光灯开启信号时,主车身 ECU 控制其端子 HRLY 输出一个接地信号,这时图 8-4-1 中的近光灯继电器工作使继电器常开触点闭合。

工作电路:蓄电池正极→ H-LP MAIN 40A 保险丝→近光灯 H-LP 继电器→车身 ECU HRLY 端子。

主电路:蓄电池正极→ H-LP MAIN 40A 保险丝→近光灯 H-LP 继电器常开触点闭合→ H-LP RHLO 和 LHLO 保险丝→左右两侧近光灯→接地。此时两侧的近光灯点亮。

8.4.2 远光灯电路

当 E36A 主车身 ECU 接收到远光灯开启信号时,主车身 ECU 控制其端子 DIM 输出一个信号经灯光控制电路使远光灯继电器常开触点闭合。

工作电路:蓄电池正极→ H-LP MAIN 40A 保险丝→近光灯 H-LP 继电器常开触点闭合→远光灯 DIM 继电器常开触点闭合→ H-LP RHHI 和 LHHI 保险丝→左右两侧远光灯→接地。此时两侧的远光灯点亮。

第8章 汽车电气系统原理

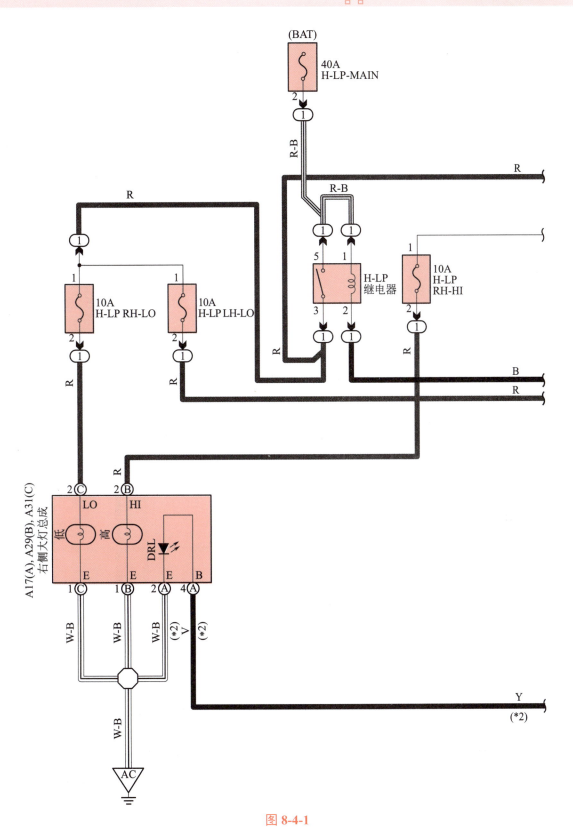

图 8-4-1

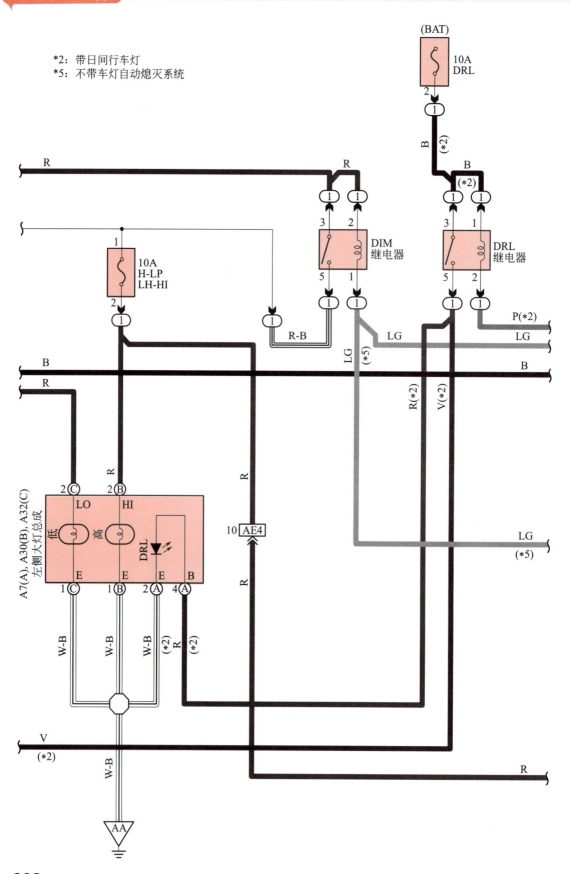

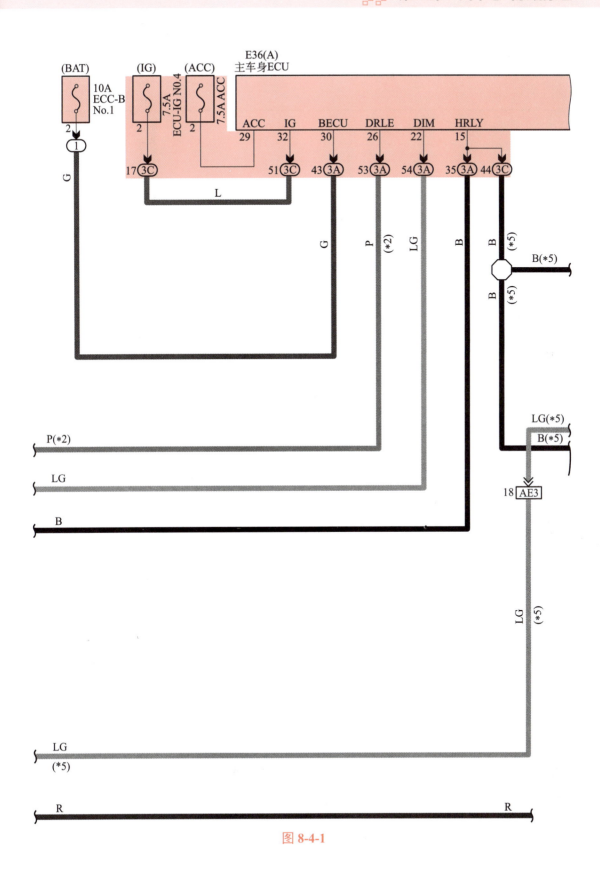

图 8-4-1

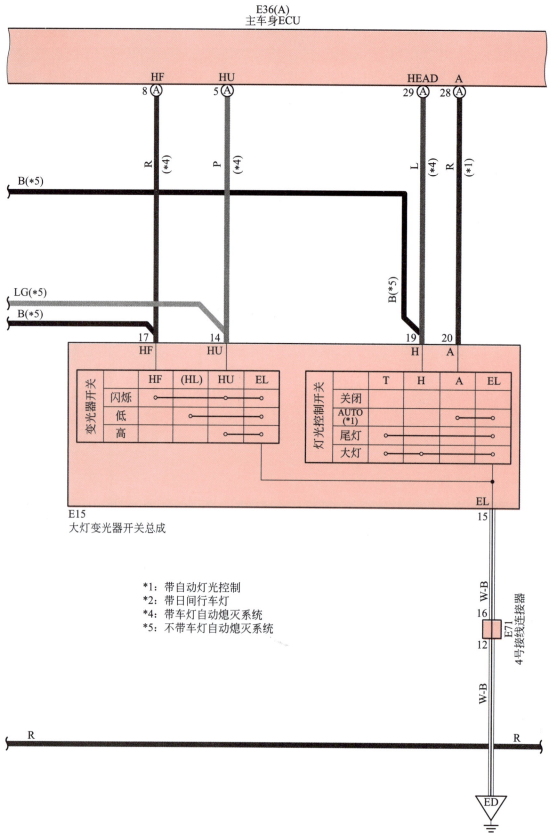

第 8 章 汽车电气系统原理

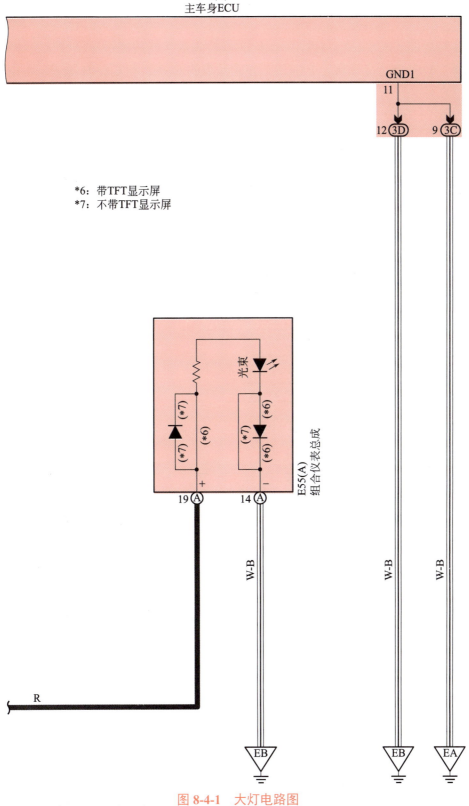

图 8-4-1 大灯电路图

8.4.3 指示灯电路

指示灯电路（图 8-4-2）主要由主体 ECU 接收信号然后通过数据线从主体 ECU 的 CANL 和 CANH 端子分别接至 F1（A）组合仪表的 CANL 和 CANH 端子，再由仪表控制指示灯点亮。

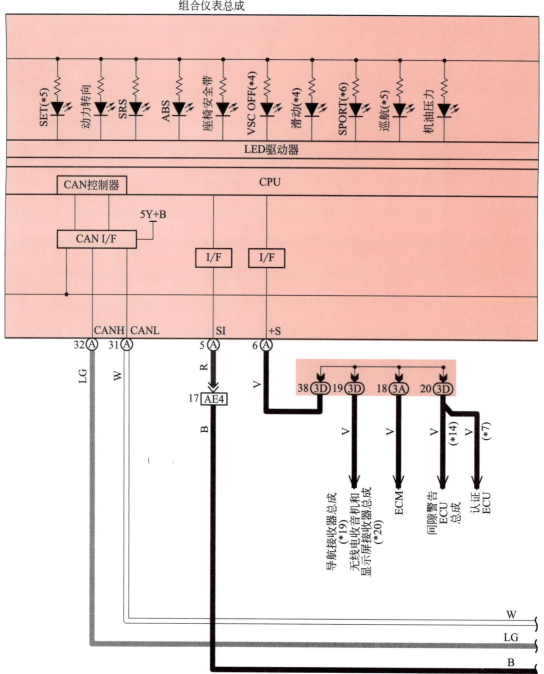

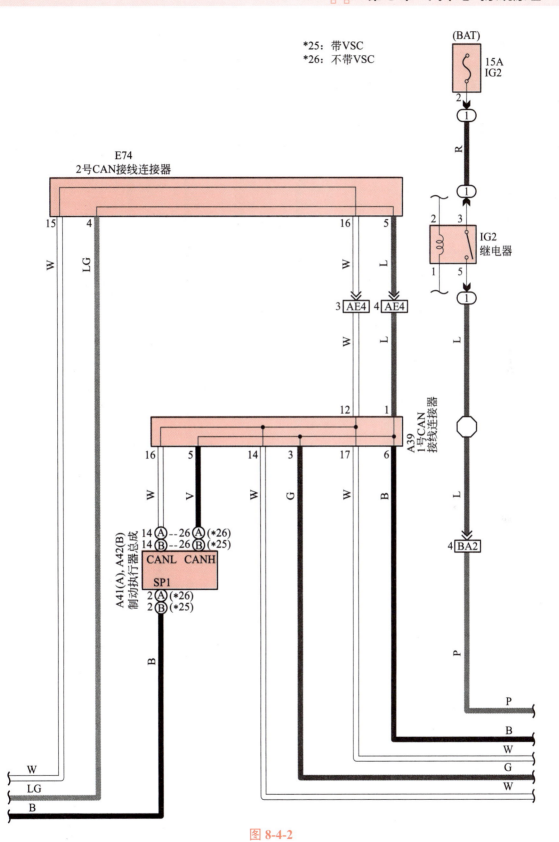

图 8-4-2

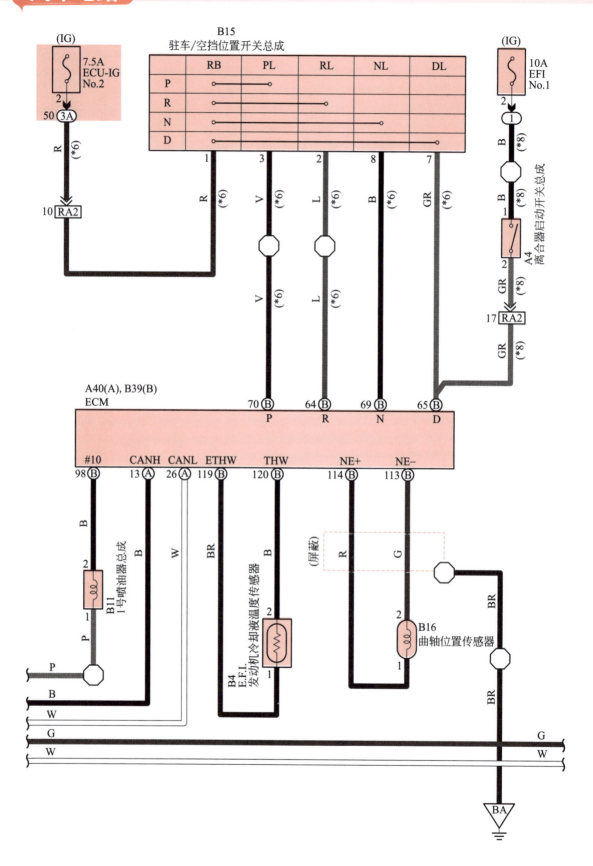

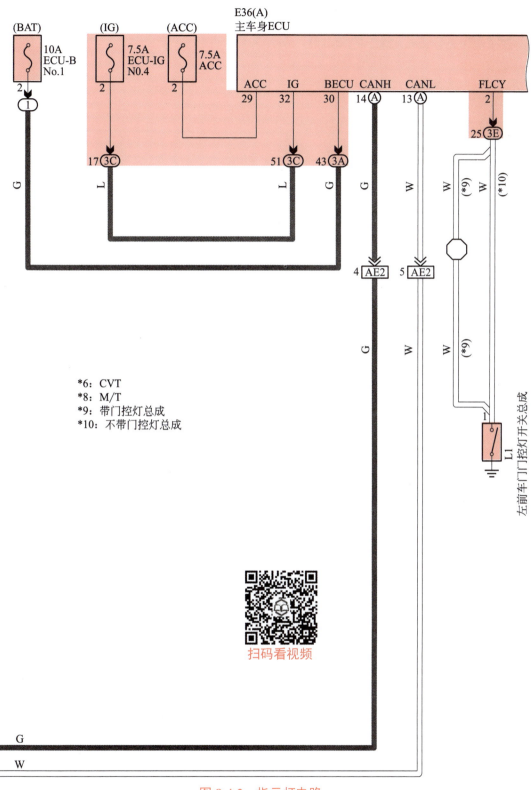

图 8-4-2 指示灯电路

8.5 安全系统

以雪弗兰科鲁兹电路图为例进行讲解。

8.5.1 安全带

雪弗兰科鲁兹安全带电路图如图 8-5-1 所示。

（1）电路组成　包括驾驶员侧安全带开关、乘客侧安全带开关、前乘客感知传感器、安全气囊系统传感和诊断模块（SDM）、驾驶员安全带指示灯、乘客安全带指示灯等。

（2）电路操作　安全带有助于将乘员保持在乘客舱内，并在以下事件中逐渐减少碰撞冲击力：正面冲击型碰撞、后部冲击型碰撞、侧面冲击型碰撞、翻车型碰撞。

所有的安全带卷收器都有紧急锁紧保护。正常情况下卷收器是解锁的，以便各乘员的上身能自由移动。当安全带从卷收器中迅速收缩、车速突然改变、车辆行驶方向突然改变、操作车辆上陡坡、操作车辆下陡坡等情况下，摆动体可使锁杆与卷收器机构卷轴上的齿嵌合，摆动体将安全带锁定到位。安全带具有自动锁紧（锁止）功能，该锁紧功能在安全带完全从卷收器中拉出时启动。该锁紧功能可防止安全带拉出的幅度超过规定的卷收位置。当使安全带完全卷回到卷收器中时，可取消该锁紧功能。取消该锁紧功能后，安全带即解顿，安全带可从卷收器中拉出。

❶ 前排座椅安全带系统。 前排座椅安全带系统包括驾驶员和乘客座椅安全带预紧器、卷收器。两个前排座椅安全带预紧器都有安全带开关，该开关位于座椅锁扣中，用于控制安全带提示灯和声音警报器。

❷ 安全带系紧指示灯。 该车辆有 2 个安全带系紧指示灯。驾驶员侧安全带系紧指示灯由仪表板组合仪表（IPC）控制，乘客侧安全带系紧提示灯位于仪表板（I/P）中央附近的乘客侧气囊启用／停用状态指示灯内。

当驾驶员侧安全带系好、驾驶员侧车门关闭且点火开关置于 ON 位置时，安全带指示灯不工作（声音警报器也不工作）。

当有乘员坐在前排乘客座椅上、乘客侧安全带系好、乘客侧车门关闭且点火开关置于 ON 位置时，位于乘客座椅的乘客感知系统状态指示灯内的安全带指示灯将不会点亮（声音警报器也不工作）。

当驾驶员侧安全带未系好、驾驶员侧车门关闭且点火开关量于 ON 位置时，安全带系紧指示灯将持续点亮 20s，直到系好驾驶员侧安全带（声音警报器会鸣响 4～8s，然后关闭）。

当有乘员坐在前排乘客座椅上、乘客侧安全带未系好、乘客侧车门关闭，且点火开关置于 ON 位置时，位于乘客座椅的乘客感知系统状态指示灯内的安全带指示灯将会点亮（声音警报器会鸣响 4～8s，然后关闭）。

第8章 汽车电气系统原理

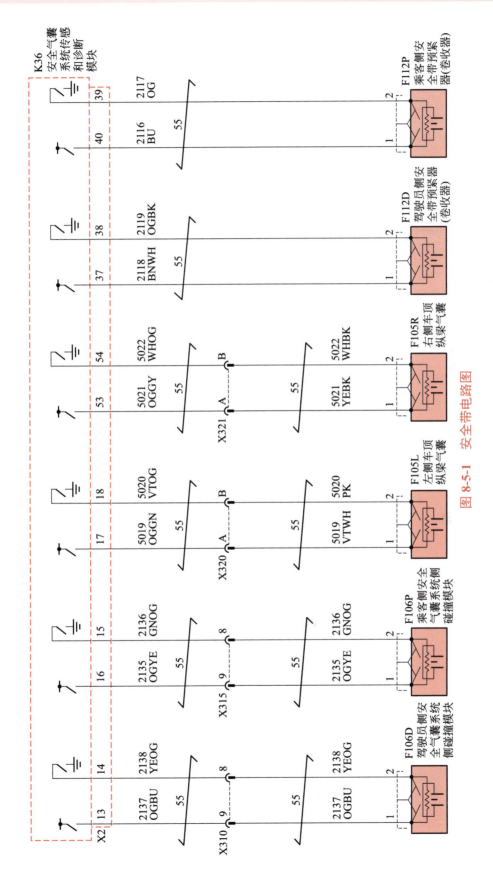

图 8-5-1 安全带电路图

汽车电路 原理·识读·检测·维修

8.5.2 安全气囊系统

❶ 安全气囊系统电源、搭铁、指示灯和停用开关，如图 8-5-2 所示。

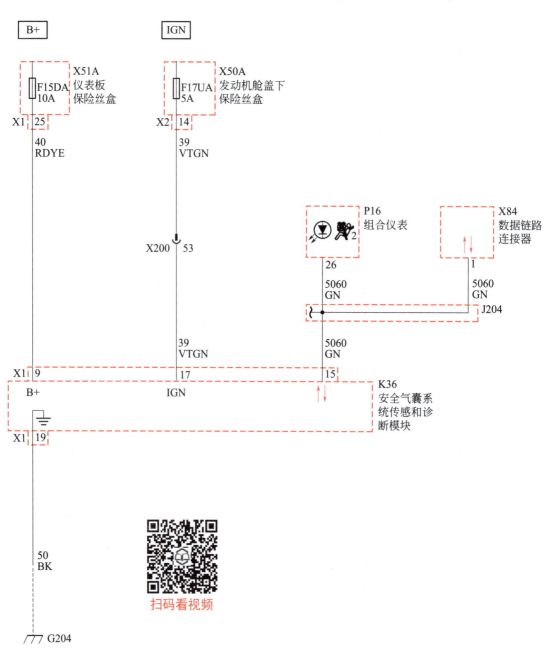

图 8-5-2 安全气囊系统电路图

电路解读：传感和诊断模块（SDM）是一个微处理器，它是安全气囊系统（SIR）的控制中心。传感和诊断模块包含有多个内部传感器和外部传感器（如配备），安装在车辆的关键位置处。如果发生碰撞，传感和诊断模块将来自内部和外部传感器的信号与存储器中的存储值进行比较。当产生的信号超过存储值时，传感和诊断模块就使电流流经相应的展开回路，从而展开安全气囊。传感和诊断模块记录气囊展开时的安全气囊系统状态，并点亮位于仪表板组合仪表上的气囊指示灯。将点火开关置于 ON 位置时，传感和诊断模块会对安全气囊系统的电气部件和电路进行连续诊断监测。传感和诊断模块检测到故障时，就会存储一个故障诊断码，并请求仪表板组合仪表点亮气囊指示灯，以通知驾驶员有故障存在。如果在碰撞过程中失去了点火正极电压，传感和诊断模块将维持 23V 的回路储备电源（23VLR）从而使安全气囊能够展开。

❷ 正面碰撞模块电路，如图 8-5-3 所示。

电路解读： 方向盘气囊模块线圈连接在转向柱上并位于方向盘下面。方向盘气囊模块线圈由两个或多个载流线圈组成，这些线圈可以在方向盘转动时，使乘客侧气囊展开回路和方向盘气囊展开模块之间保持连续的电接触。如果装备了双级安全气囊，方向盘气囊模块展开回路会使用两个或四个线圈。根据不同车型，如果方向盘上连接了其他附件，会使用更多的线圈。方向盘气囊模块线圈连接器位于转向柱底座附近。当维修充气模块时，短路棒将短接充气模块展开回路，以防止安全气囊意外展开。双级充气模块包括一个壳体、充气式安全气囊、2 个点火引爆装置以及装有气体发生材料的容器，在某些情况下还有储存的压缩气体。2 个点火器属于正面安全气囊展开回路的一部分。正面安全气囊展开回路的作用是使电流流过方向盘和仪表板（I/P）充气模块，从而展开安全气囊。充气模块有两个展开级别，可根据碰撞的严重程度来选择对乘员的保护程度。当车辆发生中度的正面碰撞时，充气模块并不完全展开安全气囊（低展开程度），气囊展开由充气模块的 1 级展开回路完成。当车辆发生较严重的正面碰撞时，安全气囊将完全展开，整个过程由充气模块的 1 级和 2 级展开回路共同完成。电流流过点火器，引爆气体发生器中的材料，从而迅速产生大量气体，在某些情况下还会释放压缩气体。该反应生成的气体使安全气囊迅速充气膨胀。安全气囊一旦充入气体，就会通过气囊通气孔或气囊纤维快速放气。

每个双级充气模块都装备有一个短接棒，位于模块连接器上。当连接器断开时，短路棒将短接充气模块展开回路，以防止安全气囊意外展开。

❸ 侧碰撞模块、车顶纵梁气囊模块和安全带预紧器电路，如图 8-5-4 所示。

电路解读： 侧碰撞模块位于座椅靠背的外侧部分内。车顶纵梁气囊模块位于车顶内衬下，从前风窗玻璃立柱延伸到后风窗玻璃立柱。它们包括壳体、气囊、点火引爆装置和一个装有气体发生材料的容器。点火器属于展开回路的一部分。当车辆遇到冲击力足够大的侧面碰撞时，侧碰撞传感器检测到该碰撞，并向传感和诊断模块发送一个信号。传感和诊断模块将来自侧碰撞传感器的这一信号与存储器中的设定值进行比较。当生成的计算值超过存储值时，传感和诊断模块就使电流流经侧面气囊展开回路，使侧面气囊和车顶纵梁安全气囊展开。侧面气囊展开回路由传感和诊断模块、侧碰撞模块和接线组成。传感和诊断模块持续不断地检测展开回路是否有故障，一旦出现故障，就点亮安全气囊指示灯。

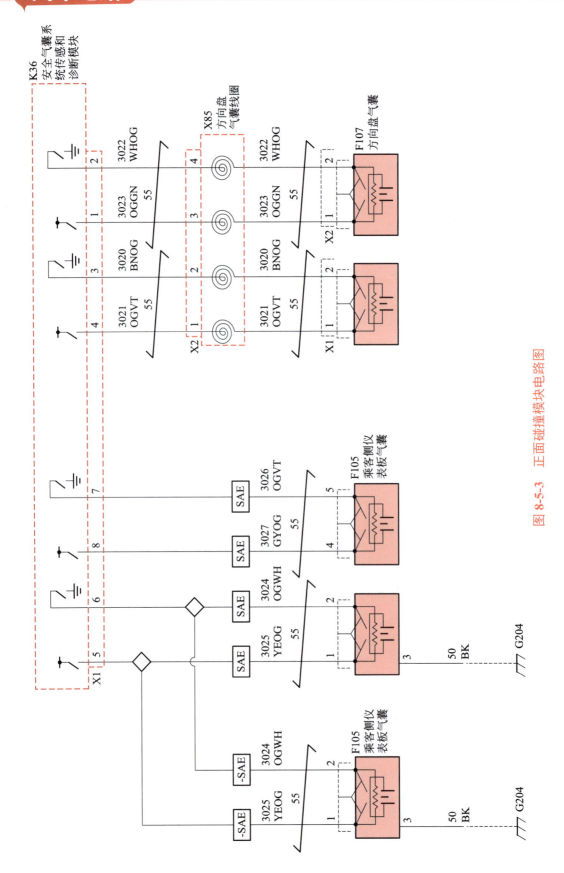

图 8-5-3 正面碰撞模块电路图

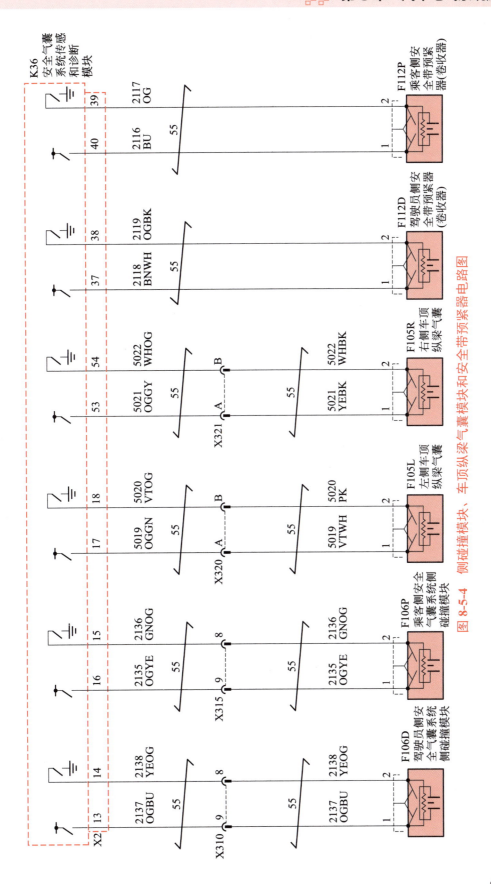

图 8-5-4 侧碰撞模块、车顶纵梁气囊模块和安全带预紧器电路图

汽车电路 原理·识读·检测·维修

8.5.3 防抱死制动系统

防抱死制动系统的电源、搭铁和串行数据如图 8-5-5 所示。

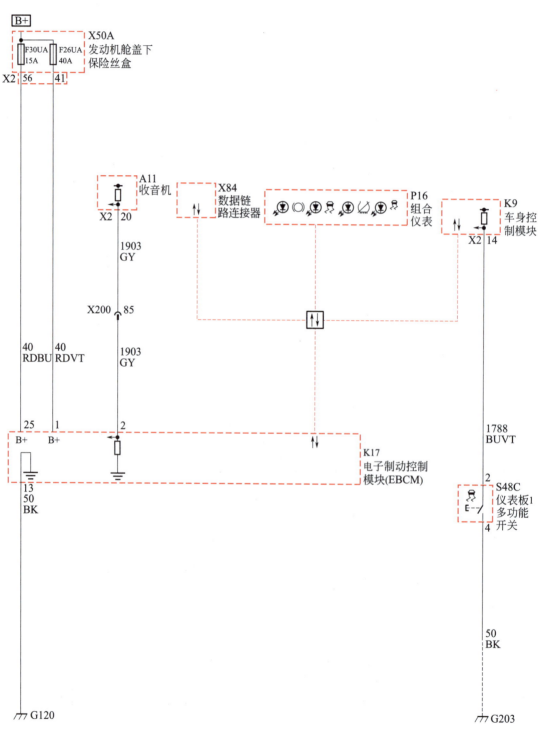

图 8-5-5　防抱死制动系统电路图

(1) 制动警告指示灯工作原理　发生以下情况时，组合仪表会点亮制动警告指示灯。

❶ 组合仪表执行灯泡检测。

❷ 电子制动控制模块检测到泵电机和电磁阀故障、内部硬件故障或者电池电压过高或过低时，会发送串行数据至组合仪表请求点亮指示灯。

❸ 车身控制模块（BCM）检测到驻车制动器已接合。组合仪表接收到来自车身控制模块请求点亮指示灯的串行数据信息。

(2) 防抱死制动系统指示灯　发生以下情况时，防抱死制动系统会点亮防抱死制动系统指示灯。

❶ 组合仪表执行灯泡检测。

❷ 电子制动控制模块检测到防抱死制动系统停用故障时，会发送串行数据信息至组合仪表请求点亮指示灯。

(3) 牵引力控制/稳定性控制启用指示灯　发生以下情况时，组合仪表会点亮牵引力控制/稳定性控制启用指示灯。

❶ 组合仪表执行灯泡检测。

❷ 防抱死制动系统处于牵引力控制或稳定性控制模式。

❸ 电子制动控制模块检测到牵引力控制/稳定性控制禁用故障时，会发送串行数据信息至组合仪表请求点亮指示灯。

(4) 牵引力控制停用指示灯　发生以下情况时，组合仪表点亮牵引力控制停用指示灯。

❶ 组合仪表执行灯泡检测。

❷ 驾驶员按下牵引力控制开关，手动停用牵引力控制系统时，电子制动控制模块向组合仪表发送串行数据信息，请求点亮指示灯。

(5) 稳定性控制停用指示灯　发生以下情况时，组合仪表点亮稳定性控制停用指示灯。

❶ 组合仪表执行灯泡检测。

❷ 驾驶员按下牵引力控制开关，手动停用稳定性控制系统时，电子制动控制模块向组合仪表发送串行数据信息，请求点亮指示灯。

8.5.4　防盗系统

防盗系统电路如图 8-5-6 所示。

电路解读： 遥控功能接收器模块提供一个安装在转向柱锁上的线圈，此线圈用于读出钥匙的无线电收发器频率代码，该信息发送到车身控制模块（BCM）。主防盗模块的功能是作为几个模块之间的交互。确定发动机是否接合的程序由几个步骤组成。

❶ 用于车辆的钥匙必须在车身控制模块上注册。

❷ 在几个模块中，车辆识别码被编程。所使用的电子控制单元包括电子制动控制模块、暖风、通风与空调系统控制模块，组合仪表和安全气囊系统传感和诊断模块。其中，至少有三个模块必须在给定时间内响应以使发动机启动，并且始终需要组合仪表的响应。

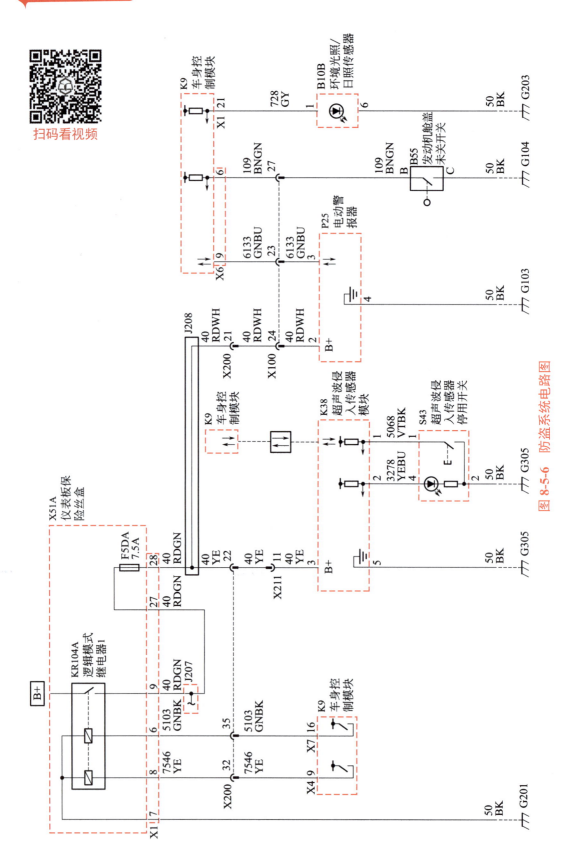

图 8-5-6 防盗系统电路图

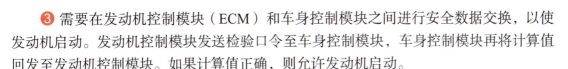

❸ 需要在发动机控制模块（ECM）和车身控制模块之间进行安全数据交换，以使发动机启动。发动机控制模块发送检验口令至车身控制模块，车身控制模块再将计算值回发至发动机控制模块。如果计算值正确，则允许发动机启动。

如果三个步骤中有任何一个无法完成，则停用起动机、燃油喷射系统和点火系统，导致发动机不启动。此外，指示灯也指示错误。

安全防盗系统（CTD）工作原理如下：

启动安全防盗系统用来阻止车内物品被盗，当检测到非法进入车辆时，它会鸣响喇叭并点亮车外灯约30s。但是，安全防盗系统不影响发动机启动。

（1）车身控制模块　安全防盗系统是车身控制模块的一个内部功能，车身控制模块利用串行数据和各种开关输入信息执行安全防盗系统的功能。当车身控制模块检测到非法进入车辆时，就会触发喇叭并点亮车外灯。车身控制模块有4个运行安全防盗系统的基本模式（解除、待机、启动和报警）。

（2）安全指示灯　安全指示灯由安全防盗系统的车身控制模块或防盗系统模块提供指令，在仪表板组合仪表上点亮。在启动前，安全防盗系统使用安全指示灯通知驾驶员系统的状态。

（3）驾驶员侧车门锁锁芯开关　安全防盗系统使用驾驶员侧车门锁芯开关作为解除安全防盗系统的一种方法。根据来自每个开关的离散输入，车身控制模块接收驾驶员侧车门锁芯开关状态。当转动驾驶员侧车门锁芯时，安全防盗系统将立即解除。

（4）发动机舱盖未关开关　安全防盗系统使用发动机舱盖未关开关作为状态指示灯，以启动警报。车身控制模块通过开关的离散输入信号监视发动机舱盖未关开关。在安全防盗系统启动时，如果车身控制模块收到一个指示发动机舱盖已打开的信号，车身控制模块就会启动警报。

（5）后备厢盖未关开关　安全防盗系统使用后备厢盖未关开关作为状态指示灯，以启动警报。车身控制模块通过开关的离散输入信号监视后备厢盖未关开关。在安全防盗系统启动时，如果车身控制模块收到一个指示后备厢盖已打开的信号，车身控制模块就会启动警报。

（6）安全防盗系统传感器（侵入／倾角传感器）　安全防盗系统传感器是一个双传感器，它包括侵入传感器和倾角传感器。侵入／倾角传感器由车身控制模块监测。侵入传感器是一个振动传感器，它监视强行进入或车内移动。倾角传感器监视车辆的驻车角度。举升车辆或挂车时，可能会出现车辆角度改变的现象。如果安全防盗系统处于启动模式，且检测到车辆侵入或有倾角，安全防盗系统将进入警报模式。

（7）防盗警报器或电动警报器　防盗警报器或电动警报器在某些出口型车辆上使用。如果安全防盗系统处于警报模式，车身控制模块将请求防盗警报器接通。

（8）玻璃破裂传感器　玻璃破裂传感器是振动传感器，它监测通过后侧车窗的强行进入或玻璃破裂。如果安全防盗系统处于启动模式，且检测到后侧车窗玻璃破裂，则安全防盗系统将进入警报模式。

第 9 章 汽车电路故障检修

9.1 常用汽车电路检测设备

（1）万用表　汽车专用万用表主要用来检测直流电流强度、直流电压、交流电压及导线的电阻等参数，还可用来检测转速、闭合角、占空比（频宽比）、频率、压力、时间、电容、电感、半导体元件及温度等（图 9-1-1）。

（2）钳形电流表　使用万用表测量线路中的电流时，须断开并将万用表串联在线路中，并且只能测量较小的电流。钳形电流表则可在不断开电路的情况下，直接测量线路中的大电流，如起动机的启动电流。其主要部件是穿心式电流互感器。在测量时，将钳形电流的磁铁套在被测导线上，形成匝数为 1 匝的一次线圈。接通电路后，通过电磁感应，二次线圈产生感应电流，与二次线圈相连的电流表指针便发生偏转，指示线路中电流的数值（图 9-1-2）。

图 9-1-1　万用表

图 9-1-2　钳形电流表

（3）测试灯　测试灯用来检查系统电源电路是否给电器部件提供电源。常用的有以下两种。

❶ 12V 测试灯，如图 9-1-3 所示。

❷ 自带电源测试灯。自带电源测试灯在手柄内装有两节电压为 1.5V 的干电池，用来检查电器线路的断路和短路故障（图 9-1-4）。

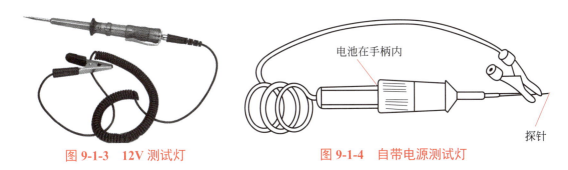

图 9-1-3　12V 测试灯　　　　　　　　　图 9-1-4　自带电源测试灯

a. 断路检查。首先断开与电器部件相连接的电源电路，将测试灯一端搭铁，另一端接电路各接点（从电路首端开始）。如果灯不亮，则断路出现在被测点与搭铁之间；如灯亮，则断路出现在此时的被测点与上一个被测点之间。

b. 短路检查。首先断开电器部件电路的电源线和搭铁线，测试灯一端搭铁，另一端与余下的电器部件电路相连接，如灯亮，则表示有短路故障（搭铁）存在。然后逐步将电路中的插接器拨开，接通开关，拆除部件等，直到灯灭为止，则短路出现在最后的开路部件与上一个开路部件之间。

c. 不可用测试灯检查发动机 ECU，除非维修手册中有特殊说明，方可进行。

（4）示波器　示波器在汽车维修工作中，对点火系统检测、尾气排放分析和零件质量检测等大有用处。示波器的功能主要有设置示波器、触发并采集信号（波形）、缩放并定位波形、测量波形等（图 9-1-5）。

图 9-1-5　手持式示波器　　　　　　　　图 9-1-6　汽车故障诊断仪

在使用示波器时，可能需要接触到系统的其他部分，为避免潜在的危险，应特别注

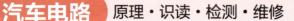

意静电放电（ESD）可能损坏示波器及其附件。为防止静电放电，在安装或拆卸敏感元件时，应戴上防静电的搭铁腕带以释放自身的静电压。在安装或拆卸敏感元件时，勿在工作区内使用可能产生或带有静电荷的任何装置。在台面或底座表面易于产生静电荷的区域内，避免操作敏感元件。同时也不要在任何表面上滑动敏感元件，更不要触摸插接器的外露插针，以尽可能减少对敏感元件的操作面积。敏感元件应装入防静电的袋子或容器中才可进行储运。

（5）汽车故障诊断仪　用于检测汽车故障的便携式智能汽车故障自检仪，用户可以利用它迅速地读取汽车电控系统中的故障，并通过液晶显示屏显示故障信息，迅速查明发生故障的部位及原因（图 9-1-6）。

9.2　汽车电路故障检修常识

9.2.1　根据电路图检修电路

我们在观看电路图的时候，应该要学会看线上面的字母。这些字母代表的是线色，在我们去实车查找线路的时候，能为我们节省很多的时间。

对于线色说明，各种汽车都差不多，如不了解或有疑惑，可查询每本电路手册前面的线色说明。G 是指的单色线，如果标注的是两个字母，譬如下图 DLC3R 4 号脚，标注的 W-B，则说明这根线是一根白黑线。在有的电路图中，还标注了线径。

在实车检修电路中，我们应该先检查能够简单直观检查到的。假设左转向灯不亮，我们应该先检查什么？

在维修中，我们也需要一定的经验。譬如左转灯不亮，不可能所有的转向灯一下全部坏掉，我们就不应该怀疑灯泡的问题。当然，不排除会出现这种情况，可这种情况是极低，极低的。

以左转向不亮为例，讲解维修思路（图 9-2-1）。

❶ 打开双闪开关（警示灯开关），看左转向灯是否能亮。亮则说明是转向灯开关的问题，不亮则说明是闪光继电器或闪光继电器后方的线路故障。

❷ 如果不亮，则需要拆下危险警告灯开关，量 3 号脚有无电压输出。如果是不好拆除的，也可以通过线色，去到仪表台下方找到该线。从电路图中可以看到线的颜色是 G/B，则说明这根线是一根双色线，颜色是绿黑。我们测量这根线有无电压即可。有电压，则说明故障点在闪光继电器后方。无电压，则需要关闭转向灯开关，测量这根线是否在线路中存在搭铁故障。一般来说，是不存在搭铁故障的。如搭铁，则会烧掉保险丝/闪光继电器，右边也会不正常。针对这个故障，一般都是更换闪光继电器。

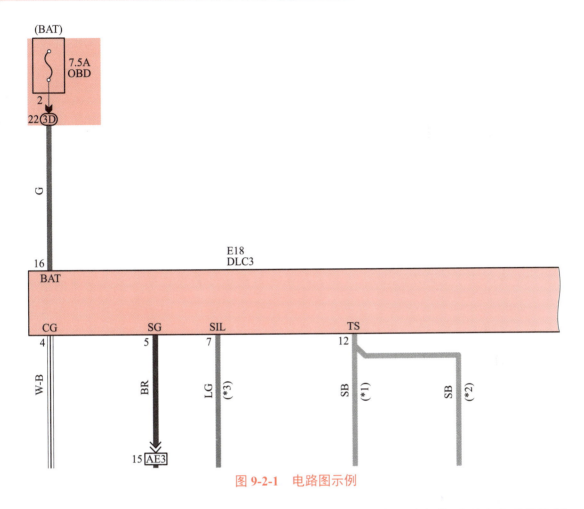

图 9-2-1　电路图示例

❸ 如果点亮，则检查转向灯开关的线路。从电路图中，我们能看到这个开关控制的是负极，负极上的 J2 代表的是插接器，并不是什么元件。而且它与右转向灯共负极，我们则可以排除是负极线的问题。这时只需要去测量从闪光继电器到转向灯开关的线路是否有电即可，一般可根据线色，找到该线。图中是 G/W，则表明这根线是绿白。组合开关的线基本都是顺着方向盘，走到方向盘下方，查找起来相对比较容易。如果有电，在打左转向时仍有电，则说明是转向开关的问题。如果没电我们则需要先拆下闪光继电器，测量闪光继电器输出是否有电。没电更换闪光继电器。有电，则查找线路中哪里出现了断路。这里线路出现短路的情况也不会发生。

最后介绍一个小技巧，针对经常烧保险丝的故障，可以通过下面的方法去检修。

打开开关马上烧保险丝。此时可以把故障电路的保险丝换成一个灯泡。这样哪怕线路中有短路现象，也不会烧毁灯泡。我们再通过拔某些插头、断开某些线路去维修，这样也能大大地缩短维修时间。

如果是偶发性的烧保险丝，则可以通过给怀疑线路增加保险的方式来判断，即断开怀疑线路，串联一个保险丝进去，这个保险丝的容量要比线路中原保险小。当然，也不能太小，如果是小于工作电流，那样是没办法查找故障的。

9.2.2 汽车电路故障常用排除方法和维修方法

（1）直观诊断法　汽车电路发生故障时，有时会出现冒烟、火花、异响、焦臭、发热等异常现象。这些现象可直接观察到，从而可以判断出故障所在部位。

（2）试灯法　试灯法就是用一只汽车用灯泡作为试灯，检查电路中有无断路故障。

（3）断路法　汽车电路设备发生搭铁故障时，可用断路法判断，即将怀疑有搭铁故障的电路段断开后，观察电器设备中搭铁故障是否还存在，以此来判断电路搭铁的部位和原因。

（4）短路法　汽车电路中出现断路故障，还可以用短路法判断，即用起子或导线将被怀疑有断路故障的电路短接，观察仪表指针变化或电器设备工作状况，从而判断出该电路中是否存在断路故障。

（5）仪表法　观察汽车仪表板上的电流表、水温表、燃油表、机油压力表等的指示情况，判断电路中有无故障。例如发动机冷态，接通点火开关时，水温表指示满刻度位置不动，说明水温表传感器有故障或该线路有搭铁。

（6）低压搭铁试火法　即拆下用电设备的某一线头对汽车的金属部分碰试而产生火花来判断。这种方法比较简单，是广大汽车维修电工经常使用的方法。搭铁试火法可分为直接搭铁和间接搭铁两种。

所谓直接搭铁，是未经过负载而直接搭铁产生强烈的火花。例如我们要判断点火线圈至蓄电池一段电路是否有故障，可拆下点火线圈上连接点火开关的线头，在汽车车身或车架上刮碰，如果有强烈的火花，说明该电路正常；如果无火花产生，说明该段电路出现了断路。

间接搭铁是通过汽车电器的某一负载而搭铁产生微弱的火花来判断线路或负载是否有故障。例如将传统点火系统断电器连接线搭铁，如果有火花，说明这段线路正常；如果无火花，则说明电路有断路。特别值得注意的是，试火法不能在电子线路汽车上应用。

（7）高压试火法　对高压电路进行搭铁试火，观察电火花状况，判断点火系统的工作情况。具体方法是：取下点火线圈或火花塞的高压导线，将其对准火花塞或缸盖等，距离约5mm，然后接通启动开关，转动发动机，看其跳火情况。如果火花强烈，呈天蓝色，且跳火声较大，则表明点火系统工作基本正常；反之则说明点火系统工作不正常。

9.3 断路故障查找

断路，是指电流通道的机械性断开。在串联电路中，如电流中断，则电路停止工作。在并联电路中，如果一条支路断开，则这条支路停止运行，其它支路照常工作。使用电阻计进行导通性检测时，可发现电路断路（图9-3-1）。

在一个断开的电路中，由于没有一个完整的电流出入电源的回路，电流就无法在电路中流动。

断路有两种可能：一种是持续性断路，另一种是间断性断路。最麻烦的是间断性断路。间断性断路往往是绝缘层内的导线已断，但导线内的断开处在停车时仍保持接触。汽车在行驶中由于振动，就会产生间断性断路。

图 9-3-1　线束断路

要查找此类断路，可用手摆动所怀疑的导线，看是否可产生间断性断路。以下是断路的一些例子：

❶ 导线断开或接头松脱；
❷ 保险丝烧断或电路断电器跳开；
❸ 部件如开关、灯泡等内部断路；
❹ 电阻极高，往往表现出与断路一样的症状。

导线断开造成的断路往往是由意外损坏或振动造成的。损坏造成的断路一般较容易被观察到。振动造成的断路往往导线绝缘层还完整，所以不易查找，一般只能用测试仪器查到。这种断路很有可能是间断性的。接头松动也可能由振动或组装不当造成。

保险丝烧断和电路断电器跳开都表现为断路。这类断路是电路超负荷造成的。此时，为了保护电路和部件，保险装置会主动切断电路。通过观察保险丝是否烧断可确定其好坏。

一些部件的正常耗损会造成部件（如灯泡）的内部断路（烧断）。正常耗损也同样发生在其他长期使用后的部件上，如开关和电动机。但如果这类部件在较短时间内就耗损，就应该寻找造成这些部件提前损坏的原因。

电阻过高会如同断路一样，因为过高的电阻使电流无法通过电路。电阻过高往往是由接线端和地线接头的腐蚀造成的。

（1）对汽车电路断路的诊断　首先要寻找明显的起因，如断开或绞缠的导线、磨损的绝缘体和腐蚀的接头等。在简单的串联电路中，断路会阻止电流的流通，造成这一电路中所有负载不工作，如电动机不转、灯不亮等。在断路点之前，电路与地线之间还存在电压，断路点另一侧，电压就不存在了。在复合电路中，断路对电流和电压的影响不同。复合电路中，电流可能会选择其他支路。不同的电路会出现不同的异常现象，因此不能直接认识故障。查对电路图会有助于解释这些异常现象。

（2）导通性和电阻检查（图 9-3-2）

❶ 断开蓄电池端子或配线，使检查点间没有电压。
❷ 用欧姆表的两根导线接触检查点两端。

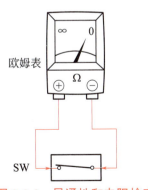

图 9-3-2　导通性和电阻检查

9.4 短路故障查找

(1) 对地短路　地线短路是指由于绝缘损坏而造成的电路接地。导线接地引起保险丝或可熔断连接烧断。如无保险丝，可使电路燃烧，甚至着火。如果短路发生在负载之后，电路控制装置可能失去作用。这时测试灯就显得很重要了。将测试灯放在保险丝位置，按顺序并合理地断开电路元件，若测试灯熄灭，即可找到电路的故障（图9-4-1）。

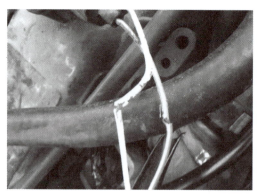

图9-4-1　线束短路

(2) 对电源短路　电源短路是说由绝缘损坏而造成的导线与另一电路导线相触及。这样会使电路运行异常，出现一些奇怪的现象而且不易查找。为查出这类问题，必须观察征兆，辨认有关电路。此时拆除保险有助于查找有关的电路支路，然后在关键部位检查电压及电阻，这样就会查出故障所在了。

(3) 汽车电路电阻过大故障检测维修　电阻过大往往是最难查找的故障。这时使用检测仪表就显得非常重要。插头松动、污脏或腐蚀都可引起电阻过大，电流减小，致使灯光暗淡、闪烁或元件失效。

作为一种故障，电阻过高是指任何电路中的电阻超出其原设计的指标。电阻过高经常是由接线端、接头和地线的腐蚀、松动以及接触面积不足造成。电阻过高也可发生在部件内部。

电阻过高使电路产生负载，而电路中附加的负荷，会使电路中其他负载的供电减少。电阻过高时，会出现灯光变暗、电动机转速减慢等现象。在更严重的情况下，高电阻就如同断路一样。如果地线接线端腐蚀，这一地线（电阻本应为零）将由于其过高的电阻使这一电路上的所有负载不能工作。

接头、接线端和地线的电阻过高往往是由水、溶雪盐以及渗入接头处的机油、黄油和脏物所致。负载也可因内部损坏、磨损、超负荷或振动而造成电阻过高。这类部件内部的电阻过高，如同部件内部损坏一样，难以用肉眼查找。接头、接线端和接地处的腐蚀和油污有的可以看见，有的却无法看见，此时就必须借助测试仪器进行检查。

(4) 汽车电路间歇性故障检测维修　大部分电路的间歇性电气故障是由有故障的电气接头和导线间发性连接和接触不良引起，也可能由元件或继电器黏附引起。在决定是否报废一个元件或导线组件以前先检查以下各项。

❶ 插接器是否装好固紧。

❷ 端子伸展或推出。
❸ 在导线组件上的端子是否完全插入插接器/元件中并锁定位置。
❹ 端子上是否有污物或锈蚀。锈蚀和有污物可能引起电路间歇性故障。
❺ 插接器/元件外皮的损坏使元件暴露于污物和潮气中。
❻ 导线绝缘层磨穿引起对地短路。
❼ 一些或所有导线内部绝缘破损。
❽ 导线内部绝缘是否破损。

（5）查找短路电路（图 9-4-2）

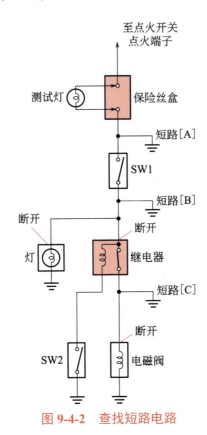

图 9-4-2　查找短路电路

❶ 拆下熔断的保险丝并断开保险丝的所有负载。
❷ 在保险丝的位置连接测试灯。
❸ 在如下情况下测试灯亮：
[A]—点火开关打开；
[B]—点火开关和 SW 1 打开；
[C]—点火开关、SW 1、继电器打开（连接继电器）和 SW 2 关闭（断开 SW 2）。
❹ 查看测试灯时，断开并重新连接连接器。测试灯仍点亮的连接器和测试灯熄灭的连接器之间短路。
❺ 沿车身轻微晃动故障线束以准确找出短路部位。

注意 除非有绝对必要，否则不要打开盖或 ECU 的壳（如果接触 IC 端子，则静电可能会损坏 IC）；更换数字仪表的内部装置（ECU 部分）时，小心不要使身体的任一部位或衣物接触到更换零件（备用零件）IC 等的导线的端子。

9.5　寄生泄漏查找

寄生电流是典型的静态电流，是指在电源开关以及其他电器开关关闭以后，某些电器或电路继续消耗蓄电池的放电电流。其单位为"mA"。

以汽车为例，在汽车电源开关及其它电器开关关闭以后，车辆的运行信息需要保存在电控单元（ECU）的储存器中，电子式石英表及电子调谐式收音机等电器设备都需要供电，这些电器以低功率消耗模式保存相关数据。根据汽车电器设备的多少和智能化程度的高低，在电源开关关闭 5～30min 进入休眠状态。在正常状态下，休眠时的电流只有 30mA 左右，所以蓄电池有微量电流输出属于正常。另一方面，在汽车电源开关关闭以后汽车上许多电气设备存在着不可避免的、微量的电量消耗。这些放电电流统称为寄生电流。

检查寄生电流的专用工具如图 9-5-1、图 9-5-2 所示。

图 9-5-1　寄生电流测试开关 J38758

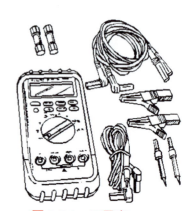

图 9-5-2　万用表 J39200

当将专用工具的开关旋钮打开到 ON，电路导通，电流从开关处流过（图 9-5-3）。当开关旋钮位置处于 OFF，电路开路，电流从量表中流过（图 9-5-4）。

检查方法：

❶ 断开电瓶负极。

❷ 将 J38758 公头和电瓶负极连接。

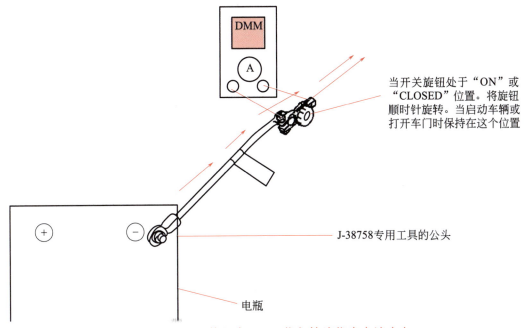

图 9-5-3 开关旋钮在 ON,紫色箭头代表电流方向

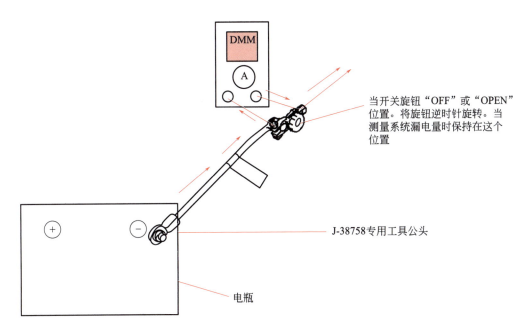

图 9-5-4 开关旋钮在 OFF,紫色箭头代表电流方向

❸ 将 J38758 旋钮旋到 OFF 位。
❹ 将电瓶负极导线和 J38758 的母头连接。
❺ 将 J38758 旋钮旋到 ON 位。
❻ 路试车辆,将所有的用电设备打开,包括收音机和空调。路试时间为 15min。
❼ 停车,关闭点火开关并拔出点火钥匙。

⑧ 跨接一根带 10A 保险丝的跳线到 J38758 的两个端子。

⑨ 将 J38758 旋钮旋到 OFF 位。这样电流就从这根跳线流过。

⑩ 等 1min。如果保险丝烧断，用感应电流表来确定电流大小。

⑪ 将开关旋到 ON 位，然后将跳线移去。

⑫ 将数字式万用表调到 10 A 挡。

⑬ 将万用表跨接在 J38758 两侧端子。

⑭ 将 J38758 旋钮旋到 OFF 位，这样电流流过数字式万用表。

⑮ 等 15min，记录万用表的电流读数。

⑯ 记录电瓶存储容量时间并除以 4（若 RC 为 100 分钟，除以 4=25mA），或额定安培小时数除以 2.4。

⑰ 则该电路的寄生电流不得超过 25mA。

⑱ 如果寄生电流超过这个范围，则需将保险丝一个一个拔除来判断到底哪条线路有漏电的现象存在。注意：当拔除保险丝时必须将旋钮旋到 ON 位，维持电器系统的连续性。这样还可以避免突然的负载增加损坏万用表，比如突然打开车门。

⑲ 注意：移除保险丝、继电器、线路接头来判断问题线路的过程中可能会将模块唤醒。你必须等这些模块进入睡眠状态，或用诊断工具将这些模块进入睡眠功能。

⑳ 使用万用表的"记忆 / 记录"功能，整夜监测问题车辆可以帮助检查线路中一些偶发的间歇故障。

9.6 车辆漏电故障查找

停车后汽车电器开关未关等导致的蓄电池亏电；蓄电池极板短路或氧化脱落导致自放电而亏电；由汽车电器、线束、传感器、控制器、执行器等电子元器件和电路搭铁造成的漏电而亏电，都会使汽车出现启动困难或电器工作不良的现象。

引起汽车电器系统电流过大的可能原因有：

① 开关故障；

② 控制单元模块故障；

③ 继电器故障；

④ 电路接头、接点的电阻大、接触不良等连接故障；

⑤ 加装电器。

检测车辆是否漏电的方法很多，主要分为以下几种：

（1）电流检测法

① 检测步骤：断开点火开关，拆下蓄电池负极接线，把万用表调到电流表（1A 档），再取用两根导线，将两导线一端分别接万用表正、负表笔，另一端分别接负极接线柱和负极接线，观察电流表数值。将测得的电流值与维修资料对照是否在正常范围

第9章 汽车电路故障检修

内。若测得的电流值过大,则说明车辆有漏电故障。

❷ 故障排除方法:将熔断丝逐个拔下,查看数值变化。当拔下某个熔断丝时电流值变小,则说明漏电部位是通过此熔断丝的电路或用电器。确定故障范围后,可以通过查阅电路图或查看线路走向,顺线路查找出损坏部位进行修理。如果拔遍所有熔断丝,电流表数值依然很大,则说明故障点在熔断丝之前的线路上,应重点查看熔断丝之前的线路有无搭铁短路现象。

(2)电阻检测法

❶ 检测步骤:断开点火开关,拆下蓄电池负极接线,使用指针式万用表,黑表笔接蓄电池正极,红表笔搭铁。将万用表调到欧姆挡(Ω×1挡),以此测量全车总电阻:若表指针不动,阻值很大,则说明正常,无漏电现象;若表指针偏转,显示为几欧姆或十几欧姆,则说明不正常,有短路现象存在。

❷ 故障排除:将熔断丝逐个拔下,观察指针变化。当拔下某个熔断丝时指针不再转动,则故障点是通过此熔断丝的电路或用电器。同电流检测法一样,通过查阅电路图或查看线路走向,顺线路查找出损坏部位进行修理。

(3)经验检测法

❶ 检测步骤:断开点火开关,拆下蓄电池负极接线,然后将接线与蓄电池负极柱碰触,观察火花强度。火花越强,漏电现象越严重。

❷ 故障排除:若火花较弱,则说明有小电流存在,应重点检查室内小灯、后备厢灯等是否存在虚接常亮现象;若火花较强,则说明有大电流存在,应着重查看是否有用电器在一直工作或线路是否有破损搭铁现象。

车辆漏电检查操作方法如下。

❶ 选择正确挡位。测量汽车漏电一定要把万用表选择在测量电流挡上,现在汽车上都是直流电,所以最终在直流电流挡位上。

❷ 选择量程。在测量电流时要从大到小地选择挡位量程,如果量程过小会把万用表烧坏,所以要从大到小来选择合适的量程,一般汽车的量程选择在10A,现在也有很多表可以自动调整量程大小,只要挡位选择正确即可。

❸ 打开要测量漏电车辆的机盖,关闭车上所有用电设备,然后把车门锁起来,如果是有遥控的车辆,要用遥控把车子锁起来。

❹ 断开蓄电池负极桩头,将万用表调到电流挡位,并且调到最小量程。

❺ 将蓄电池负极线连接万用表红表头,负极桩头连接黑表头。

❻ 等待车辆各种模块进入休眠,读出准确的静态放电量。一般在50mA以内就属于正常,如果测出的是335mA,此车蓄电池是65Ah。计算65÷0.335=194.029851,194÷24=8.08333333,即8天就把蓄电池的电量全部放干,不到4天时间车辆就不能启动了。

❼ 检查漏电的位置。车辆改装电器很容易造成静态放电量增大,例如加装导航、音响。很多改装的电器都没有把电源接在ACC挡或者NO挡上,造成关闭钥匙锁门后用电器继续用电。在排除改装之后,先看看室内灯、门灯、化妆镜灯、后备箱照明灯、

这些都是易出故障的地方。如果这些都没有问题的话就从保险丝盒下手，逐个拔出保险丝观察电表上电流变化，如拔出那个保险丝后电表上电流降至正常范围内，则该保险丝所供电源的用电器存在放电。

❽ 现在汽车上都运用了CAN网络，如果是CAN网络上某个模块出现漏电的情况，拨保险丝就不起作用了，只有把整个模块拆下来，测量漏电电流来确定模块的好坏。

❾ 无论是什么样的车辆出现漏电的现象，维修的方法是不变的。本着先易后难的方法来判定，一定要先检查汽车上后来加装的设备，根据实际维修经验来说大部分漏电都是后加装设备的原因。

参考文献

[1] 周晓飞.汽车维修从入门到精通[M].北京：化学工业出版社，2018.

[2] 张能武.汽车电子元器件识别与检测[M].北京：化学工业出版社，2018.

[3] 姚科业.图解汽车传感器识别·检测·拆装·维修（双色图解精华版）[M].北京：化学工业出版社，2017.

[4] 李玉茂.汽车发动机电控系统原理与维修[M].北京：机械工业出版社，2010.

[5] 顾惠烽.汽车常见故障识别·检测·诊断·分析·排除[M].北京：化学工业出版社，2019.